# 目次

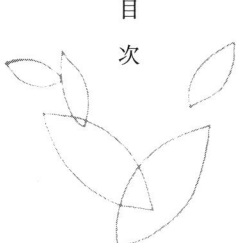

はじめに 003
人間関係ついてのこの授業の目的、対象者、この授業が拠って立つ基本的な見かたについてお話しします。

第Ⅰ部 あたたかく豊かな癒しの関係 009

第1講 カウンセリングのものの見方 010
プロのカウンセリングと素人の悩み相談はかなり違います。ここでは、人がより楽に、より自由に、よりその人らしく花開いて生きられるように助けるカウンセリングのものの見方について学びます。
†コラム 臨床心理士 013

第2講 あたたかく豊かな癒しの関係の条件 014
その1――二人の人間がこころのふれ合いをもつこと
わたしたちは人とのあいだで傷つき、人とのあいだで癒されます。わたしたちがより楽に、自分らしさを花開かせて生きられるようになる最初の条件、それは誰かとこころがふれ合うことです。ここでは関係性の大切さについて学びます。
†コラム カウンセラーと来談者の関係性 017

第3講　あたたかく豊かな癒しの関係の条件　018
その2――来談者はもろく傷つきやすい状態にあること
人は、幼いころに親から認め愛されようとすることから、自分の気持ちをいつわることをおぼえます。そうして自分の本当の気持ちを切り離されるほど、自分らしさを失い、生きるのが苦しく、つまらなくなります。その過程について学びます。
†コラム　アメリカ人も、カウンセリングをいやがる　024

第4講　あたたかく豊かな癒しの関係の条件　029
その3――相手との関係のなかで純粋であること
わたしたちが、こころの悩みや負担に苦しむ人を助けようとするとき、わたしたち自身の、人としてのありようがもっとも大切です。苦しむ人に良くなってくれることを求めると助けられません。またわたしたちの中に、相手のことを思いやる優しい気持ちとは反対の気持ちが湧くこともあります。助ける人自身のありかたを見つめてこそ、人の援助ができます。ここでは援助者のこころのありようについて学びます。

第5講　あたたかく豊かな癒しの関係の条件　043
その4――ありのままの相手を受けいれ大切に思うこと
わたしたちは自分のことを無条件に受けいれられ尊重されるとき、もっと楽になって本来の自分らしく成長します。無条件の受容、無条件の尊重とはどんなことなのでしょう。

第6講　あたたかく豊かな癒しの関係の条件　050
その5――話し手の身になって気持ちを理解すること
人は誰でも、自分のことをわかってほしいととても強く願っています。わたしたちは自

分の気持ちや考え、経験を誰かに深くわかってもらい受け入れてもらうとき、より楽に自分らしく花開いて生きてゆくエネルギーが湧きます。他人をそのように深く純粋に理解するために大切なことについて学びましょう。

第7講　共感的に理解するためには　075
悩む人の相談にのるとき、相手のことを理解しづらいことがよくあります。どうしてそんなふうに悪く受け取るんだろう？　どうしてその程度のことで苦しむんだろう？　そのようなときに大切なことは何かについて学びましょう。

第Ⅱ部　こころの傷つきについての理解を深める　079

第8講　過去の痛みを繰り返してしまう――転移という現象　080
わたしたちは誰でも、現実に対して反応するのではなく、知らず知らずのうちに、過去に負ったこころの傷の痛みから反応してしまうことがよくあります。過去の痛みからくる反応を「転移」と呼び、それが人間関係を壊したり生きることを苦しくしたりする原因になります。過去の痛みからくる反応について学びましょう。

第9講　転移反応の五つの特徴　087
現実的な反応ではない、過去の痛みからくる反応（転移）の特徴について学びます。そういう反応は感情の種類や強さが非現実的で、矛盾しています。恋人に対する甘えと憎しみなどの反応はその典型的な例です。世の中にあまりに多く、苦しみの源でもある過去の痛みからくる反応の特徴について具体例を通して学びましょう。

第10講 自由に感じ表現することにブレーキをかけてしまう――抵抗という現象 101
人は誰かに悩みごとの相談をするとき、本当に自由にすなおに話すことはなかなかできません。悩む人の助けになるには、その抵抗について理解することが大切です。抵抗の源と特徴を学びましょう。

第11講 転移反応がカウンセリングを妨げるとき 105
わたしたちが悩み苦しむ人を助けようとするとき、苦しむ人はわたしたちに対して、過去の痛みからくる反応を起こします。つまり転移を起こします。転移反応に気づくために必要なことを学びましょう。

第12講 過去の痛みを埋めたから解決したのか――転移治癒について 111
人が誰かに対して過去の痛みからくる反応を起こすのは、痛みを埋めてその苦しみから逃れようとするからです。わたしたちが人からそのような転移反応を起こされたときには、彼・彼女の痛みを埋めたくなったり、反対に彼・彼女を避けたくなったりします。そのどちらも結局は助けにならないことが多くあります。それでは何が助けになるのでしょうか。

第13講 転移の痛みはどのように癒されるのか 122
わたしたちの悩み苦しみが深く本当に癒されるためには、あたたかい人間関係の中で過去の痛みに直面し、感じきることが必要です。その過程が起きるために大切なことは何かについて学びましょう。

第14講　理解しがたい人をどう理解できるか　131
悩み苦しむ人のことを分かってあげようとしてもどうしても理解しづらいときがあります。そんなとき、その人の気持ちや行動を、現実に基づいたものではなくて過去の痛みからくる反応だと見ると理解しやすくなります。その方法について学びます。

第15講　あたたかく豊かな癒しの関係の条件　その6——純粋さ、無条件の尊重、共感的理解が相手に伝わること　140
より楽で自分らしくなれる関係を育むには、この授業で学んできた聞き手（援助者）の態度が相手に伝わることが必要です。どうすればうまく伝わるのでしょうか。

第Ⅲ部　変化と成長について　143

第16講　癒される関係のなかで人はどう変化するか　144
あたたかく豊かな関係、より自分らしさを花開かせて楽に生きられるようになる癒しの関係のなかにいると、わたしたちにはどのような変化が起こるのでしょう。

第17講　スピリチュアルな視点から見た、あたたかく豊かな癒しの関係　159
あたたかく豊かな癒しの関係を、心理学を超えたスピリチュアルな視点から見てみましょう。さらに、スピリチュアルな視点から人生における悩みの意味を考えましょう。

第18講　カウンセリングの実際　166
カウンセリングは秘密保持が大切なので、その様子が公開されることはまずありません。ここでは、カウンセリングの達人であるカール・ロジャースの貴重な公開カウンセリングの逐語記録を検討することで、カウンセリングで何が起きるかを学びましょう。

第Ⅳ部　補講　219

補講1　無意識と過去の影響を明らかにする――精神分析理論　220
精神分析理論の創始者であるジグムント・フロイトの理論と生涯について紹介します。
†コラム　ジグムント・フロイトの生涯　229

補講2　「いま―ここ」に純粋にいることの大切さ――人間性中心療法　233
人間性中心療法の創始者であるカール・ロジャースの理論と生涯について紹介します。
†コラム　カール・ロジャースの生涯と人柄　240
†コラム　日本にロジャースを紹介した心理学者、正木正《まさきまさし》　243

補講3　来談者からの質問への対処の仕方　245
カウンセリング的な援助において来談者が質問をすることはよくありますが、それに効果的に対処するのは意外にむずかしいものです。来談者の質問の意味を理解し、よりよく対処するために大切なことを学びましょう。

# やさしいカウンセリング講義——もっと自分らしくなれる、純粋な癒しの関係を育むために

# はじめに

## 私の経験から

人間関係は、わたしたちに喜びや、やすらぎ、生きがいなどを与えてくれる大切なものです。でもそれはまた深い悲しみや、怒り、憎しみ、失望などの大きな原因にもなります。わたしたちは人との関係のなかで癒され自分らしく成長することもあれば、傷ついてかたくなになることもあります。

わたしは心理カウンセラーとして人々の相談にのっています。相談に来る人々についても、わたし自身を振り返ってみても、悩みや苦しみのほとんどに家族、恋人、友達、職場・学校の仲間など人間関係がかかわっています。

それでは、どんな人間関係が、自分らしくいられる自由と、豊かさと、喜びを与えてくれるのでしょう？　そして、どうすればそんな人間関係が育めるのでしょうか？

人間関係はこれほど大切なものなのに、どうすればうまくいくのかについて、両親も学校の先生たちも、誰も教えてはくれません。ですからわたし自身は親や友達や先生の言動から学んだり、さらに自分なりに試行錯誤を繰り返しながら今日までやってきました。わたしたちはま

［注］　＊のついた文献の詳細は巻末の一覧を参照してください。

た、テレビ・雑誌・本などのメディアからも、気づかないうちにさまざまなことを学んでいるものです。でも、親も先生も友達もメディアの人たちもみんな等しく悩み、傷つき、それぞれが試行錯誤を続けているのであって、けっして正しい方法を知っているわけではありません。ですからわたしの学んだ答えも間違いや歪みや制限だらけでした。そんな学びしか得られなかったわたしは、やっぱり社会のほとんどの人たちと同じように人間関係でたくさんの失敗をし、衝突し、孤立しながら生きてきました。

もちろん喜びもたくさんありました。友達と楽しい時間を過ごしたり、いろいろな人たちに助けてもらったりしたことは、数えきれません。その一方で、ひどく腹が立ったり、悔しさ・悲しさ・情けなさに涙を流したり、こころを閉ざして硬く無表情になったり、寂しい思いもたくさんしました。「愛されたい、認められたい」という思いと、「嫌われるのではないか、傷つけられるのではないか」という深い不安のなかに生きていました。

## わたしに見えてきたこと

そんなわたしも、個人として、そして心理カウンセラーとしてのさまざまな経験と学びを重ねるなかで、人は自分で幸せを呼び込んだり遠ざけたりしているものだという事実が見えてくるようになりました。

もちろん多くの人たちはそれを認めず、不幸の原因を他人や社会や運などのせいにしがちです。カウンセリングに来られる来談者の方々もそうですし、わたしの周囲の大学の先生たちも、学生たちも、わたしの家族も、そうでした。みんなしばしば不幸をもたらす選択をしては、その不幸な結果に対して嘆いたり、怒ったり、落ち込んだり、投げやりになったり、あきらめたり、疲れ果てたりしています。

いいえ、先ほどの「不幸をもたらす『選択』」という言葉は正しくないかもしれません。選択しているつもりはないからです。みんな、過去から抱えつづけている未解決のこころの痛み、怒り、恨み、悲しみ、罪悪感、不安、制限などのために、選択があることにすら気づかないし、選択する力も失ってしまっているのです。ですが、いちばんの問題は自分自身です。他人のことについてはよく見えます。わたしも自分に起きるいやなことだけは、やっぱり自分のせいではなく他の人のせいだとしか思えませんでした。

そんなわたしも、対話による心理療法、からだから入る心理療法、多くのスピリチュアルな修練や浄化などの機会によって、自分自身がより見えるようになり、今ではずいぶん自分の意識とエネルギーがクリアーになってきたように思います。

スピリチュアル・カウンセラーのレバナ・シェル・ブドラさんが言う「あなたが幸せであるかどうかは、あなたが自分の内側のエネルギーをどう用いるかで、すべて決まるのです。あなたの幸せは……あなたの内側で起こっていることの現れにすぎないのです*1」ということが、わたしにもだんだんわかってきました。

こうして自分がよく見えてきて、一つひとつクリアーになるにつれて、人間関係や、仕事、そして人生全般において、より容易に力を発揮できることが多くなったように思います。きっとこの過程は一生続くのでしょう。

### この授業の目的

この授業であなたにお伝えしたいことを短くまとめて言えばこういうことです。

喜び、自分らしさ、豊かさをもたらすあたたかい癒しの人間関係に大切なのは、「純粋さ」と「共感」です。でも、わたしたちは過去からひきずっているこころの痛みや縛りなどのために、知らず知らずのうちに自分をそんな純粋で共感的な人間関係から遠ざけてしまうことが多いものです。たとえば過去からの傷つきや怒りや寂しさなどが噴出して人間関係がこじれたり重荷に

レバナ・シェル・ブドラ
Levanah Shell Bdolak

*1　ブドラ、二〇〇六、九頁

なったり、自分を装ったり偽ったりするせいで人と素直につながれなかったり、『べき』などのこだわりや裁きから他人や自分を受けいれず葛藤をつくったり、などなど。

だからみのり豊かな人間関係を育てるためには、過去からひきずっている不要なものを癒して手放し、純粋に『いま―ここ』で相手と一緒に『いる』ことが大切です。

わたしはこの授業を通して、あなたのこころがより開かれ、あなた本来の優しさが輝きだすことを願っています。

さらに、この授業ではつぎのようなことを目指しています。

(1)あなたがこころについての理解を深め、人とのかかわり方を見つめなおすお手伝いをすること。

(2)その結果、あなたらしさが尊重され、より純粋で豊かで癒しの力をもつ人間関係を育めるようになること。

(3)その結果、悩む人から相談を受けたときに、いままでよりも支えになれること。

(4)さらに、この授業を通して、あなたがカウンセリングについての理解を深めるとともに、あなた自身が自分のためにカウンセリングを受けやすくなること。なぜなら、カウンセリングを受けることは、こころを癒し成長を促すとても有益な方法だからです。またカウンセリングを受けることは、カウンセリングを学ぶ最善の方法でもあります。

この授業はまた、悩む人の助けになりたいと願う人や、あたたかく豊かで、自分らしく楽にいられる癒しの関係について深く理解したいと願う人のための授業です。人間関係や心理カウンセリングの専門知識はなくても、本格的な内容を意味深く学んでいただけるでしょう。

さらにこの授業はカウンセラー、社会福祉士、教師、医師、看護師など、援助職の人にたいへん役立つと思います。人の援助をするためには人間のこころについての理解を深めることはとても大切です。

## この授業の基本的な見方について

こころと人間関係の理解には、たくさんの方法や見方があります。ここでは、心理カウンセリングの視点からこころの理解を深めてゆきます。

また、「心理カウンセリング」と言ってもたくさんの視点があります。わたしの見方はおもに、「人間性中心療法（パーソン・センタード・セラピー）」と「精神分析学」という二つの見方に、「スピリチュアリティ」という視点を統合したものです。[*2]

人間性中心療法と精神分析理論についての説明は、わたしたちのこの授業の最後の「補講」でおこなうことにします。また興味ある方のために、巻末にそれら二つの理論についての参考図書も挙げておきました。

「スピリチュアリティ」については、本や論文によって違う意味で使われることが多いようです。[*3] そこでわたしたちのこの授業ではつぎのように定義します。「自分自身を含めたすべてのいのちの本質とこの世のできごとの根本にある、創造的で超越的で聖なる性質とはたらき」。

では、授業を始めましょう。最初の講ではまず、「カウンセリング」について説明します。

＊2　人間性中心療法　米国の臨床心理学者カール・ロジャース（Carl R. Rogers, 1902-1987）が創始した理論。人間の本質への信頼を基盤にする、心理カウンセリングの重要な理論。
精神分析学　オーストリアの精神医ジグムント・フロイト（Sigmund Freud, 1856-1939）が創始した理論。無意識と呼ばれるこころの部分を重要視した。

＊3　浅原、二〇〇五、五五八頁

# 第Ⅰ部　あたたかく豊かな癒しの関係

# 第1講　カウンセリングのものの見方

## 「カウンセリング」と「悩み相談」の違い

誰でも友達や家族などに悩みごとの相談をしたりされたりした経験をもっていると思います。では、有能なプロのカウンセリングと普通の悩み相談とは違うのでしょうか？

わたしはまったく違うと思います。心理療法家の中島勇一氏[*1]は、「素人の悩み相談は問題を解決しようとする。カウンセリングは変化を助ける」と言っています。これはとても的を射た表現だと思います。

悩み相談では、「好きな人にフラれて落ち込んでいる」「子どもが不登校だ」「人と会ったり話したりするのが怖い」「いやな上司で困っている」などの問題をなくすことが目的です。ですから相談された人は問題の解決法をアドバイスしたり、解決法が見つからなければ励ましたりします。

中島勇一氏がテレビの人生相談で見た例を使って説明しましょう。[*2]

夫に対する不満が高じて離婚を考えている女性に対して、回答者の有名タレントはこうアドバイスをしていました。「あなたは夫婦関係に〝満腹〟を求めすぎています。夫婦といえども、

＊1　中島、二〇〇五

＊2　中島、二〇〇五

一線を引いて〝腹六分目〟の感覚でつきあいなさい。そうすれば自分の感情に振り回されず、どうして夫がそんな態度しかとれないのかを察してあげられるようになりますし、夫の良い面にも気づけるようになります」。

つまり、夫婦関係に期待が大きすぎると〝満腹〟ではないところばかりに目が向いてしまいますが、はじめから〝腹六分目〟の期待であればこころにゆとりができるでしょう。すると夫とこころの距離がとれるようになり、嫌悪感からも離れられる、ということです。もっともなアドバイスです。

しかし中島氏はプロの立場から、「自分が相談を受けたら、そうアドバイスすることはないな」と考えます。わたしも同感です。

相談した女性は「夫が問題であり、離婚するかどうかを決めることが問題解決だ」と考えておられたようです。わたしは、「この女性がこの問題に直面しているのは、彼女のあり方・生き方をより建設的な方向へ変え、さらにすばらしい人生を創ってゆくチャンスだ」と考えます。

この女性が問題に突き当たったのは、彼女のなかに十分に発達していないこころの部分や、生き方において無理をしている部分や、または未解決のこころの問題があり、そのぶんだけ彼女の人生が幸福、やすらぎ、調和、のびやかさ、発展、繁栄から遠ざかっていることを彼女自身に知らせるためのサインだとわたしには思えます。そして誰にでもそういうことはあります。

カウンセリングは人が変容する過程を支えるものです。これこれの問題に「苦しむ自分」から、もうそのことでは悩まず「より自分らしくのびやかに生きる自分」への変容です。変容の結果、当初来談した理由だった問題が変わったり、なくなったり、もしくは問題の受け取り方が変わって同じことがもはや問題ではなくなったりします。それを問題解決と呼ぶのです。つまり、問題解決は目的ではなく、変容の結果として起きることなのです。

カウンセリングでどのように人の変容が促されるのかについては、つぎの講以降で詳しくお話ししていきます。

## カウンセリングの六つの条件

米国の著名な臨床心理学者だったカール・ロジャースは、彼のカウンセリングの経験を振り返って、「ある六つの条件がそろえばカウンセリングは効果をあげ、それ以外には何もいらない」という結論にたどり着き、それを仮説として発表しました。*3 それら六つの条件について、つぎの講から学びましょう。

その前に一つお伝えしておきたいことがあります。それは、いまからわたしがお話しすることはカウンセリング関係だけではなく、家族の関係や恋人・配偶者との関係、友達の悩みの相談にのるとき、教師が生徒と交流するとき、職場の人のグチを聞くときなど、人間関係全般に広く当てはまることだということです。ロジャースの言う六つの条件が人間関係のなかに多くあればあるほど、その関係はより豊かで、信頼関係に満ちて、親密で、安心してほっとできる関係になり、わたしたちに癒しと成長と自由をもたらすものになります。ですから、わたしが「カウンセラー」「援助者」「来談者」という言葉を使うとき、それらを「友達」「家族」「恋人・夫婦」「先生・生徒」などの言葉で置き換えてもかまいません。

では、そんな人間関係を育む六つの条件について学んでゆきましょう。

カール・ロジャース
Carl R. Rogers

＊3　Rogers, 1957

コラム　臨床心理士

日本で広く認知されている心理学の資格に、臨床心理士があります。臨床心理士は財団法人日本臨床心理士資格認定協会が指定した専門の大学院（修士課程）を卒業すれば受験資格を得られ、筆記試験と面接試験の両方に合格してはじめて取得できます。臨床心理士になるための大学院に入るのは狭き門で、大学院在学中も訓練はたいへん努力を要するものです。さらに、乾吉佑氏（臨床心理士）が言うように「心理療法者は一生が臨床実践とその再検討としての臨床研究、訓練の繰り返しである」（乾、二〇〇五、二四頁）ので、臨床心理士資格は五年ごとに審査され、研鑽を続けている人だけが更新できます。

# 第2講　あたたかく豊かな癒しの関係の条件

## その1――二人の人間がこころのふれ合いをもつこと

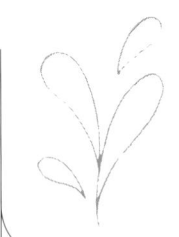

### 人と一緒にいることで新しい動きが起きる

人は、人との関係によって変化し成長します。

悩みごとや迷いごとについて一人であれこれ考えていても、頭の中で悩みがグルグル回って苦しくなるだけです。そういうときには、誰かに話すことによって前向きな動きが始まる可能性が出てきます。理解してくれる誰かに話をすると、こころにゆとりができて感じ方にも変化が生まれます。[*1]

カウンセラーに話をすると、自分についてあれこれと考えあぐねることが少なくなります。自分が自然に本来の自分自身でいることが増え、自分がどう思われているかとか、自分らしくいようなどと考えることが減ります。[*2]

### 関係性の大切さ

「関係性」の大切さについて、ある男子大学生が書いたレポートを例に挙げてお話しします。

その学生は中学二年生までは、すぐに暴力をふるう手をつけられない生徒で、先生から「カ

＊1　池見、二〇〇六

＊2　Rogers, 1951; p. 129

ウンセリングを受けたほうがいい」と言われたこともあったそうです。でも彼が家族に暴力をふるったとき、お兄さんが力ずくで割って入り、彼を厳しく叱りました。彼はそのお兄さんの言葉で目が覚め、それ以降は暴力をふるうことはなくなったそうです。そしていまでは暴力を断つ言葉をくれたお兄さんにとても感謝している、という内容のレポートでした。

わたしは、その学生が他人に暴力をふるうことをやめるきっかけになったのは、暴力を断つように言った言葉そのものよりも、その言葉が他の誰でもない彼のお兄さんから、そのときにその状況で与えられたことだろうと思います。他の誰かが同じ言葉で彼を叱っても、彼にとっては同じ意味をもつことはなかったでしょう。たとえば、「カウンセリングを受けたほうがいい」と彼に言った先生が、同じ言葉で叱ったとしても、このときのお兄さんの言葉がもっていたほどの意味はもたなかったでしょう。言葉も、関係性のなかでこそ意味をもつのです。

また、別の例をお話ししましょう。わたしが学生のころ、同級生が「わたしは最近まで家庭のことで悩んでいた」と話したことがありました。そのときわたしは、「だったらぼくに相談してくれればよかったのに」と言いました。そのころのわたしは関係性の大切さをまったく理解していませんでした。仲良しの関係でもなかったわたしに、重大な家庭の悩みなど相談できるはずがありません。わたしは関係性の大切さを理解していなかったわけですから、そんな人にはなおさら悩み相談などできるはずがありません。

## 人は人のあいだで傷つき、人のあいだで癒される

人は人間関係のなかで傷つき、人間関係のなかで癒されます。[*3] カウンセリングとは、あたかも修理工が修理の技術によって機械を直すかのように、カウンセラーが何らかの「技術」を人に施して「治す」ものではありません。そうではなく、来談者とカウンセラーのあいだに癒しと成長を促す人間関係が育ち、そのなかで来談者もカウンセラーも互いに影響しあいながら変

＊3　中島、二〇〇五a

わってゆくものです。

そんな人間関係を育むには、援助する人自身がより高い程度に自分らしくありのままに人と交流できることが大切だと思います。援助者がもつ、人を恐れて壁を作ったり、距離をおいたり、良く見せたりしようとする気持ちは来談者にかならず伝わり、人間関係の純粋さがそのぶんだけ失われるでしょう。だから援助する人自身がカウンセリングを受けて、純粋な人間関係を阻むこころのわだかまりを解決することは援助能力の開発にとても有益です。

## カウンセリング関係がカウンセリング効果を左右する

カウンセリングに含まれる多くの要素のなかでいったい何が効果があるのかについて、世界じゅうで多くの研究がなされてきました。個人的な意見や印象ではなく、客観的に測定し観察する研究です。

それらの研究によって、カウンセリングの効果が現れるもっとも重要な要素の一つは、カウンセラーと来談者との人間関係だ、ということが明らかになってきました[*4]。カウンセリングには、（わたしがおもに拠って立つ）人間性中心療法と精神分析のほかにもさまざまな理論や技法があります。しかしカウンセリングが効果を上げるとき、その主要な原因はどれか特定の理論や技法よりもカウンセラーと来談者の人間関係にある、ということです。

では、どのような関係がわたしたちのこころの健康や成長に役立つのでしょうか。つぎの講から、カール・ロジャースが挙げた条件を学んでゆきましょう。

＊4　Hubble, et. al., 1999; Miller, et. al., 1997; Watson & McMullen, 2005, p. 297

## コラム　カウンセラーと来談者の関係性

うつ病の患者さん一六二名を四つのグループに分け、それぞれに異なる治療を施し、効果を比べた研究があります。採用された四種類の治療法とは、二種類の心理療法（認知行動療法と対人関係療法）、薬物療法プラス医師の指導、プラセボ（効果のない偽薬）プラス医師の指導でした。すると、治療の種類と効果にはあまり関係はなく、治療効果に関連があったのは治療初期の時点で患者がカウンセラーのことを「あたたかい人だ」「自分を尊重してくれている」「自分のことをわかってくれている」と感じていたかどうか、ということでした[*1]。

アルコール依存症患者六九八名を対象にした心理療法の効果の研究でも、患者が、治療者と良い関係を結べている、と治療の初期に感じていた場合ほど治療効果が上がっていました[*2]。

さらに、カウンセラーとより良い関係が結べた来談者ほどカウンセリング外の人間関係が向上しましたし、また、配偶者に対して暴力的な男性のカウンセリングでは、カウンセラーと良い関係が結べた男性ほど、カウンセリングが進むにつれ配偶者への心理的・身体的暴力が減った、という研究結果が報告されています[*3]。

＊1　Blatt, et. al. 1996
＊2　Connors, et. al., 1997
＊3　Bedics, et. al., 2005; p. 279

# 第3講　あたたかく豊かな癒しの関係の条件

## その2——来談者はもろく傷つきやすい状態にあること

### あるお父さんの経験

あるお父さんの手記です。

小学四年生の娘を良く見ると、元気がない。習い事があって、私とも一緒に遊べません。バスケット教室と学習塾は、楽しいと言っている。でも本当に楽しいのだろうか。塾に行くと学校で分かりやすいから楽しいと、娘は答えます。

でも、何のために塾に行き、何のために宿題をしなければならないのか。いい成績をおさめ、いい学校を出て、いい会社に入って出世競争……。それでいいのか……。

そこで、「お休みのときは、みんなで公園に行きたいね。お前はどう？」と聞くと、大泣きしはじめたのです。驚きました。そして「みんなで、公園に行きたかった……」と言いました。本当はみんなで公園に行って、遊びたかったのですが、親が望んでいるからと、我慢しながら塾に行っていたのでしょう。

本当に大切なものは家族のつながりなのだなと気付くことができました。

（「地球村通信」二〇〇六年八月号より）

この娘さんはどんな気持ちで毎日を過ごしていたのでしょう。バスケット教室を楽しいと感じていたのは嘘ではなかったかもしれません。学習塾に行くと学校の授業がわかりやすくなるのでうれしい思いをすることも、本当だったでしょう。

でもその一方で、「学習塾より、バスケット教室より、みんなで公園で遊びたい」という気持ちも彼女は感じていたのです。それでも「そんな気持ちを正直に話すとお父さんをがっかりさせるし、いままでのようには愛してもらえない」という思いから、彼女は本当の気持ちを抑えつけて、「元気に習い事に行く娘」を演じていたのかもしれません。お父さんの言葉に大泣きしたのは、きっと子どもごころに苦しかったからに違いありません。

でも、それはみんな善意からのことでした。お父さんが娘さんを塾に行かせたのも、「ガリ勉ではダメだ。スポーツもさせたい」と思ったのかバスケット教室に通わせたのも、それが娘さんのためだと信じたからです。娘さんだって、親思いの優しい子だからこそ、お父さんの期待に応えたい、と頑張ったのでしょう。

わたしたちは誰もが、親に認められたい、受けいれられたい、愛されたい、と強く願って育ちました。そしてその気持ちが、しばしば悪意のない嘘を自分自身につかせることになります。

先ほどの娘さんは、家族で公園に行き楽しく遊ぶことができない寂しさ、塾やバスケット教室へ元気に通う子どもでいなければ愛されない・認められない寂しさ、そしてそんな寂しい思いをさせるお父さんへの怒りなどの気持ちを、ずっとこころに抱えていたでしょう。でも寂しさを感じるのはつらいし（実際のところ、寂しさを感じたら大泣きせざるを得ませんでした）、愛するお父さんに腹を立てるのを、自分自身に許せなかったのでしょう。だから彼女はきっとそれらの気持ちを押し殺して、「塾は楽しい、バスケット教室は楽しい」と小さな胸に言い聞かせていたのではないでしょうか。

その彼女が「本当はみんなで公園に行きたかった」とお父さんに話せ、それを受けいれてもらえたことは、彼女のこころの成長にとってとても貴重な経験だったろうと想像します。彼女は、塾やバスケット教室に進んで元気に行く子どもでなくても、寂しさを押し殺さなくても、お父さんに受けいれられると知ったでしょうから。

## ありのままの自分では愛されない、こころの痛み

けれどもほとんどすべての子どもたちが、程度の差はあれ「ありのままの本当の自分自身でいては愛されない」と感じて育ちます。わたしの幼少期もそうでした。それがのちに、「人にどう思われているかが気になる」「自分は何をしたいのか、何が好きなのか・嫌いなのかがわからない」「自分の気持ちがわからない」などの現象につながります。親から好かれているか、認めてもらえるかどうかを気にし、自分の本当の感情を抑えつけて育ったからです。

また、「ありのままの自分自身では愛される価値がない」という実感は、のちに完璧症、成績・学歴偏重の価値観、仕事中毒、劣等感およびそれとうらはらの他人を見下す態度などにつながります。「高い成績（仕事の能力、容姿、強さ、など）によって自分の価値を獲得しなければならない」と追い詰められて生きるからです。そしてその程度が大きいほど、うつなどのこころの不調にかかりやすくなるようです。

非行に走る少年・少女たちも同じようなこころの痛みを抱えているものです。彼らは、両親から十分に認められ愛されない寂しさや悲しさを幼いころから幾度となく味わってきました。それらの寂しさ、悲しさ、そして自分を無条件で認め愛してくれなかった親に対する怒りは、ちょうど噴火直前の火山のマグマのように煮えたぎっています。そして彼らは、その抑え込ま

れて煮えたぎっている感情を、わけのわからないイライラとして感じます。でも彼らは自分がどうしてイライラするのかはわかりませんから、厳しい校則のせいだとか先生のせいだ、世の中のせいだ、などと思って暴れるのです。

## 本当の気持ちから切り離されるほど傷つきやすくなる

「自己中心的な考え方をしてはいけない」「こんなことで怒っては大人げない」「つらすぎるのでこれ以上悲しんではいけない」「感情的になるのはみっともない」「性はいやらしい」……。わたしたちの文化には、このような「べき」や「〜でなければならない」がたくさんあります。

　ところがわたしたちは、これらの「べき」といった縛りに反することを、実際には感じたり考えたりするものです。でもそれを認めず、それらの気持ちや考えをもっていることすら自分自身では気づかないことがしばしばあります。つまり、本当に感じたり考えたりしていることと、感じたり考えたりしていると自分で思っていることとのあいだにズレ（ギャップ）ができるのです。このギャップが大きければ大きいほど、わたしたちは心理的に不安定で、不安が大きく傷つきやすい状態になります。[*1]

　いちばん最初にわたしたちが自分の本当の気持ちを抑圧するようになるのは、親との関係においてです。わたしたちは親から受けいれられたくて、彼らの価値観や態度を取り入れます。そしてそれらに合う気持ちや考えだけを自分に認めるとともに、それらに反することを感じたり考えたりする自分を、愛される価値のない、受けいれてもらう資格のない自分だ、と見なすようになるのです。[*2] そうしてわたしたちは本当の気持ちを麻痺させたりごまかしたりしますが、そのことに、わたしたちは自分自身ではなかなか気がつきません。

　米国のスピリチュアル・ヒーラーであるバーバラ・アン・ブレナン氏[*3]が述べるように、わたしたちは本当の気持ちを抑えつけたりごまかしたりすることによって、本当の気持ちを感じる

＊1　Rogers, 1957

＊2　Rogers, 1980, p. 173, p. 226

＊3　Barbara Ann Brennan

痛み以上の苦しみを人生に作り出しています。「わたしたちは痛みを感じないようにしようと、大量のエネルギーを別の方向に向けたり抑えつけたりします。そうしていまこの瞬間の感情も、いまこの瞬間の自分自身のこともわからなくします。……わたしたちはそれが良いやり方だと思っています。気持ちを感じなかったり、本当の自分自身であったりしなくても大丈夫だと思います。でもそれはうまくいきません。その代償はたいへん大きいにもかかわらず、わたしたちは代償があることさえ否定します。代償はわたしたちの人生です」[*4]。

## 感情を抑圧するさまざまな方法

感情は本来、感じられること、表現されることが必要です。けれども先にも挙げたさまざまな理由によって、わたしたちは感情を抑圧せざるを得ないことがあります。わたしたちはそのような感情をどのようにして抑圧するのでしょうか。

わたしたちは身体に痛みを感じたとき、筋肉をぎゅっと緊張させ硬くします。硬くしてエネルギーの流れを止めると鈍感になるからです。こころの痛みについても同様です。苦しいときや悲しいとき、そのつらさを感じないように筋肉が硬く緊張します。ですから、慢性的に感情の抑圧が強い人ほどからだの緊張が強くなり、表情は硬く乏しくなります。抑え込まれた感情はそれでもこころのどこかにフツフツ、ウツウツと感じられ、それが苦しくてさらに抑え込もうとします。

感情を抑圧するために、わたしたちはほかのやり方も併用します。ブレナン氏はそれらの方法のいくつかを挙げています[*5]。たとえばわたしにも覚えがありますが、仕事中毒などのようにいつも自分を多忙にせずにいられない人たちがいます。その反対に、テレビの前に座りこんでグータラばかりするのも同じことです。タバコ、アルコール、チョコレート、セックス、買い物などに依存する人たちもたくさんいます。また、何でも完璧にしなければ気がすまない人や、

＊4　Brennan, 1993; p. 5; 邦訳は古宮による

＊5　Brennan, 1993; p. 5

誰よりも優れること、または誰よりも悪くなることに依存する人たちも大勢います（非行少年・少女やヤクザなど）。また、心理カウンセラーや福祉関連など援助職の人たちに、自分の問題から目をそらすために他人の問題にかかずらう人がときどきいます。

## 男女で、抑圧されがちな感情は違う

日本でも米国でも、女性は男性に比べて、怒り、憎しみ、攻撃性といった気持ちを受けいれることができず抑圧する傾向が強いようです。それに対して男性は、寂しさや寄る辺なさ、頼りなさ、悲しさ、などの気持ちを抑圧する傾向が強いようです。

つまり、女性はどちらかと言うと、腹が立ったときにそれを抑圧して、怒るかわりに悲しくなったりうつになったり罪悪感を感じたりする傾向があります。それに対して男性は、寂しさ、寄る辺なさ、頼りなさを感じたときにそれを許すことができず、かわりに怒りを感じることが多いようです。たとえば妻や恋人に暴力をふるう男性は、脅かされたときの不安に対処できず、そのかわりに怒りで反応しているのだと思います。心理学の諸研究では、情緒面で依存的な男性ほど恋人や妻への身体的暴力をふるう可能性が高いことがわかっていますが、その原因の一つは、依存的な男性はパートナーから拒否されることをひどく恐れ、その恐れに建設的な方法で対処できないことにあるのではないか、と考えられています。[*6]

## 感情への恐れが、カウンセリングへの恐れになる

感情をありのままに感じることへの恐れは、カウンセリングを受けることに対する抵抗感の重要な原因でもあると思います。

わたしは日ごろ大学教員として学生たちと接していますが、「カウンセリングを受ける必要があるのにな」と感じる学生たちも、なかなかカウンセリングを受けようとはしないことが多

＊6　Bornstein, 2006; p. 598 & p. 602

いものです。プロのカウンセラーでさえ、自分自身がカウンセリングを受けることには抵抗感をもっています。

人々の抵抗感の原因として、「カウンセラーのところに行くとほかの人から悪く思われる」とか「他人であるカウンセラーに自分の悩みを話すのは恥ずかしい」「自分の問題は自分で解決する」という個人主義などが挙げられています。

でもわたしは、人々がカウンセリングを受けたくない根本的な要因の一つは、感情をありのままに生き生きと感じ経験することへの恐怖にあると思います。わたしが米国の大学生男女を対象に研究をおこなったところ、その仮説の正しさを支持する結果が得られました。[*7] その結果を簡単に言うと、「どんな感情でもオープンに生き生きと感じる」ことに許容的な人ほど、カウンセリングを受けることへの抵抗感が少ない、というものでした。[*8]

**コラム　アメリカ人も、カウンセリングをいやがる**

わたしは日本で、「米国では人々はみんな進んでカウンセラーや精神科医のところに行くんでしょう?」「かかりつけのカウンセラー（精神科医）をもっているのがステータスシンボルなんでしょう?」と尋ねられたことが何度もありますが、とんでもない誤りです。米国でも、人々はカウンセラーのところには行きたがらないのが普通で、カウンセリングが必要な人々のほとんどがカウンセリングを受けないことがわかっています。[*1]

アメリカ人がカウンセリングを受けたがらないことを明らかにした、とくに優れた全米の大規模調査を紹介します。[*2]

その調査では、一五歳から五四歳までの一般市民八〇八九名を対象に一五八名の面接員が個人面接をおこない、気分障害（うつなど）、不安障害（パニック障害、広場恐怖症など）、アルコール・薬物依存、など代表的な一四の精神

＊7　Komiya, Good, & Sherrod, 2000

＊8　この研究では、「プロの心理的援助を求めることに対する態度」を測定する尺度を従属変数に取って重回帰分析をしました。独立変数およびβ値と有意水準はつぎのとおりです。性別（$\beta = -.27, p < .001$：女性のほうが積極的に援助を求める）、心理的援助を受ける人のことを人々は悪く思うのではないか、という知覚（$\beta = -.60, p < .001$：人々は悪く思う、と知覚する人ほど援助に消極的）、自分の感情をありのままに感じるオープンな態度（$\beta = .10, p < .05$：感情にオープンな人ほど積極的）、心理的な悩みに苦しんでいる程度（$\beta = .07, p < .05$：苦しむ人ほど積極的）。また、米国に他国から来た留学生を対象にした同様の研究でも同じような結果が得られています（Komiya & Eells, 2001）。

疾患に関する症状の経験を尋ねました。調査対象者たちの男女比、人種、学歴、既婚／未婚率、居住地域、などは全米人口の比率に合うよう統計的に調整されました。

　すると、調査対象の一四の精神疾患のいずれかに一度でもかかったことがある、と判定された人の割合は四八％にも上ることが明らかになりました（ちなみに、アルコール・薬物の濫用・依存状態になったことがあるのは対象者の二七％、不安障害は二五％、気分障害は一九％でした）。ところが、彼ら四八％のうち、医師、カウンセラー、ソーシャルワーカーなど、いずれかのプロの援助を受けた人は四二％しかいませんでした。さらに、心の専門家である精神科医もしくは心理士（psychologists）の援助に限ると、たった二六％しか援助を受けていませんでした。

　そのような実情を受けて、米国心理学会は一九九六年に、米国民に対してカウンセリング・心理療法をもっと身近で受けやすいものにするキャンペーンをおこなったほどです。[*3]

　カウンセリングに対する抵抗感の原因について、米国ではたくさんの研究がなされており、つぎのようなさまざまな要因が代表的なものとして挙げられています。

　他の人たちから「精神障害だ」とか「性格が弱い」など悪く思われる[*4]、「自分の問題は自分で解決するのが自分の方針だ」という信念[*5]、知らない人に自分の問題を話すのは恥ずかしいとか、カウンセラーをどこまで信頼できるかわからないという恐れ[*6]、お金がかかる[*7]、どこに行けばカウンセリングを受けられるのかを知らない[*8]、など。

　また、男性のほうが女性よりもカウンセリングを受けることに対する抵抗感はよりいっそう強い傾向があり、とくに「男らしさ」にこだわる男性ほどその傾向は強いものです。[*9]

＊1　Kushner & Sher, 1989; President's Commission of Mental Health, 1978; Stefl & Prosperi, 1985; Vogel, et. al., 2006; Wills & DePaulo, 1991

＊2　Kessler, et. al., 1994

＊3　American Psychological Association, Practice Directorate, 1996

＊4　Stefl & Prosperi, 1985

＊5　Bornstein, et. al., 1993; Wills & DePaulo, 1991

＊6　Fischer & Turner, 1970; Hinson & Swanson, 1993; Horwitz, 1977; Kelly & Achter, 1995; Kessler, Brown, & Broman, 1981; Leaf et al., 1987; Rule & Gandy, 1994

＊7　Leaf, et. al., 1987; Nadler, 1983; Steff & Prosperi, 1985

＊8　Leaf et al., 1987; Loo, Tong, & True, 1989; Robertson & Fitzgerald, 1992

＊9　Good, Dell, & Mintz, 1989; Good & Wood, 1995; Johnson, 1988; Robertson & Fitzgerald, 1992


感情への恐れについてのわたしの個人的な経験をお話ししましょう。わたし自身は対話的なカウンセリングだけではなく、からだから入る心理療法も受けてきました。そこでは奥底に抑圧された激しい感情が噴出することがあります。激しく泣いたり叫んだりもできます。もちろん、そうせずに感情を抑えてクールに時間を過ごすこともできます。そのセッションでは、準備運動が終わり「さあ、始めましょう」というときになると、気味悪く恐ろしい気持ちになります。「悪魔《デーモン》が出てきたらどうしよう」「地獄が現れたら……」という感じです。これが、カウンセリングを受けることに対する人々の抵抗の重要な要因だと思います。

でも、無視されたり、ないものにされたり、抑えつけられたりしてきた感情を感じ表現し解放すると、からだもこころも軽くなり、ほっとして、より楽に元気になります。そのとき、こころとからだの自己治癒力が回復するのだと思います。

### 誰もが幸せを望んでいるはずなのに……＊9

本講でわたしがお伝えしていることは、「わたしたちが本当に感じたり考えたりしていることと、感じたり考えたりしていると自分で思っていることとのあいだにはズレ（ギャップ）があり、それが大きければ大きいほど、わたしたちは心理的に不安定で、不安が大きかったり傷つきやすい状態になる」ということです。

＊9　この節の内容については、（スピリチュアルカウンセリング・ヒーリングスペース Lamurasu 代表）弥宮《いよみや》玉《た》久《ま》邑《ゆ》さんから多くの示唆を得ました。感謝いたします。

わたしたちは誰もが幸せを望んでいます。人と仲良くしたい、と望んでいます。自分の魅力や能力を開花させたい、と望んでいます。ところがわたしたちの人生がそうならないとき、それはしばしば、意識上の望みに反することを、わたしたちが気づかないうちにこころの奥深くで望んでいるからです。

わたしたちの人生に苦しみを作り出す原因のもっとも大きいものの一つが、過去から抱えている恨みや復讐心です。こころの底から幸せな人は、人に対して「わたしの苦しみをわかってよ！」とは言いません。「あなたはあのとき、わたしにこんなにひどいことをした！　謝れ！　償え！」とも言いません。「わたしがいかにたいへんな思いをしているかをわかってもらおう、同情してもらおう」とも思いません。恋人・配偶者、家族、友達に「こうしてあげているんだから、あなたもああして、こうして」と要求を押しつけることもありません。

こころから幸せになることはつまり、誰かに苦しみをわかってもらう望みも、苦しみの原因を作った（とわたしたちが信じている）人に償ってもらう望みも、他人に対してわたしたちの欲求を満たすよう要求することも、その欲求を満たしてくれない他人を責めることも、わたしたちを傷つけた誰かを攻撃することも、自分の正しさを認めさせることも、すべて手放すことを意味します。また、親から「おまえはダメな子だ」というメッセージを受け取ったと感じている人にとって、「わたしは価値あるすばらしい人間だ」と信じることは、親から離れることのように感じられます。それは「親からいつか愛してもらえる」という希望を手放す、とてもつらくさびしいことかもしれません。そしてそれらを手放すことができないとき、自分でも気づかないところで、幸せになることを拒んでしまうのです。

不幸せな人は、奪おうとします。自分を幸せにする責任を他人に負わせようとします。他人を攻撃します。それらはすべて欠如感・不足感・枯渇感からくる行動です。欠如感・不足感・枯渇感からくる言動は、同じ欠如感・不足感・枯渇感の気と共鳴しますから、さらなる欠如感・

不足感・枯渇感の経験を引き寄せてしまいます。

幸せな人、満たされている人は奪いません。幸せな人は他人に愛や関心や優しさを与えます。奪うために与えるのではなく、ただ与えます。そして人々と人生に感謝します。だからより幸せになります。

また、自分の能力をもっと開花させようとすると失敗する危険も生まれます。優秀になると目立ちますし責任も増え、さらに優秀な人々と比較され競争することになり、他人からの誹謗中傷を受ける可能性も増えるでしょう。もっと魅力的になると、異性と親密で傷つきやすい関係になるでしょう。それらの可能性への恐れは「能力を伸ばしたい、もっと魅力的になりたい」というわたしたちの意識上の願いより強いことも多く、幸せや人生の開花を妨げます。

しかも、幸せや人生の開花を妨げるこころの部分は無意識の領域にあるので、意識的な努力ではどうにもならないのです。

だからこそ、自分ひとりで頑張るのではなく、カウンセラーなどと一緒にこころのワークをすることが有益なのです。根本にある欠如感・不足感・枯渇感が癒されるにつれて、幸せ、発展、繁栄を妨げている無意識のこころに変化が生まれ、人生が変わります。

# 第4講　あたたかく豊かな癒しの関係の条件

## その3――相手との関係のなかで純粋であること

### 人としての援助者と、助ける力

悩み迷い苦しむ人を助ける能力には、助ける人の人間としてのあり方がとても大きく影響します。たとえば自動車の修理なら、車の構造を学び修理の技術を身につければ直せますから、修理工の人間性がかかわることはないでしょう。

でも、カウンセリング的なこころの援助はまったく違います。理論と技法を学びそれを他人に当てはめれば治せる、というものではけっしてありません。氏原寛氏（臨床心理士）が言うように、「カウンセラーがクライエント（来談者）に提供しうるものは人間としての自分以外にはない」[*1]のです。

カウンセリングの過程は人が変容する過程です。問題に苦しまざるを得ないあり方から、問題が解決できるあり方、そしてより生き生きと生きられるあり方に変容するのです。**援助者は、その人自身が経験してきた個人的な変容の深さ・質と同じ程度にまで、来談者の変容を助けることができると私は思います。**

ロジャースは、援助者が他者を無条件で受容できるためには、まず自分が自分を受容できる

＊1　氏原、一九九六、四頁

ことが大切であり、他者を深く尊敬し受容する人とは、自分自身の価値と重要性を尊重している人である、と述べています[*2]。

ですから、カウンセラーなど援助者（もしくは訓練中の人）自身がカウンセリングを受けてこころの葛藤やこころの傷をできるだけ癒し、自分自身に対して高い程度に純粋であること（自己一致していること）が不可欠だとわたしは思います。

その理由の一つは、援助者が自分自身の感情を恐れたり感情に圧倒されたりしないで、感情を素直に感じ体験できることが、来談者の激しい憎しみ、悲しみ、絶望感、喜びなどの感情を生き生きと共有するためにどうしても必要だからです。

ダイバーが初心者に付き添って海に潜るとき、自分が潜ったことのある深さまでなら一緒に潜ることができますが、それ以上の深みにまで安全に付き添うことはできません[*3]。

悩み迷い苦しむ人を助けるときも同じです。来談者の深いこころの傷が変容するとき、長いあいだ抑圧されてきた感情が表に出ることがあります。そのとき、援助する人自身が感情を抑圧している程度に応じて、来談者の感情に圧倒されたり、感情的になったり、逆に凍りついたり、または、来談者の感情が出ないよう巧妙に阻止したり避けたりしてしまいます。故意にするのではなく、援助者自身もわからないうちに自己防衛反応が働き、そうしてしまうのです[*4]。

カウンセラーは、未成年時代にトラウマ体験をした人が多い、こころの不調に苦しむ人が多い、自殺率が高い、などの研究結果があります[*5]。ですからよけいに、援助者自身の人としてのあり方が大切になります。

### あるカウンセラーの言葉

わたしは、カウンセラーとしての経験と学びを重ねるほど、来談者に対して何をどうするかということと同時に、わたし自身の人としてのあり方が大切だ、と感じます。このことに関連

＊2　Rogers, 1951; p. 21

＊3　この比喩は、株式会社Healing & Counseling Space "Zen" 代表栗田直美さんによるものです。わかりやすい比喩を教えてくださってありがとうございました。

＊4　中島、二〇〇四、一七三〜一七四頁

＊5　Komiya, 1999

して、ロジャースの同僚カウンセラーだったオリバー・ブラウン氏が、つぎのように述べています。

わたしは以前は、自分の強い感情がカウンセリング関係に入ってくるのを許さなかった。その理由を、「セラピストは来談者の感情や欲求に反応するのであり、自分自身のそれに反応するものではない」「感情的に巻き込まれては客観性を失ってしまい援助できない」などのもっともらしい言葉に帰していた。

しかし次第にわたしは、他人との関係で感じるわたし自身の感情と欲求を受けいれることができない自分に気づきはじめた。わたしが来談者といるときに強い感情を感じることを許さないのは「良いカウンセリングをするため」ではなく、わたし自身の感情への恐れのせいだ、ということに気づきはじめた。

わたしは自分の人生において、他人が助けを必要とするときにはできるだけの援助をしてきた。でもそれは、わたしがいつか困ったときにその人からお返しが期待できるときだった。苦しんでいる来談者をわたしが助けても、わたしが困ったときに何かを返してくれることは期待できない。だから来談者といるときにはわたしの欲求を感じないほうが安全だった。

もう一つの理由がある。もし来談者との関係のなかで傷つきやすい部分をさらけ出したりしたら、悪用されたり攻撃されたり、ひょっとしたら嘲笑されるのではないかと、わたしは恐れていたのだ。だからこそ、来談者との関係において強い感情を抑えていなければならなかった。

来談者たちはもちろん、わたしがそのような理由から「プロフェッショナルに」振る舞っていることを意識レベルでは知る由もない。彼らから見れば、わたしはあくまで理解的で共感的に振る舞うカウンセラーだったかもしれない。でも彼らの意識下においては、彼らはわたしから、「このカウンセリング関係のなかでは自由になってはいけない。自分を解放するな。このカウンセリングでは、自分のもっとも深い感情も欲求も表現してはいけない。危険すぎるから」とダイレクトに学んでいたのではないか。

と言うのも、わたしが自分の気持ちをコントロールする必要性が減るにつれ、来談者たちはわたしがわたし自身から隔離していた繊細な領域にさっさと入っていき、感情も欲求も恐れることなく自由に感じ語るようになったからだ。[*6]

*6　Rogers, 1951; pp. 162-163の内容を古宮が要約

## カウンセラーから理解されなかったお母さん

「息子のことなんですけど」。あるお母さんが話しはじめました。そのお母さんには中学生の息子さんがおられるのですが、ある真冬のころに、クラブの早朝練習だと言って毎朝とても早く家を出るようになりました。ところが、息子さんは本当は早朝練習に行っていたのではなく、パソコンを買うため親に内緒で新聞配達のアルバイトをしていたことが判明しました。お母さんはそれを知ってとても動揺しました。息子さんは雪の降る早朝も、まだ真っ暗なうちに家を出ていました。お母さんは、息子さんからそんな隠しごとをされるほどまでに信頼されていなかったことがショックでした。冬の真っ暗な早朝に雪や氷の車道を自転車で走るのは危険なことでもありました。

ショックで動揺したお母さんは、ともかく学校のカウンセラーに相談に行きました。ところがカウンセラーは、「立派な息子さんですね」「お母さんはよくそんな立派な息子さんを育てましたね」と息子さんやお母さんを褒めるのだそうです。でもお母さんにとってはショックと動揺をわかってもらえないのでよけいに気持ちが重くなり、逆効果だったそうです。そこでほかのカウンセラーのところにも行きますが、同じことの繰り返しだったそうです。元校長先生などが相談員をされていたそうですが、とてもいやな経験になりました。さいわいなことに、最

後に行ったカウンセラーだけはそれまでのカウンセラーたちとはまったく違い、お母さんのことを理解してくれたそうです。

その、かえってお母さんを傷つけることになった教育相談では、いったい何が起きていたのでしょうか？　ここからはわたしの推測です。

## カウンセラーの批判的な気持ち

カウンセラーたちはこのお母さんの話を聞いて、「息子さんに自由を認めないお母さんのほうがおかしい。息子さんは立派だ。お母さんは子離れができていない」と批判的な気持ちになったのかもしれません。そしてカウンセラーたちはその反発心や批判的な気持ちを、「立派な息子さんですね」「よくそんな自立心のある息子さんを育てられましたね」などの褒め言葉という婉曲な形で表現したのかもしれません。つまりそのカウンセラーたちの褒め言葉は、心配するお母さんに対する「そんなに心配するな」「そんなふうに気が動転するのはおかしい。もっと子離れしなさい」という批判だったのかもしれません。わたしがそのお母さんにその推測をお話ししたところ、お母さんは納得していました。

この場合には、カウンセラーは純粋ではなく、カウンセラー自身のなかにギャップがあったのです。彼らは本当は批判的な気持ちや反発心を感じていたにもかかわらず、表面的には、前向きで支持的《サポーティブ》に振る舞っていたのでしょう。

カウンセリングの見方からは、このお母さんの援助に必要だったのは、聞き手が自分の考えを押し付けたり、聞き手自身と同じ意見をもつようお母さんを導こうとしたりすることではなく、お母さんの気持ちを理解することです。

それによって、お母さんは聞き手を徐々に信頼し、彼女自身の本当の気持ちやこころの葛藤に開かれてゆきます。そうしてそのお母さんは「息子が心配だ」「息子に信頼してもらえないのがショックだ」ということが語り尽くせると、やがて（そのお母さんが子離れできていない、という考えが正しいと仮定すると）なぜ自分は子離れできないのか、なぜ今回のことでそこまで気が動転せざるを得ないのか、ということが少しずつ自発的に語られはじめるでしょう。そして、彼女が子離れできない原因であるこころの傷と葛藤を、情緒的な実感をもって感じはじめるでしょう。そうして癒しのプロセスが始まります。そのプロセスが進むことが、子離れが起きるために必要なことだと思います。

　そのような純粋に自発的な成長のプロセスを経ることなく、相談を受けた人が「あなたは子離れすることが必要です」「立派な息子さんじゃないですか」「息子さんの良いところをもっと見てあげてください」などと言ったところで、問題は解決しません。

## 批判的なアドバイスをされると

仮に、そのお母さんが子離れできておらず、子どもをもっと信頼し自立させることが必要だ、という仮説が正しかったとしましょう。しかしそれでも、「子離れするべきだ」と教えられたお母さんは反発し、「わたしが息子のことをこんなに心配するのは、わたしが子離れできていないからじゃなくて、息子が○○するからだ」と考え、息子が悪いのだと確信するかもしれません。

　そうなったのでは、第3講で説明した、「本当に感じたり考えたりしていることから乖離するため、感じたり考えたりしていることと、感じたり考えたりしていると自分で思っていることのあいだにギャップができる」という、もろく傷つきやすい状態がさらにひどくなります。

　というのも、そのお母さんが「本当に感じたり考えたりしていること」は、子離れを不可能にしている深い不安ですが、「感じたり考えたりしていると思っていること」は、「わたしが不安なのはわたしの問題ではなく、息子の行動のせいだ」ということであり、その2つのあいだのズレ（ギャップ）が、より大きくなるからです。それにつれ、お母さんはさらにもろく傷つきやすくなります。そうするとお母さんはよけいに頑固でかたくなになるでしょう。

また、カウンセラーから「子離れすることが必要です」と言われると「わたしは子離れするべきなのに、できない」と、さらなる葛藤に苦しむかもしれません。それが自己嫌悪や自信のなさにつながり、不安がさらに高まるでしょう。そもそもお母さんの不安が大きいために子離れできていなかったとすれば、お母さんの不安がさらに高まると親子関係はよけいに悪くなるでしょう。

## カウンセラーに「良くない」感情が湧くとき

人の話を聞くとき、わたしたちはいつも優しい理解的な気持ちだけを感じるわけではありません。「望ましくない」と一般にみなされるような感情や考えが湧くこともよくあります。「この話し手は退屈だ」「この人の話を聞いていると説教をしたくなる」「この人といると恐ろしくなる」「この話し手の考え方や生き方を変えたくなる」など。

話を聞くときにわたしたちのなかに湧いてくるいろいろな気持ち、考え、イメージ、からだの感覚はとても大切です。それらを自由に感じることによって、話し手をより良く理解できるからです。

でも、わたしたちの反応が理解的で共感的な対話の妨げになる場合もあります。それはわたしたちの未解決のこころの問題が刺激されているときです。

たとえば先ほどの、お母さんや息子さんを褒めるカウンセラーたちは、ひょっとするとお母さんの気持ちになるよりも、息子さんと自分自身を同一化してしまい、自分のことをまるで「信頼して自由にさせてくれない過干渉な母親」に抑えつけられている息子自身のように感じて、怒りやイライラを覚えたのかもしれません。

もしそうなら、それは、彼ら自身のなかにあって普段はこころの奥に抑えつけられている「自由にしたいのにさせてもらえなかった悔しさ」「過干渉にされたせいで、自立したり自信をつけたりすることができなかった苦しさ」などが刺激されたのかもしれません。

このように、援助する人自身の感情や考え、行動がこころの援助の妨げになる経験は、どの援助者にもかならず起きてくると思います。ですから援助者自身がカウンセリングを受けて、未解決の葛藤をできるだけ解決することが大切になります。また、スーパーヴァイザー（カウンセリングの個人指導をする先生）とそれらの経験をじっくり話し合って解決することも必要になります。

## 楽になってほしいという気持ち

先ほどのカウンセラーたちは、ひょっとしたら、お母さんに対して批判的な気持ちになったというよりも、動揺しているお母さんを救いたくなったのかもしれません。だからお母さんに「心配するな」と伝えたくて、お母さんや息子さんを褒めた可能性もあります。

わたしたちが他人の苦しみを和らげたい、と感じるのは優しさからでしょう。でも、ただそれだけとは限りません。人の苦しみを聞くことは、その苦しみを一緒に味わうことです。わたしたちにとって、苦しむ人の話を聞きその苦しさに耐えながら寄り添っているのはとてもつらいことです。そのつらさに耐えられないために、自分の苦しみを軽くしようとして「そんなことを言わないで頑張れ」「もっと前向きに考えたら？」「そうではなく、もっとこう考えたらいいんじゃないですか？」「そんなに思いつめても仕方ないよ」などと励ましたりアドバイスをしたりしたくなります。

この場合、アドバイスをする本当の動機は「苦しい人と一緒にいる苦しさから逃れたい」ということですが、そんな考えは薄情に思えるので、「わたしは話し手の苦しみを和らげるためにアドバイスをした」と自分に嘘をつくのです。それは助ける人が純粋ではないあり方です。つまり、助ける人の本当のこころの動きと「自分はこう考えてアドバイスした」と自分自身について認識していることとのあいだにギャップがあります。

そうしてアドバイスをされた話し手は、「この人はわたしのことを心配してくれている。わたしを助けようとしてくれている」と感じて、少し救われることはあるかもしれません。だからアドバイスには有益な面もあります。それでも、話し手の苦しみが大きければ「この人はわたしの気持ちを本当にはわかってくれない」という落胆は残るでしょう。

あさはかなアドバイスや勇気づけを言う人に対して「あなたにはわたしの気持ちはわからない！」と反論できる人もいます。でも反論できない人は、悩みごとを話すことが相手の負担になるように感じますから、申し訳なくて「アドバイスしてくれてありがとう」と言うかもしれません。もしくは、「この人はどうせわかってくれない」と感じて、その会話を終わらせるために「ありがとう。少しこころが軽くなった」と言うかもしれません。「良くなった」と言わなければ終われないからです。でも本当は何も解決していないのです。

## 人を助ける動機について

カウンセラー、社会福祉士、教師、医師、看護師などの援助者が人を助ける根本的な動機が、「人々のいのちの輝きがより大きく顕れるように援助をしたい。そして、いのちの本質である愛と調和にかなう方向で、わたしに与えられた力と才能を使いたい」という願いと決心にあるとき、援助者はもっとも力を発揮できるし、援助能力が伸びてゆくと思います。セラピーが治療的に働くのはセラピスト自身が癒されているからだ、[*7]と言われるのはそのことでしょう。

でも、援助者自身がもつ癒されていないこころの傷が深ければ深いほど、その根本的な願いに別の動機が混ざります。たとえばわたしたちが援助の仕事に就く動機の一つとして、また周

＊7　黒木、二〇〇六

りの人たちをいつも助けようとする世話好きの人が他人を助ける動機の一つとして、「他人を助けたり、他人から必要とされたり尊敬されたりすることによって、自分が価値ある人間だと感じたい」という願いが、多少なりともほとんどの人にあると思います。つまり、他人を助ける行為が、自分自身についての無価値感に発しているのです。

でも援助者自身はそのことに気づいていません。無価値感の痛みを本当にひしひしとは感じきっていません。あくまで「困っている人のために助けているんだ」と信じています。それは援助者が矛盾・不一致を抱えている、純粋ではない、ということです。もし彼・彼女が純粋であれば、他人を助けようとするよりもまず自分の問題に取り組むでしょう。

人生では、わたしたちが出したもの、与えたものがわたしたちに返ってきます。ですから、無価値感を根本としておこなうものごとは無価値感の「気」をもちますから、それと波長の合う無価値感の経験を引き寄せます。ですから援助者が無価値感をこころの底に潜ませている程度が高いほど、「来談者が良くならない」ことで苦しむことになります。そうして、援助者がもっている無価値感の傷がさらにえぐられます。

また、援助者を目指す別の動機として、「他人を癒すことによって自分のこころの傷を癒したい」という動機もしばしばあります。この動機も、自分自身が取り組めていないこころの傷に発していますから、傷がさらに痛むような結果を引き寄せると思います。

動機の根本にある波長が、それに見合う結果を引き寄せます。そしてわたしたちは、自分自身が癒され変容を遂げている程度にまで、来談者の変容を助けることができます。そのことについて、わたしの経験を二つお話ししながら考えることにしましょう。

## ある大学生の体験

「先生、どうしたらいいでしょう？」

カウンセラー志望の大学生である優輝《ゆうき》くん（仮名）が相談に来ました。優輝くんは知り合いのAさんから悩み相談の電話をかけてこられて困っていました。はじめのうちは親切にAさんの相談にのっていましたが、Aさんは真夜中など時間もかまわずかけてくるようになり、彼は困っていました。でもAさんを傷つけたくない、と断れずにいるのでした。

優輝くんがAさんからしつこく電話をされるようになったのは、そのように人にくっつかれてしまう要素が優輝くんのなかにあるからです。優輝くんがもつ「苦しむ人を楽にしないといけない」「人が傷ついたらぼくのせいだ」などといった信念のために、Aさんを断れないのです。つまり優輝くんはAさんに困っていると同時に、Aさんを求めてもいます。Aさんが楽になってくれること、救われてくれることを求めているからです。優輝くんが他人と適切な距離がとれない原因になっているそのニーズは、彼の自己無価値感に根づいています。

Aさんがしつこく電話をするのは、そうせざるを得ない彼女の空虚感、寂しさの苦悩からです。その苦悩の波長が、優輝くんのもつ自己無価値感の波長と共鳴し、彼とAさんはひきつけあったのでしょう。

わたしにも同じような経験があります。

## わたしの苦しい体験

それは境界性人格障害（ボーダーライン・パーソナリティ・ディスオーダー）と呼ばれる苦しみをもつ来談者とのカウンセリングでした。境界性人格障害の人たちは、愛情の飢えと空虚感が極度に深く激しい人たちです。そしてその痛みから逃れるために、自分と相手の境界がなくなるような融合的な関係を強烈に求めざるを得ない、大きな苦しみを抱えて生きています。

彼らはまた、愛情を激しく求めると同時に、それを満たしてもらえないことに対する強烈な怒りをもっています。

わたしがそのような特徴をもつ来談者のカウンセリングをしているころに、二夜続けて真夜中二時きっかりにとても苦しい気分で目覚めて眠れなかったり、胃のあたりにとてもいやな何かが詰まった感じが一日中ずっとあって苦しかったり、という経験をしました。わたしには、あたかもその来談者から目に見えないホースが伸びてきてわたしの胃のあたりに吸盤をぴちゃっと密着され、「気」を吸い取られていたかのように感じられました。

あのときのわたしには、その来談者を「助けなければいけないし、嫌われたくない」というニーズがありました。それは彼女を求める依存的なニーズです。そのためにわたしは彼女の「気」をまともに受けて苦しんだのでしょう。

のちにわたしは自分自身のカウンセリングにおいて、「人を助けられる有能なプロでなければ、この世に存在する価値が低くなる」「人に見捨てられたくない！」などの感覚がこころの深くにあること、そして幼いころに父親・母親から「お前はダメな子だ」というメッセージを受け取った痛みが残っていること、親の承認を得られなかった悲しみ、寂しさ、怒りが残っていることを実感することになります。

わたしは、その来談者と共通する未解決の問題をこころの奥深くにもっていたのでした。関係性は相互的です。依存も、互いに引き合ってはじめて成り立ちます。どんな強力な磁石も木材にはくっつかないのと同じように、人から強く依存されて困るのは、自分のなかにも、依存してくる相手から「好かれたい」「関心をもたれたい」「～になってほしい」など、相手を求める気持ちがあるからです。ですからその状況を解決するには、依存してくる相手を変えようとしても役に立ちません。自分のなかの、相手の依存を引き出した原因を解決することが問題解決になります。援助者がカウンセリングを受ける意味の一つはそこにあります。

## 良くなってくれることを必要とする援助者

優輝くんやわたしの例のように、援助者が来談者に良くなってくれることを必要とするとき、援助になりません。援助者のそのニーズは来談者に無意識に伝わり、来談者は「援助者のために良くなってあげなければならない」と感じます。自分が助けてもらうために来ているはずの来談者が、援助者を助ける責任を負わされるのです。来談者にとって大きな負担です。そして、援助者のニーズを満たすために良くなったように振る舞うか、それができずにカウンセリングをやめるか、どちらかになります。

来談者に良くなってもらわないと援助者が困るのは、先ほど申し上げたように、援助者のこころ深くにある自己無価値感のためだと思います。その原因であるこころの傷を高い程度に癒すことが、援助能力を高めるため、そして援助者が個人として人生をより自由に楽に生きていくために必要です。

そして、優輝くんにしつこく電話をしてきたＡさんと、わたしが苦しくなったあの来談者は、優輝くんとわたしに成長と発展の刺激をくれた人たちです。その縁は貴重です。

## 「わたしはわたし。あなたは……」

わたしが米国の病院でグループカウンセリングのアシスタントをしていたときのことです。グループの参加者たちは「わたしはわたし。あなたはあなた」と言葉にしてみてどう感じるか、内面の気持ちを観察する、という活動をしました。わたしも声に出して言ってみました。すると何か違和感があります。より自分の感じにぴったりくるよう言い直してみました。すると、「わたしはわたし。あなたは……ちょっとだけわたし」と言いたくなったのです。カウンセラーはそれを受けて、「じゃああなたは他人の人生の責任を引き受ける覚悟がありますか？」とわたしに尋ねました。そんなの、とんでもありません！

他人と自分の区別がつかないまま他人の援助をしようとすれば、来談者が良くならないと苦しむことになります。そしてその気持ちの源はわたしのなかに根深く巣くっていた、「人を助けないとぼくは価値がない」という自己無価値感でした。

スピリチュアルに生きる人の特徴の一つは、自分の人生に責任をもち、他人の人生の責任をもたないことだと思います。

わたしたちが、「あの人が悪い」「会社が悪い」「景気のせいだ」など不幸の責任を外側に帰するとき、自分の人生の責任を引き受けていません。自分以外へと押しつけています。そのときわたしたちは被害者意識・犠牲者意識で生きることになります。

「はじめに」で、この授業でのスピリチュアリティの定義を「自分自身を含めたすべてのいのちの本質とこの世のできごとの根本にある、創造的で超越的で聖なる性質とはたらき」だとお話ししました。スピリチュアルに生きる人は、自分が創造の力という超越的で聖なる力をもっており、人生も現実も自分が創造しているということを理解して生きる人だと思います。それは、被害者意識・犠牲者意識を癒して手放し、自分が人生の主人になって生きることだと思います。

「あの不幸な人に、もっと前向きで幸せな考え方を学ばせるにはどうすればいいだろう？」「すべての人を幸せにするにはどうすればいいだろう」とわたしたちが悩むとき、わたしたちは他人の人生の責任を引き受けています。わたしたちが他人を幸せにしようとするとき、その相手のことを、自分で自分の責任をとる力のある人間だとは信じていません。つまり相手のことを「創造的で超越的で聖なる性質」を本質的にもっている存在だとは信じていないのです。

そのような態度で他者にかかわるとき、しばしば他者を依存的にしてしまいます。そんなときわたしたちは相手をかえって害しています。わたしたちに助けられるのは、変化するこころの準備ができている人だけです。そういう人が、本来の強さとを取りもどせるような助けの手をさしのべることが、本当の援助だと思います。

# 第5講　あたたかく豊かな癒しの関係の条件
## その4——ありのままの相手を受けいれ大切に思うこと

### 無条件の尊重について

わたしたちは誰もが、ありのままの自分を無条件で認めてほしい、受けいれてほしい、尊重してほしい、という深い欲求をもっています。想像してください。配偶者か恋人に「あなたがもっと○△だったらもっと良い妻（夫、恋人）なのに。だからもっと○△になりなさい」と言われるよりも、「わたしはいまのままのあなたが最高」と言われたいと思うのではないでしょうか。そう言われるほうがうれしいし、安心できるし元気も出ます。

癒しと成長をもたらす人間関係を考えるときに、このことはとくに大切な意味をもちます。聞き手が話し手のことを無条件に受けいれ尊重できるほど、つまり聞き手が「ああでなければいけない、こうであってはならない」といった条件なしで、話し手という人間のすべてをありのままにあたたかく受容して聞くほど、その関係は安全で信頼に満ち、成長を促すものになります。

カウンセラーとしてのわたしにとって無条件の受容とは「この来談者のことが好きだ」という感情です。わたしはこの感情がとても好きです。それは激しい感情ではなく、相手を縛らない、静かでかすかにあたたかな感情です。

## 無条件の尊重と、のびのび自由に成長する元気

わたしたちは誰でも、自分の無条件の価値を尊重してもらいたいと願っています。だから「他人と比較され、その結果次第で自分が尊重されなかったり認められなかったりする」と感じる人間関係においては、のびのびと自由になって自分らしさを開花させることはできません。

わたしの大学教員としての経験でも、「教える者―教えられる者」がともに建設的な変化を遂げるためには、教師がどれほど高度な知識を多く伝えるかということだけではなく、「教える―教わる」人間関係が信頼と安全に満ちたものであることがとても大切だと感じています。[*1]

もっとも、他人と比較されても自分自身の無条件の価値がゆるがないのであれば、比較されることが励みになることはあるでしょう。でも、たとえば親や先生が子どもの成績を気にするのは、子どもにとっては多くの場合「愛される価値」がゆるがされる怖いことなのです。営業マンが成績を職場に貼り出され比較されるのも同じことです。成績に関係なく自分の無条件の価値を確信できている営業マンにとっては、他人との比較で悪い成績になっても落ち込むことはないでしょう。でも「自分は無条件で価値がある人間だ」ということが当然のこととして実感できていない程度に応じて、比較されることはとても大きなストレスになります。

## 恐れが愛と呼ばれるとき

すべての人をいつもあるがままに無条件に受けいれるのは、神さましかできないことかもしれません。世間では、相手を受けいれず変えようとしたり縛ったりする気持ちを「愛」と呼ぶことも多いように思います。「良い成績をとることがあなたの将来のためだから勉強しなさい」と言う親とか、「他の異性とは食事に行くな」という恋人など。でもわたしは、相手を縛るの

＊1　古宮、二〇〇四。

は愛ではなく恐れだと思います。誰かがあなたを縛るとき、その人はあなたに愛を向けているのではなく、恐れを向けているのだと思います。あなたを愛しているのではなく、あなたを恐れているのです。

もちろん、相手を愛しているからこそ、「○△するのがこの人自身のためだから、そうしてほしい」とか「相手を自分の思うとおりにしたい」という執着と、「相手はそうしないかもしれない」という恐れが生じることもあるでしょう。愛しているからこそ嫉妬が生まれることもあるでしょう。

それでも、誰かがあなたを縛るとき、縛る気持ち自体は愛ではなく恐れだとわたしは思います。恐れは、相手に対する信頼の欠如から生まれます。そして相手への信頼の欠如は、自分自身に対する信頼の欠如から生まれます。信頼とは愛の一側面ですから、信頼の欠如とは愛が欠如しているサインです。自分のなかに愛が欠けているから相手に愛を注ぐゆとりがないのです。だから嫉妬は関係を壊します。*2

わたしたちは自分を無条件に受けいれられない程度に応じて、他人を無条件に受けいれられないのだと思います。

＊2　Walsch, 1999; pp. 160-187

## そのまま丸ごと受けいれるということ

わたしたちは誰でも、自分自身を表現して拒絶され傷ついた経験をもっているでしょう。その経験によって、わたしたちの多くは無意識のうちに「こんなこころの痛みは二度と味わいたくない」と決心し、こころを硬くして閉ざします。*3 そんなわたしたちが、あるがままでいることを許され、自分自身のままであっても尊重されることを知る経験はとても貴重で、*4 効果的なカウンセリングには欠かせない経験です。

そのような、無条件で尊重される関係を育む聞き手の態度は「あなたのこういう点は良く、

＊3　Brennan, 1993; p. 5
＊4　Shainberg, 1983; pp. 171-172

こういう点は悪い」という評価的態度とは正反対です。聞き手個人がもつ価値観・善悪の判断などはさしあたり横に置いて、「望ましい」と一般に考えられているような話し手の感情や考えも、「望ましくない」感情や考えも、聞き手とは違う価値観や考えや感情も、すべて丸ごと受容することを意味します。

ですから、助ける人が来談者に対して「あなたはすばらしい人です」「良いですよ、その調子でいってください」などと褒めたりおだてたりするのは、けっして来談者を無条件で受容しているることにはならないのです。このことについて、つぎに詳しく考えてみましょう。

## 条件つきの受容と尊重

テストで良い点をとった子どもを褒める親について考えてみます。

子どもがテストで良い点をとったとき、親がそれを喜ぶのはごく普通のことです。そのとき子どもが「わたしはお母さん（お父さん）から無条件に愛されている」という基本的な安心感、信頼感がよりたくさんあったうえで親が喜んだり褒めたりするほど、子どもにとってそれはただ純粋に楽しい経験になるでしょう。子どもは、もしつぎのテストで悪い点をとっても同じように愛されることを知っているからです。もちろん親にとっても、子どもと一緒に喜ぶのは楽しい経験です。

ところが子どもの内側に「わたしはお母さん（お父さん）から無条件に愛されている」という基本的な安心感、信頼感があやうい程度に応じて、子どもは良い点をとることが愛される条件だと感じます。すると子どもは、無条件で愛してくれない寂しさ・悲しさ・惨めさを与える親に対して怒り反抗するか、その寂しさ・悲しさ・惨めさ・怒りを押し殺して親の愛情を求め「良い子」を演じるか、どちらかになります。

怒り反抗する子どもはしばしば家庭や学校で「問題児」というレッテルを貼られます。非行に走ることもあります。反対に自分を殺して「良い子」を演じる子どもは、うつや不登校、身体的な不調などに苦しむことになる可能性が増えます。

わたしたちは、親から無条件に愛されない経験を大なり小なりして育ちます。理想的な親などいませんから、わたしたちはみんなある程度のこころの傷を抱えて大人になります。

つまりわたしたちは、親からの無条件の愛を一〇〇パーセントは確信できずに育った痛みを抱えながら生きていますから、カウンセラーを訪れたときにも、カウンセラーが自分のことを本当に無条件に尊重し受けいれてくれる、とはなかなか信じられないものです。ですからカウンセラーに褒められると、「そうか、こうすればカウンセラーはわたしを認めて受けいれてくれるんだ」と思うのが普通です。それは言い換えれば、「カウンセラーの望むとおりにしなければ、カウンセラーはわたしを受けいれないんじゃないか」と感じることでもあります。ですからカウンセラーが来談者を褒めることは、カウンセリング関係の安全さを脅かすことになります。

## 無条件に安全な人間関係

カウンセリング的な交流においては、援助者はただ来談者を無条件で尊重し理解しようと努め、援助者自身の個人的な好き嫌いなどの反応や、「良い、悪い」といった評価と裁きの入る余地はありません。[*5] そしてそのことがカウンセリング的援助関係を安全なものにします。

評価もなければ、解釈されることもない。問い詰められることもなく、カウンセラー自身の個人的な反応もない。そのことが絶対的に信頼できるからこそ来談者は、この人との関係のなかではすべての防衛を徐々に取り去っても大丈夫だ、「わたしは本当の自分でいて良いんだ、偽りもフリもなく」と感じられるのです。[*6]

＊5　Rogers, 1965; p. 208

＊6　Rogers, 1965; pp. 208-209

## 褒めることについて

たとえば援助者が話し手に「よく頑張りましたね」などと褒めるのは、深い意味では援助的ではありません。なぜなら話し手の立場に立てば、そう褒められるとつぎからは頑張らない自分を認めたり語ったりすることがより難しくなるからです。「褒めてもらえたようにしなければ受けいれてもらえない」可能性が出てくるからです。

同様に、「あなたは価値ある人間ですよ」とか「わたしのことを信じて大丈夫ですよ」と言ったりすることも、深い意味で援助的ではないことがしばしばです。

というのは、援助者にこのように言われると、苦しみの大きい話し手ほど「この聞き手は自分が価値ある人間だとどうしても思えないわたしのつらさ、他人をどうしても信じられない苦悩をわかってくれない」と感じかねないからです。

また、第9講・第11講で詳しく学んでゆきますが、カウンセリングにおいて一見すると「優しい」「あたたかな」行動は話し手の依存したい気持ちを過剰に刺激したり、「転移治癒」と呼ばれる状態になりやすくしたりするからです。「転移治癒」とは、話し手がより自由によりその人らしく生きられるよう変容を遂げたのではなく、とりあえず「優しいカウンセラーに好かれた」と感じて一時的に苦しさが減る状態を言います。でも根本的には何も解決していません。このことを、そうとわからないで「来談者が良くなった。カウンセリングが成功した」と誤解するプロのカウンセラーは多くいます。転移治癒については、のちの第12講で詳しく学びます。

## 無条件の尊重

癒しの対話では、「聞き手から非難されることもなければ褒められることもないし、良く評価されることもなければ悪く評価されることもない。外側から判断されることはけっしてない。ただ何を感じ何を話しても、親身になって理解し受けいれてくれる」という安全さがあればあるほど、話し手はより安心し安定した、自由で元気な、本来の自分に還ってゆくことができるのです。

「第3講　あたたかく豊かな、癒しの関係の条件　その2——来談者はもろく傷つきやすい状態にあること」でわたしは、本当は家族で公園に遊びに行きたかったのにそれが言えず習い事に通っていた娘さんが、お父さんの言葉で大泣きしたできごとについてお話ししました。あのできごとは、無条件の愛と尊重が変化をもたらす例の一つです。

あのお父さんは、良い成績をとること、競争に勝つことに価値をおく彼自身の価値観を見直していたようです。それとともに、娘さんにとって本当に何が良いのかを見直し、彼女の気持ちを尊重する方向へ変化していったのでしょう。娘さんはそれを感じ、寂しい気持ちを感じ表現しても、いまのお父さんなら理解し受けいれてくれることを感じ取ったのでしょう。つまり、お父さんの娘さんに対する態度に、それまでよりも高い程度の無条件の尊重と愛を感じたのでしょう。だから彼女は正直な気持ちを話すことができました。

彼女は、自分の本当の気持ちをより尊重することを学んだでしょう。それは彼女がこれからの人生を、より彼女らしく楽に生き生きと生きられるようになる方向への、とても大切な経験だったと思います。

# 第6講　あたたかく豊かな癒しの関係の条件

## その5――話し手の身になって気持ちを理解すること

### 話し手の身になって感じ、理解する

わたしたちがグチや苦しみを誰かに話すとき、わたしたちの身になってわかってほしい、と思います。聞き手がただボーッと聞いているだけでは話しがいがないし、大切なことを話す気にはならないでしょう。また、わたしたちの気持ちや行動についてすぐに聞き手の価値観のものさしを当てて「それは正しい、それは悪い」と評価をする人に対しても、安心して本当のことを包み隠さず話すことはできません。

でも、わたしたちの気持ち・考え・経験したことを、まごころをこめて聴き親身になってわかってくれる人であれば、他の人にはなかなか話せないようなことでも話すことができるかもしれません。

ですから、話を聴くときにとても大切なことは、自分があたかも話し手であるかのように、相手の身になって理解することです。そのことを「共感的に理解する」と言います。

## 共感的に理解する、ということについて

「共感的理解」とは実感するものであり理屈によって理解できるものではないので、言葉で伝えるのは難しいですが、ロジャース[*1]を参考に共感的理解について説明してみます。

共感的な態度で誰かと一緒にいるということは、相手のものの見方、感じ方、生き方の世界に浸かることです。相手の人が感じている感覚、感情、意味はつねに変化していますが、それが怒りであっても、憎しみであっても、混乱であっても、やすらぎであっても、絶望であっても、心細さであっても、喜びであっても、それらを繊細に感じ、その変化を感じることです。また、その人自身はまだほとんど気づいていない意味を感じ取ることです。でも、彼・彼女が自分でさえ気づいていない感情を暴こうなどとはしません。そんなことをするとその人が傷つくということも、その人の身になって感じられるからです。

共感的な態度でいるとき、相手の世界を生きていてわたしたちが感じることを相手に伝えます。たとえばそれは「あなたは、会社の人たちからどう見られているかがとても気になるんですね」と共感的な口調で伝えることかもしれません。また、わたしたちは話し手自身にとっては怖すぎてはっきりと気づけない経験であっても、それを恐れずに感じることができます（でもそれを言葉にして伝えるかどうかは別です）。

そして、わたしたちが感じていることが本当に話し手の経験に近いのかどうかについて、わたしたちの理解を伝えることによって、理解の正しさをチェックします。それに対する相手の反応をよく見てよく聴いて、理解の誤りや足りないところを訂正します。

聞き手Ａ　〈会社の人たちからどう見られているかがとても気になるんですね〉
話し手Ａ　「いいえ、会社の人たちというより、上司の目が気になるんです」
聞き手Ａ　〈そうですか、上司の目が気になるんですか〉

＊1　Rogers 1980; pp. 141-142

共感的な態度で誰かと一緒にいるとき、わたしたちは相手のこころの世界に一緒に入り一緒に歩む仲間です。相手の人の経験について、それがその人にどんな意味をもっているのかを提案することによって、相手の人は、彼・彼女自身が経験していることの意味をより理解し、さらに純粋に経験することができます。

聞き手A　〈上司から悪く評価されるのではないか、と不安なんでしょうか〉
話し手A　「ええ、そのとおりです。どう見られているかが気になる、と先ほど言いましたが、本当は悪く思われるのが怖いんです」

つぎは別の例です。

聞き手B　〈あなたが感じておられるのは、その人がたくさんの人から好かれて楽しそうにしているのを見るときに、とくにムカムカする、ということですか〉
話し手B　「そうです……。先ほどあの人が嫌いだ、と言いましたが、本当はわたしはあの人のことを嫌いというよりも妬んでいたんです。いま気がつきました」

**話し手の世界に入る**

わたしたちが誰かと共感的な態度で一緒にいるときは、相手の経験の世界にどっぷりと入り、わたしたち自身の見方や価値観は横に置きます。わたしたちが「わたし」を一時的に離れ、「良い」「悪い」「べき」「べからず」などといった個人的な判断や裁きを入れることなく、相手の経験をそのまま受けいれ、その人の経験を生きるのです。それはある意味では、「これが自分だ」と信じていることを一時的に脱ぎ去ることです。それができるためには、わたしたちは自分という感覚について安定感をもっていることが必要です。「自分を失うんじゃないか」という不安があると、相手の世界にフルに浸かることはできません。

精神分析医のグリーンソン博士[*2]は、カウンセラーの共感能力は無意識を探求するタイプの心理療法には必須である、と述べ[*3]、「共感的に聴く」という経験をこう描写しています。「患者の外側から聴くのではなく、内側から聴く。わたしの一部が患者になる。そしてあたかもわたし自身が患者であるかのように彼の経験のなかを動く。そしてそうしながらわたしの内側に起きてくることを内省する」[*4]。

## 「あたかも」自分が話し手であるかのように理解する

わたしたちが誰かを共感的に理解しようとするとき、その人の感じていることを「あたかも」その人であるかのように、からだで生々しく、ひしひしと、ありありと感じます。

そしてそのとき、「あたかも」という性質を失わないことが大切です。つまり共感とは、話し手の怒りや悲しみなどによって、わたしたちが自分自身の怒りや悲しみにとらわれてしまうことではありません。ですから、援助者が「かわいそうに」と同情して泣き崩れても援助にはなりません。そうなるのは、援助者が自分自身の未解決のこころの痛みに触れ我慢できなくなっているのでしょう。または、話し手から「気持ちをわかってくれる優しい人だ」と思われたくて、いかにも「優しそうに」振る舞うのかもしれません。

共感とは、「クライエント（来談者）と一緒に泣くことではなくて、クライエントがいかに悲しいかをその意味とともに味わうこと」[*5]だと言えます。

ですから共感的理解の瞬間には、氏原寛氏が述べる「カウンセラーが、おのれの中にクライエント（来談者）を見出す」「クライエントの中に自分自身を感じとる」[*6]というこころのあり方が生じています。それは森岡正芳氏（臨床心理士）が述べる「他者のわたしの生」[*7]を感じる、

＊2　Ralph Greenson

＊3　Greenson, 1969; p. 370

＊4　Greenson, 1969, p. 367: 邦訳は古宮による

＊5　船岡、一九八七、一〇八頁

＊6　氏原、一九九五、一九頁

＊7　森岡、二〇〇五、二〇三頁

ということでしょう。

## ある学生のレポート

ある学生が、「『死にたい』と訴える人に対して、自分がカウンセラーだったらどうするか」について書いたレポートです。

「ぼくなら、その人の楽しかった経験などを思い出させて生きる気力を与える。来談者に、本当はどれだけ幸せや楽しいことがあるかを気づかせる。さらに、来談者が死ねば親、兄弟、親戚、友達、同僚など、まわりの人がどう思うかを一緒に考える。『死にたい』という否定的な考えを肯定的に変えるのがカウンセラーの役目だ。

とても納得しやすい常識的な考えです。きっと多くの人たちがこの学生のように考えると思います。

## 苦しみを理解されない孤独

でも実際には、もし相談された人が、「死にたい」と本気で苦しむ来談者にこのレポートのような意図をもって接したら、きっと来談者はさらに孤立感を深めるでしょう。「わたしの絶望感の苦しみは誰にもわかってもらえないんだ」。

もし、「死にたい」と訴える来談者が、「楽しかった経験などを思い出させて否定的な考え方を肯定的に変えよう」とアドバイスする相手に反論できれば、「いかに自分の状況はひどくて絶望的で、『幸せや楽しいこともある』ことに気づくようなことでは解決しないか」を訴えるでしょう。すると相談を受けた人は「そのような後ろ向きの気持ちを変えることがいかに大切か」を説得するでしょう。そうして、相談を受けた人は来談者と言い争いをすることになります。でも、援助者が来談者と争っても援助にはなりません。

一方、反論できない来談者の場合にはどうなるでしょう。「せっかくわたしのために励ましてくれているのだから、反論はしないでおこう」「『前向きに生きることが大切だ』というのは理屈として正しい。そうできないぼくが悪いのだから反論する資格はない」などと思うでしょう。もしうつの人であればとくに、他人から悪く思われないように自分の気持ちや言いたいことを内に溜め込み、「やっぱり自分が悪いんだ」と考えてしまうタイプが多いので、熱心にアドバイスしてくれる人には反論できないことも多いでしょう。

そのような来談者なら、アドバイスをする人に合わせて、相手が望むようなことを言うかもしれません。「そのとおりですね。もう少し考え直してみます」。

でも本当は、思い切って自分の苦しみを語ったのに、そのどうにもできない苦しさを理解してもらえないとき、わたしたちはかえって傷つくのです。ですからそのしんどい会話を終わらせるために「前向きに励ましてもらって、少し気が楽になったような気がします」と言うかもしれません。「気が楽になった」と言わなければ会話を終われないからです。アドバイスをする人は、来談者がそう言うのを聞いて、役に立てたと思うかもしれませんが、来談者はかえってもっとしんどくなっていることもあります。

前向きに励ましたり否定的な考え方を肯定的に変えようとしたりする援助者に欠けているのは、苦しみについての共感的な理解です。その人が、そこまで苦しまざるを得ないことへの共感的な理解です。このときに必要なことは、話し手の苦しみ、つらさ、わかってはいてもどうしようもできない絶望感を、聞き手がひしひし、ありあり、生き生きと想像し、感じながら一緒にいることです。

### 尊重・共感と、感情エネルギー

わたしたちは、「この人だったら安全で何を話しても良いし、何を表現してもよく聴いてわかってくれる」と感じると、自分のカラを少しずつ脱いで、より自由に、より楽に、より自分らしくなっていけます。そんな人間関係においては話す内容が自然に自由に湧いてきて、それとともに、こころの固まっていた部分に動きが生じます。その動きのなかで、過去の悲しみきれていない悲しみ、怒りきれていない怒り、流しきれていない涙などが湧いてくることもあるでしょう。

感情は、わたしたちを突き動かしている原動力、エネルギーです。愛情、喜び、怒り、悲しみなどさまざまな感情がありますが、その存在目的は、ただ一つ、「感じてもらう」ということだけです。悲しみというエネルギーなら、その人の心とからだの全体で悲しみを感じてもらいたいのです。悲しみを全身で感じきったとき、そのエネルギーは解放されて、安らかに消えてゆくことができるのです。[*8]

感じきられることなく中途半端にとどまっている未解決の感情とそれに関連するこころの葛藤が、ウツウツ気分やイライラの原因になったり、現在の人間関係で問題を起こしたり傷ついたりする原因になっているのです。

### 注射が痛くても泣けなかった女の子

中島勇一氏（心理療法家）のわかりやすい例を引用します。[*9] 彼のまだ言葉も話せない幼い娘さんが注射を受けたときのことです。娘さんは泣かずに痛みをこらえたので、お医者さんと看護師さんから「えらいな〜」と盛んに褒められていました。ところが家に帰ってしばらくする

＊8　中島、二〇〇四a、一四四頁

＊9　中島、二〇〇四b、四七〜四九頁

とグズりはじめたのです。このとき中島氏は、「注射をされてつらかったのに素直に泣けなかった気持ちがいま出ているのかもしれない」と思い、「お注射、痛かったね。ほんとは泣きたいのを我慢しちゃったね」と話しかけてみると、火がついたように泣き出しました。このとき、娘さんの苦しさが中島氏にも自分のことのように伝わりました（このように、まるで自分のことのように感じることが共感です）。

このできごとを受けて中島氏はつぎのように述べています。

ひとりでは心に納めきれなくて、ガマンするしかなかった苦しい思いも、心から共感して一緒に感じてくれる人がそばにいてくれることで、その感情を感じながら心の中にきちんと整理していくことができるのです。それは、幼児も大人も変わりありません。……（感じることが耐え難かった感情も）一緒に感じてくれる人がそばにいることで、言葉ではないレベルで「自分は受け入れられている」「わかってもらえている」という感覚を身体が受け取って、癒しのプロセスが始まります。……これで、妙なところでおもいがけないきっかけで、過去の感情が出て来て苦しい思いをすることがなくなるのです。[*10]

安全で共感的な対話の関係のなかで、話し手の連想は次第に未解決のこころの葛藤へと自然に向かいます。そしてそれらを十分に表現する過程を通して、葛藤は解消されてゆきます。

## 言葉より、感情のつながりが大切

カウンセリング的な交流において、来談者がよりその人らしく、より自由に、より建設的に、より楽に生きられるよう変化する力になるのは、話すことを通じて起きるこころの動きです。けっして、話すこと自体に意味があるわけではありません。もし話すことそのものに意味があ

＊10　中島、二〇〇四b、四九頁

るのなら、カウンセリングよりも警察の事情聴取のほうがこころの成長に役立つでしょう。このことに関してロジャースはつぎのように言っています。

セラピーとは、セラピストとの情緒的に意味深い関係のなかでいろいろな自分を経験することです。来談者とセラピストの情緒的な関係にくらべると、言葉は――来談者の言葉であれカウンセラーの言葉であれ――最小限の重要性しかありません。[*11]

大切なことは、それまで抑えつけられたり避けられたりしてきた経験を、話し手が無理のない範囲でより生き生きとありありと経験することです。

## 助ける人が自分自身の感情を感じられることの大切さ

苦しむ人の援助をするには、自分がカウンセリングを受けることがとても有益です。とくに、プロの心理カウンセラーになるには、カウンセリングを受けることは必須だと思います。その理由の一つは、自分の内面の葛藤をより解決することによってこころとからだの緊張がより緩み、話し手の気持ちや経験を、頭ではなく腹で感覚的にありありとひしひしと生々しく理解する感受性が高まるからです。また、自分自身の感情を恐れたり感情に圧倒されたりしないで、感情を素直に感じ体験できることが、話し手の憎しみ、悲しみ、絶望感など激しい感情に添うためにどうしても必要だからです。

田嶌誠一氏（臨床心理士）は、援助者の恐れない落ち着いたあり方によって、話し手は語ることに没入してありありと体験しながらも、体験に圧倒されたり混乱したりせず、体験を受け止めながら面接を進めることができる、と述べています。話し手が何を話そうとも落ち着いて受け止める援助者とともに歩むことによって、話し手はそれまで自分だけでは受け止めきれな

＊11　Rogers, 1965; p. 172

かったこころの領域に少しずつ入ってゆき、自分の純粋な体験を少しずつ受け止められるようになります。[*12]

## 正直で純粋に「いる」こと

自分のことを語るのはしばしばとても勇気のいるつらい作業ですが、それだけに、自分の問題を誰かに話し、それをまじめに受け取り聴いて理解してもらうのは、わたしたちにとってとても意味深い体験になります。[*13] だからこそ、正直で純粋な人間関係を育むためには、相手を変えようとするのではなく、できるだけ無条件で尊重し共感的に理解する態度と行動が大切です。ロジャースは彼の奥さんとの関係において、正直で純粋であることの難しさと大切さについて述べています。

夫婦関係のなかでとても話せないと思えるようなことがら―秘かな苦しさや不満―こそが、もし話せると「話してよかった」ともっとも強く思えることがらです。このことはわたしたちにとって、難しく、危険で、怖ろしい学びでした。わたしたちはこのことを何度も何度も繰り返し学びました。そしてそれは互いにとって豊かで成長をもたらす経験でした。[*14]

ロジャースはさらに、純粋で理解的な人間関係がもつ意味についてつぎのように述べています。

聴く繊細な能力と、聴いてもらえることの深い満足感。より純粋な自分でいる能力と、それによって他人もより純粋にその人自身でいることができる。これらのことによって、

＊12　田嶌、二〇〇三、二八一～二八二頁

＊13　Lillengren, 2005; p. 330

＊14　Rogers, 1980; p. 32; 邦訳は古宮による

わたしたちはもっと自由に愛を与え、愛を受け取れるようになる。わたしの経験では、これらが人間関係をより豊かでより力を与えるものにします。[*15]

### 変えようとするのではなく、尊重し、ついてゆく

わたしたちは「深いレベルで理解してもらえた」と実感するにつれ、話していくうちに、現在の苦しみの原因になっているこころの葛藤へと連想が進み、問題のより核心の部分へと対話が進んでゆきます。

ですから、癒しと成長の過程が進むために必要な援助者の態度は「共感的に理解しよう」という態度であって、来談者を「助けよう」とか「変えよう」とする態度ではありません。カウンセリングを教えていると、ときどき学生から「来談者の幼少期の問題にどう踏み込んでゆけばよいのか」などの疑問・質問に出くわします。でも、わたしたちはこころに「踏み込もう」とする人に安心して自分を開くことはできません。同様に、「自分のことを棚に上げて他人への不満ばかり話す人に、どうすればその人自身を見つめさせられるのだろう？」「このことをどう気づかせればよいのだろう？」「来談者が問題を解決するためにはどう導けばよいのか？」という疑問・質問を投げかけられることがよくあります。わたしは、それらの質問をするカウンセラー（またはカウンセリングを学ぶ人たち）は、来談者に対する態度が根本的に反援助的・非援助的だと思います。

というのは、「踏み込もう」「自分自身を見させよう」「気づかせよう」「解決するよう導こう」とすることはつまり、「他人を変えよう」とすることだからです。想像してください。もしわたしがいま「あなたを変えてやろう」と言いながらあなたに近づいたら、あなたはきっとわたしを避けようとするのではないでしょうか。体を硬くするかもしれません。わたしたちは「おまえを変えよう」という意図をもって近づいてくる人に対して、こころを本当に開き自由にす

＊15　Rogers, 1980; p. 26: 邦訳は古宮による

ることはできないと思います。

同様に、「治そう」「助けよう」「上手にカウンセリングをしよう」といった意識も援助を妨げます。もちろん苦しむ人の言葉に聴き入るという営みは本来、助けることを目的とするものですが、「治そう」という思いには我《が》の意識があり、援助者にそれがあるほど来談者は自分の問題解決に集中するのが難しくなります。援助者がすることは、来談者を共感的に理解することです。援助者が話し手の行動や考え方、ものの見方を「変えよう」としたくなるのは、話し手のことを十分に共感的に理解していないからです。

ときどきプロのカウンセラーから、「受容と共感だけではダメだ」という意見を聞くことがあります。でもわたしの経験では、カウンセリングがうまくいかないのは来談者の受容と共感的理解が不正確だったり浅かったり足りなかったりしたときがほとんどだと思います。

## 話し手に教えてもらう

葬式に参列している人がかならずしも悲しい気持ちだとは限りません。悲しみを感じていない人や、ひょっとすると「あいつが死んでせいせいした」と感じている人もいるかもしれません。ですから、葬式に出たと聞いて「それは悲しかったね」と短絡的に受け取ったのでは、話し手のことを理解できません。話し手にとってその葬式がどんな意味をもつどんなできごとだったのかを教えてもらい、それに耳を傾ける姿勢が大切です。

つまり、共感的に理解するには、聞き手が話し手に教えてもらうことが必要です。森岡正芳氏が述べるように、「クライエント（来談者）はそれぞれが人生の専門家である。一人一人のクライエントの独自性とその状況のユニークさを尊重し、謙虚に問いかけ、教えてもらうこと」[*16]が大切です。

＊16　森岡、二〇〇五、一三四頁

## 共感的なあり方と取り調べの違い

こうお話ししてくると、共感的理解とは客観的事実を集めることではないことはご理解いただけるでしょうか。たとえば、学校でいわゆる「問題行動」を起こした生徒に対する教師の対応を見ると、指導の先生は「いつ、誰が、どこで、何をして、どうなったか」を根掘り葉掘り聞き出そうとすることが普通かもしれません。でもそれをしても共感的理解にはつながりません。警察の取り調べのように客観的事実をいくら集めても、「問題行動」を起こさざるを得ない生徒の気持ちを「あたかも」その生徒の内面から理解することはできないからです。

ですから、カウンセリングの見地からはそのような方法は問題解決にはつながりません。それどころか、「問題の生徒」だとレッテルを貼り、彼・彼女のひょっとすると話したくないかもしれない気持ちを思いやることなく根掘り葉掘り聞く態度では、生徒は「先生はやっぱりぼく・わたしのことをわかってくれない」と感じるでしょう。それでは、問題解決からはさらに遠ざかってしまいます。

来談者に「ついて」理解するのではなく、来談者と「ともに」彼・彼女の気持ちや考え、経験を理解することが援助的な理解です。[*17]

## 問題解決についての考え方

ただ一口に「問題解決」と言っても、異なる考え方があります。たとえば問題行動の生徒に対処する教師にとって「問題解決」とは、その生徒が在学中に問題行動を起こさないことかもしれません。その考え方からすれば、たとえば生徒を脅して教師の指示に従わせることが解決でしょう。

でもカウンセラーとしてのわたしの見方では、問題解決とは、生徒が友達とも先生たちとも良い関係で過ごし、充実した学校生活を送りながら生き生きと自己実現に取り組むことです。

＊17　Rogers, 1961; p. 332

そうなったときには、その生徒は「問題行動」などしたくもなくなっているでしょう。それが問題解決です。

このように考えると、カウンセリングでは「問題行動」をなくすこと自体が目的ではありません。生徒がより生き生きと、自分らしく生きられるようになることが目的であり、それがかなったとき「問題行動」という症状は消えているでしょう。

## 善悪の規範について

共感的に理解するということに関連して、もう一つお話ししたいことがあります。あくまで一般論ですが、わたしは、援助者は個人として、世間の善悪の価値観にとらわれている程度が少ないほうが援助的な人間関係が育めると思います。世間には多くの善悪の規範があります。「自己中心的なのは悪いことだ」「勤勉は良いことだ」「浮気は悪いことだ」「子どもがいれば離婚すべきではない」「自分の失敗の責任を他人に転嫁するのはダメな人間がすることだ」など。

でも第3講でもお話ししたように、わたしたちのこころには「正しい」「立派な」ことばかりがあるわけではありません。「親として（教師として）子どもを愛するべきだけど、子どもが嫌いだ」「夫以外の男性とセックスをしたい」「まじめに働くべきだけどサボりたい」「離婚すると子どもがかわいそうだけど離婚したい」などと感じることもあるかもしれません。また、わたしたちは「好きだけど憎い」「それをしたいけど面倒くさい」「それが欲しいけど、欲しくない気もするし……」など正反対の気持ちを同時にもつこともよくあるでしょう。

このように、人間が作り上げた善悪の規範（道徳観）は、人の自然なこころのあり方や動きに矛盾することも多いと思います。社会的な規範にとらわれている援助者ほど、来談者がその規範に沿わない気持ちや行動を報告したとき、来談者を無条件に尊重し共感的に理解するゆとりがなくなることが多くなるなりがちです。その規範を信じて生きてきた自分自身の正しさを守りたくなるからでしょう。

　そうは言っても、わたしたちは自分で認める以上に、社会や文化における善悪の規範に縛られているものかもしれません。自分のあり方にできるだけ素直になることが大切だと思います。

## 聴くことについての誤解

　ここからはより本格的なカウンセリングの内容になりますが、カウンセリングを学ぶ人たちのなかにとても多い誤解についてお話しします。条件4「無条件の尊重」（第5講）と条件5「共感的理解」（第6講）について、「話し手の言うことに何でも『ハイ、そのとおりです』と賛成することだ」と誤解する学生がいます。でもロジャースが言うのはそんなことではありません。相手の話すことについて、「正しいからもっとそうするべきだ」「そう感じる（考える）べきではない。それは間違っている」などとわたしたちが自分のものさしを相手にあてはめて評価をしたり裁いたりするのではなく、相手が伝えようとしている経験をそのまま丸ごと理解することです。

　もう一つの誤解として、「ロジャース派のカウンセラーは来談者の言うことをオウム返しにする」と思っている人たちがいます。

　でも、話し手の言葉を繰り返すこと自体には何の意味もありませんし、聞いているだけではカウンセリングにはなりません。ロジャースはこう語っています。「その第一の理由として、来談者にとって、受動的で関心もなくかかわろうという気持ちもないようなカウンセラーは拒否的だと感じられます。真の意味で無関心と受容が同じではあり得ないからです。二つ目の理由は、無関心な態度によっては、けっして来談者を価値ある人間だと見なしていることは伝わらないということです。ですから、単に受身的な聞き役をするカウンセラーでは、……（中略）……来談者の多くが援助を得られず落胆するとともに、何も提供するものを持たないカウンセラーに対して非常に不愉快な気持ちでカウンセリング室を後にするでしょう」[*18]。

ロジャースは、来談者が語った言葉を繰り返すなどの技法を使うことが人間性中心療法であると一部に誤解された事実を残念に思っていました。彼は、技法にこだわると「真に来談者と一緒にいるのではなく、機械的になってしまう」と述べ、カウンセリング関係のなかでカウンセラーが「人として〝いる〟ことが大切であり、「カウンセリング中に何を言うかは大切だが、カウンセリング関係のなかでのカウンセラーのあり方のほうがずっと重要だ」と話しています。[*19]

## 理解し、伝えるということ

ロジャースは、彼の人間性中心療法が誤って理解されている例として、彼がデモンストレーションとして模擬カウンセリングをすると、人々は彼のカウンセリングがとても活発（active）であることに驚く、と言います。活発と言ってもロジャースがカウンセリング中にたくさんしゃべるということではなく、カウンセリングが情緒的に濃密で、そして彼が来談者と一緒に人間としてありありといる、そのあり方が活発だ、ということです[*20]。

癒しと成長をもたらす交流に大切なのは、話し手が何を感じ、何を考え、何を伝えようとしているのかを深いレベルで正確かつ共感的に理解するために、聞く人が自分自身のなかでワーク（作業）をしながらかかわることだと思います。ここでわたしが言うワークとは、話し手の言葉と、言葉以外の非言語的な表現（声の感じ、表情、姿勢、話し手と一緒にいて感じる気など）をよく聞いて、見て、吟味して、話し手の感じていること、伝えようとしていることを想像し、自分のこころとからだで感じることです。カウンセリングの対話は、情緒的にとても「濃い」交流です。

その点で、牧原浩氏（精神科医）のつぎの言葉はとても的を射たものだと思います。「ロジャースは相手が言ってることをオウム返しにただ聞いているだけ、あるいはそれをそのまま返

＊18　Rogers, 1951; p. 27; 邦訳は古宮による

＊19　Heppner, Rogers, & Lee, 1990; p.56; 邦訳は古宮による

＊20　Heppner, Rogers, & Lee, 1990; p. 56

しているだけだとよく誤解されますよね。だけど実際はそうじゃなくて彼の言葉を聞いていると、なるほど『ぼくはあなたのいうことを、こういうふうに理解しました』とか、『こういうふうに共感しました』とかいうことを投げかけたり、確認したりという作業をしているんですが、実はその語る言葉はロジャースの中で吟味されて、吟味された彼自身の言葉で語っているんですね。つまり相手の世界に入りながら自分というものを絶対に失わない強固さというものを持っているんですね[*21]」。

## 暗闇を一緒に歩む仲間としてのカウンセラー

ロジャースは、聴くこととはけっして「感情を正しく言い返すテクニックを使う」というようなことではなく、カウンセラーのことを「真っ暗闇の森を来談者とともに歩く仲間」とたとえています。カウンセラーが来談者に返す反応は、「わたしたちはいま一緒にいますか？」「あなたが歩いている方向はこちらですか？」と確かめるためのもので、それに対して来談者は「違います」と言うこともあれば、「そうです」と言うこともあるでしょう[*22]。その具体例を、のちほど第18講「カウンセリングの実際」で見てゆきます。

カウンセラーは、来談者と歩調が合うときもあれば、来談者より先に出るときもあるし、来談者の理解が遅れるときもあります。でも少しぐらいの逸脱はたいしたことでありません。大切なのは、カウンセラーの「あなたのこの危険で恐ろしい旅路にわたしは一緒についていこうとしています」という真しな態度が伝わることです。

そしてカウンセラーが来談者に「一緒についてゆく」ために大切なことは、目、耳、体の感じ、感情、自分自身の自由連想、そして理論を総動員し、そのときに感じるものを自分のなかで吟味することです。それによって来談者を感覚的に理解し、来談者の何をどう理解したのかを言葉で返すことです。そのとき、カウンセラーは来談者が使った言葉をそのまま繰り返すことに

＊21　山中・山田、一九九三、五三頁

＊22　Rogers, 1951; pp. 112-113

なるかもしれませんし、ならないかもしれませんが、それは重要なことではありません。大切なのは、カウンセラーが、来談者を理解するために自分のこころのなかのワークをしっかりしながら話し手と一緒にいることだと思います。

わたしたちは苦しさ、うれしさ、憎しみ、悲しみ、空虚感など正直なさまざまな気持ちを誰かにわかってもらい、受け止めてもらい、安全な人間関係のなかで気のすむまで感じ表現するとき、いのちエネルギーが流れ出し、活力が湧いてきます。

## 友愛の二つのレベル

エックハルト・トールは、わたしたちがほかの人に感じる友愛（compassion）の気持ちには二層ある、と述べています。

一層目は、相手も自分もいつかは死んで肉体は灰になる同胞だ、という気持ちです。あのいやな人間だって、あなたと同じでそのうち肉体は死滅し地球に還る存在です。その意味で、相手の苦しみを自分の苦しみのように感じながら一緒にいることが共感でしょう。

そして二層目ですが、共感がさらに友愛にまで高まるには、わたしたちが「いま―ここ」に根を下ろし、自分の内なるからだを感じ、そこにある無条件のやすらかさを感じながら一緒にいること（詳しくは次節で学びます）です。そのときわたしたちは自分の根本であるいのちに触れており、そうしているときのわたしたちは同時に、目の前にいる人の根本でもあるいのちに触れている、ということです。

つまり、有限の肉体を使ってさまざまなできごとを体験して苦しんだり楽しんだりしている話し手の苦しみや喜びと、そんな彼・彼女の根本にありわたしの根本にあるいのちの光の両方に触れることが友愛です。

「（この両面性をそなえた深いレベルでの友愛が存在する関係のなかでこそ）友愛がもっとも

エックハルト・トール
Eckhart Tolle

広い意味での癒しになります。この状態では、あなたの癒しの力はおもに、あなたが何をするか、よりもどういうあり方でいるか、にかかっています。あなたと交流するすべての人たちが、『いま―ここ』にいる」あなたのあり方に影響され、あなたが自分で気づいているかどうかにかかわらずあなたから輝きだしている、やすらぎに影響されます」[*23]。

## 聞き手が自分のいのちにつながりながら、いること

わたしたちが「いのちの光・脈動」とよりつながっているほど、人との交流が援助的になります。自分の内にあるいのちとつながるには、頭であれこれ考えたり感情にコントロールされて感情のままに反応したりするのではなく、内なる自分を静かに感じることが必要だと思います。そのための瞑想法の一つをエックハルト・トールの著書[*24]から紹介します。簡単でとてもパワフルな瞑想です。

椅子に座り背筋を楽に伸ばします。リラックスして目を閉じ、口から息を吐きます。下腹部がへこむのを感じながら、細く長く、時間をかけて息を吐きます。このとき、こころとからだのいらないものを一緒に吐き出します。からだをさらに緩めます。吐き終わったら、鼻から下腹部に息を吸います。下腹部がふくらむのを感じます。このゆったりした腹式呼吸を数回繰り返します。このとき、意識は吸う息と吐く息に集中します。考えや言葉が起きたらそれを手放して、意識を吸う息と吐く息に集中します。

落ち着いたら、からだを感じます。からだ全体を一つのエネルギー体としてじっと感じます。深くゆったりした呼吸を繰り返しながら、考えるのではなく、ただ感じます。

「丹田《たんでん》（下丹田《しもたんでん》）」と呼ばれるからだの部位があります。おおよそ、おへそから五センチほど下がり、そこからからだの内側に五センチほど入った下腹部にあります。東洋医学ではこの丹田をからだの中心と見なします。わたしは深呼吸をするとき丹田をもっとも意識し、そこにと

＊23　Tolle, 1999; p. 167; 邦訳は古宮による

＊24　Tolle, 1999; pp. 107-108

くに注意を集めます。吐く息は丹田から上がってきて唇から吐き、吸う息は鼻から丹田まで届くつもりで吸います。

ゆったりと深呼吸を繰り返しながら、考えや感情が湧いたら、抵抗せず、裁かず、否定せず、判断せず、考え・感情を観察します。そして考え・感情を持ち経験している自分がいることを感じます。考え・感情を経験している自分がいるということは、自分自身は考えや感情そのものではありません。その、考えや感情をもっている・経験している自分こそが根本の自分です。その根本の自分を、からだをじっと静かに感じることによって感じます。こうすることで、考えや感情から自分を離し、距離ができます。そして考えや感情と一体になるのではなく、それらの奥にある根本の自分と一体になります。

考えや感情そのものではない根本の自分を感じながら、さらにからだのより深くへと、研ぎ澄ました意識で入っていきます。そして深い呼吸を続けながら、考えるのではなく、ただじっとからだ全体を一つのエネルギーとして感じます。考えや感情が起きたらそれらを手放して、ただからだのエネルギーを感じることに意識を戻します。

やすらぎと平和と喜びがそこにあります。

この状態が「いま―ここ」です。日ごろから、この状態により深くより多くあるほど「いのちの光」が障害なく現れます。この瞑想をぜひ毎日おこないましょう。目安は、毎朝夜一五分くらいずつ時間をとって始めると良いと思います。人生が良い方向に変わります。

また日常の生活で、立ったままでも歩きながらでも、ゆったりと呼吸しながらしょっちゅうこの瞑想をおこなうとたいへん有益です。とくに、「悪いこと」が起きたと思った瞬間や、不安、怒り、焦りなどが湧き起こった瞬間に、考えや感情に支配されたり一体になったりするのではなく、すーっと息を長く吐いて自分の内なるからだを感じ、「いま―ここ」の自分に還って考えや感情を観察すると有益です。私の場合には、人の話を聴くとき、意図的に口から細く長く息を吐きながら聴くと、からだとつながりやすくなります。

## 「いま―ここ」で自分自身とつながりながら聴く

あれこれ走り回る考えや感情に聞き手が支配されとりつかれていると、話し手に耳を傾けることはできません。トールは、「内なるからだとつながって聴くとき、こころのあれこれが取り除かれたクリアーな空間ができます。その空間こそが、関係性が花開くために必要です[*25]」と言います。

人の話を聴くとき、「いま―ここ」のからだのエネルギーを感じながら話を聴く瞬間が多いほど、その対話のなかで、話し手は本来の自分らしさを取り戻し、より自由で柔軟になる、そんな交流になります。そのとき聞き手であるわたしたちは頭の中であれこれと考えてはいません。ただ自分のからだを感じています。わたしの経験では日常の会話でも、息を口から細く長く吐きながら自分のからだをすーっと感じながら聴いていると、聞き手とわたしのあいだに、おだやかなスペースが生まれるように感じます。

聞き手が「いま―ここ」にいて自分の全体が一つになって耳を傾けている、そんなあり方が「自分がカウンセラーで向こうが患者であるということを超越した瞬間[*26]」を生むのだと思います。それは二人の人間が関係に没入して純粋に出会っている瞬間であり、ロジャースの言った「意識が互いに変容したもっともカウンセリング的な出会いの瞬間[*27]」とはそういう瞬間でしょう。

米国の臨床心理学者パンキー・ヘプナー博士[*28]は、カール・ロジャースのインタビューをした貴重な経験をもっている人で、彼からそのときのことを教えてもらったことがあります。ヘプナー博士によると、ロジャースについてとくに強く感銘を受けたもっとも際立った特徴は、まるで鷲《わし》が獲物をしっかりとつかまえるかのような、話し相手をつかんで離さない彼のとても鋭く濃い注意力だったそうです。ヘプナー博士は、ロジャースがまさに話し手とともに本当にそ

*25　Tolle, 1999; p. 106; 邦訳は古宮による

*26　山中、山田、一九九三、五五頁

*27　Heppner, Rogers, & Lee; p.55; 邦訳は古宮による

*28　Puncky Heppner

の場に「いる」と強く感じたとのことです。[*29]

自分のいのちとつながり、からだを緩めて「いま―ここ」にいながらじっと聴くことは、言葉のやりとりを、癒しと建設的な変化をもたらす援助的な対話にするためにとても大切なことだと思います。

## 「いま―ここ」にいることの効果

わたしたちは日ごろの生活のなかでどれだけ「いま―ここ」にいるでしょう。たとえば食事をしているときには、食べ物の味、におい、舌触りを味わいながらいただいているでしょうか。それとも考えごとやさまざまな空想、心配ごとに占領されて、「こころここにあらず」という状態で機械的に食べていることが多いでしょうか。

同じように、道を歩くときや誰かと話をしているとき、この本を棚から取り出すときなど、日常のなかで自分がいま経験していること、おこなっていること、こころやからだで感じていること、に注意の光を当てていることはとても大切だと思います。このときどんな考えや感情が起きても、それをできるだけ裁かず、拒否せず、判断せず、ただありのままに受けいれて観察できればとても良いことだと思います。

そのようにして自分を感じながら「いま―ここ」にいる状態がより多いほど、わたしたちは心理的にも肉体的にもより健康でいられることが、心理学の多くの研究で明らかになっています。それらの研究結果を紹介します。

ある研究では、「自分がしていることに注意をきちんと向けながらものごとをおこなったり、自分に起きていることに注意を払っていることが多い」と感じている人たちのほうが、「ほかのことを考えながらものごとをおこなったり、注意を払うことなく何かをしたりすることが多い」と感じている人たちよりも、うつ気分、不安、怒り、人の目が気になることがより少なく、

＊29　Heppner, 二〇〇六年九月　個人的な会話より

反対にここちよい気分、人生への全般的な満足感、自己尊重の程度が高いことがわかりました。[*30]
同じように、「いま―ここ」の自分の経験に注意を払っていることが多い、と自分について感じている大学生ほど、ネガティブな気分になる傾向が低く、心理的なストレスも少なく、人生への満足感も高い、という結果でした。また、一般大学生と境界性人格障害の診断を受けた患者たちを比べると、一般大学生たちのほうが、自分の経験に注意を払っていることが多い、と感じる程度が患者たちよりも高いことがわかりました。[*31]

## 瞑想のこころへの効果

「いま―ここ」にいる能力は、瞑想をすることで高められます。[*32]そこで、瞑想を学んで実践することの効果について多くの研究がおこなわれています。
たとえば、医学系の大学生・大学院生七三名が二グループに分かれ、一グループの学生たちは瞑想を教わって毎日おこないました。すると、彼らは瞑想をしなかったグループの学生たちよりもうつ気分が少なくなり、他人の気持ちを理解する共感性が増し、スピリチュアルな信念（神またはそのような高次の存在を信じ、そのような存在との個人的なつながりを感じること）も強くなりました。[*33]
四四組の夫婦を二グループに分け、一つのグループは瞑想教室に参加して家庭で毎日三〇分から四〇分の瞑想をおこないました。すると彼らは瞑想をしない夫婦よりも、夫婦関係についての満足感が増加するとともに、配偶者のことをより受けいれ、より配偶者と親密なつながりを感じるようになっていました。彼らはさらに、より楽観的になり、リラックス度とスピリチュアルな信念が増し、心理的な苦しさが減っていました。瞑想教室が終了して三カ月後に追跡調査をしましたが、その効果は変わらず続いていました。
さらに彼らは、家庭で瞑想をより長くおこなった日ほど、その日、翌日、翌々日の三日間に

＊30　Brown & Ryan, 2003
＊31　Baer, Smith, & Allen, 2004
＊32　Baer, Smith, Hopkins, Krietemeyer, & Toney, 2006
＊33　Shapiro, Schwartz, & Boner, 1998

わたって夫婦関係についての幸せ感は高くストレスは低くなっており、自分自身についても、一般的なストレスにうまく対処できる、と感じていました。[*34]

さらに、こころの不調にも瞑想が効果的だということがわかっています。

不安神経症の診断を受けた一八名の医学部学生が瞑想を教わり毎日おこなったところ、不安もうつも減少し、しかもその効果は三年後の追跡調査でも維持されていました。[*35]

うつ状態に陥った経験が三回以上ある人たちについて、彼らの半数が瞑想を学んで毎日続け、もう半数は瞑想はせず、必要になれば主治医に相談するなどの通常の治療だけを続けました。すると、一年以内にうつ症状がぶり返した人の割合は、瞑想しなかったグループでは六六％だったのに対し、瞑想したグループでは三五％と、半数近くに減りました。[*36]

## 瞑想のからだへの効果

身体的な病気をもつ患者たちの状態を改善するためにも瞑想が使用されています。たとえば、慢性的な身体の痛みに苦しむ患者が瞑想を続けたところ、痛みを含む身体的諸症状が緩和されるとともに、日ごろの気分も改善していました。[*37]

また、乳がんと前立腺がんの患者たちが八週間にわたって瞑想を教わり毎日実践したところ、不安、緊張、うつ気分、気持ちの混乱が減少するとともに、[*38]ストレス感が減少し、よりよく眠れるようになり、人生の質が向上したと感じるようになりました。[*39]

瞑想にともなう脳の働きと免疫の改善についても研究されています。八週間にわたる瞑想トレーニングを受けて瞑想を続けている四一名の成人と、瞑想しない成人たちの脳波を比べたところ、瞑想グループの人たちはポジティブな感情に関係の深い左側の前側頭葉という部位の働きが活性化していました。彼らの自己報告でも、不安などのネガティブな感情が減り、ポジティブな感情が増えていました。また、瞑想・非瞑想グループの両方にインフルエンザ予防接種

＊34　Carson, Carson, Gill & Baucom, 2004
＊35　Miller, Fletcher, & Kabat-Zinn, 1995
＊36　Teasdale et al., 2000
＊37　Baer, 2003
＊38　Brown & Ryan, 2003
＊39　Calson, Speca, Patel, & Goodey, 2004

をおこなって血中の抗体について調べたところ、瞑想グループのほうがインフルエンザ・ウィルスへの抵抗力が増していました。そしてこれらの効果は瞑想トレーニング直後だけではなく、四カ月後の追跡調査でも認められました[*40]。

このように、深呼吸をしてからだを緩めて「いま—ここ」に意識を集中する瞑想は、こころにもからだにも良い効果があります。

＊40　Davidson et al., 2003

# 第7講　共感的に理解するためには

## 共感的に理解するのが難しいとき

共感的理解がカウンセリングの成否を左右する大切な要素一つであることは、多くの研究が示しています。たとえば岩壁茂氏（臨床心理士）らは、来談者と良い関係を結んでいるカウンセラーは適切な共感的応答をしていることを見出しています。[*1]でも実際のカウンセリングでは、来談者の経験を共感的に理解しづらいことがよくあります。

**例一**　対人恐怖の強い人のなかには、「電車のなかでみんなが自分をジロジロ見る」と訴える人がいます。国民的な人気歌手や総理大臣が変装もせずいきなり電車に乗り込んだら、きっと人々の注目を受けるでしょう。でも、一般人である来談者が電車に乗っても、周りの人たちはジロジロと見るどころか、まったく気にもとめないでしょう。対人恐怖の人のこの訴えを、どう共感的に理解できるでしょう？

**例二**　わたしはカウンセラーとして来談者を受容的に受け止めようとしているのに、わたし

*1　岩壁ら（Iwakabe, Rogan, & Stalikas, 2000）は、カウンセリングの訓練を受けた判定員たちにカウンセリングセッションの録画を見せて分析させ、来談者とカウンセラーの関係がとくに良好だと判定されたセッション四つと、あまり良くないと判定されたセッション四つを比較しました。すると、良好な関係を結ぶことのできたカウンセラーは、流派にかかわらず、来談者の感情を正確に理解し、来談者が感情を表現したときに共感的に応答していたことがわかりました。

のことを警戒してなかなかこころを開けない来談者がいます。また、わたしはとても受容的な気持ちで聞いているのに、「カウンセラーから批判されるのではないか」とか「嫌われるのではないか」などの不安をずっと感じながらしか話せない来談者もいます。わたしに怒りだす来談者もいます。彼らの非現実的に強い警戒心や怒りを、どう共感的に理解すれば良いのでしょう？

**例三**

わたしのスーパーヴァイジー（わたしがカウンセリング実践を個人指導しているカウンセラー）がカウンセリングをした主婦の例です。その来談者は夫の文句ばかりを話すそうです。ところがわたしのスーパーヴァイジーが聞いていると、夫は家事などを良く手伝うし、仕事のことでは妻の要求に応えようとまじめに取り組む、とても優しい良い夫としか思えないのだそうです。それなのに、その来談者は夫がいくら頑張っても文句しか話しません。たとえば、あるセッションでは「うちのだんなは〇×だから不満だ」と話し、そのつぎのセッションでは夫はそれを変えたにもかかわらず、「だんなは今度は△□だからいやだ」という具合です。優しい夫を責めてばかりのこの主婦のことをどう共感的に理解すれば良いのでしょう？

## 変えようとするのではなく理解する

これらの例の来談者に対して、こころを援助する人がしてもダメなことは、来談者の考えや気持ちを変えようとすることです。

「電車で誰もあなたのことをジロジロと見たりはしていませんよ。安心してください」「ぼくはあなたを批判したりはしませんよ。どうぞ自由に何でも話してください」「わたしはそんなつもりで言ったんじゃありません。そんなに怒らないでください」「あなたのだんなさまはよくやっておられるんじゃないかしら」など。

援助者がそのように言うと来談者は反論するでしょう。「理解してくれた、わかってもらえた」と思えないからです。援助者は来談者をわかっていませんから当然のことです。来談者を理解していないからこそ、考え方や気持ちを変えようとしたくなるのです。来談者の「問題」だと見える反応も、それがどう発生し続いているのか、なぜそう反応せざるを得ないのかが理解できたとき、その反応が「合理的」ないし「自然」だと理解できるものです。[*2]

来談者を変えようとする援助者に反論できない来談者もいます。好かれたくて、嫌われるのが怖くてたまらない来談者です。彼らはきっと「そうですね。考え直してみます」などと、援助者に合わせたようなことを言うかもしれません。でも彼らは本当に納得したわけではありません。援助者の前でさえ自分の本当の気持ちを話せず、「良い来談者」を演じているのです。そんな対話では、来談者は家に帰ったころにはよけいにしんどくなっているかもしれません。

反論できる来談者もできない来談者も、理解していない援助者にはこころを閉じるでしょう。そうして「良い」来談者を演じたり、もう来なくなったりします。

では、援助者は来談者の何を理解していないのでしょう？　何をどう理解すれば良いのでしょう？　つぎの講から一緒に考えてゆきましょう。

＊2　倉光、二〇〇三、四四頁

# 第Ⅱ部　こころの傷つきについての理解を深める

# 第8講　過去の痛みを繰り返してしまう

## ――転移という現象

### 人間関係の苦しみの源

人間関係が重荷や苦しみになるとき、過去に負ったまま癒えていないこころの傷が原因になっているものです。たいてい、そうとは気がつきませんが。

前講でお話しした対人恐怖の人、カウンセラーへの警戒が解けない来談者、優しい夫について文句しか言わない女性の苦しみなども、みんな過去からの痛みにその源があります。そして彼らのそんな反応が理解しづらいのは、彼らの反応が現実的ではないからです。

わたしたちは、他人の反応についてはそれが現実的ではないことがわかっても、自分自身の非現実的な見方や感情については、それが現実的でないことに気がつきにくいものです。孤独感を感じたり、人との距離のとり方がわからなくなったり、嫌われた・バカにされたなどと感じて腹が立ったり落ち込んだり、自己嫌悪に苦しんだり、恋人や配偶者に向かって感情的になったり……。わたしたちはそんなとき、「他人が悪いのだから（または自分がダメだから）、そんな気持ちになって当然だ」と考え、そんな気持ちが非現実的だとは気づきません。また、過去からの痛みが苦しみを生んでいることにも気づきません。

ここからは、過去の痛みがいまの苦しみを生む、ということについてじっくり考えてゆくことにします。そのためにまず、転移という考え方について説明します。

## 転移とは

わたしたちはみんな幼いころ、すべてを親に頼っていました。親に見離されたら文字どおり死ぬしかありませんでした。自分でお金を稼いで食べ物を買ったり、不動産屋さんに行って住む家の契約を結んだりはできないからです。だから、小さい子どもにとって親の愛情や関心を失うことは死の恐怖の体験です。

理想的な親なら子どもを一〇〇パーセント無条件に愛するでしょう。つまり、「あなたはとなりの恵子ちゃんに比べたら頭は悪いし、もう一方のとなりの隆志くんほど素直じゃないし、向かいの美子ちゃんほど器量も良くないし、裏手の太郎くんと違って運動神経も鈍い。でもそんなことはどうでもいいの。あなたがわたしにとって世界一すばらしい大切な子どもなの。それはあなたがわたしの子どもだから」ということです。

でも実際には、子どもをいつも一〇〇パーセント無条件に愛することのできる親はいないでしょう。そのためわたしたちは誰でも、程度の差はあれこころに傷つきを抱えながら生きています。そして子どものころにあまり愛されずに育った人ほど、たとえば恋人などに強く甘えるようになることがあります。幼いころに愛情・関心・世話を十分に得られなかった寂しさから、幼いころに欠けていた愛情をいまの人間関係に求めているのです。そのように、以前の誰かに対して感じた気持ち、欲求、考え、態度、行動、想像などをいまの誰かに置き換える現象を「転移」と呼びます。[*1]

転移はとても広くて奥が深く、またわたしたちのこころの痛みや苦しみを理解するためにとても大切な考え方ですから、具体例とともに学んでゆくことにしましょう。

＊1　舩岡、一九八七；Greenson, 1967; pp. 151-152

## 転移反応は非現実的で無意識である

現在の人間関係やさまざまなできごとで感じる悲しみ、寂しさ、嫌悪感、怒り、憎しみ、無力感などをカウンセリングセッションのなかでじっくり十分に感じてゆくと、それはずっと以前に親などに感じて、そのときには感じ表現しきることができずこころの奥深くに埋められていたり、抑えつけられていたりしていた感情が、現在の何かのできごとを引き金に噴出したものであることを実感した経験が、わたしには何度もあります。

転移反応とは、いまの誰かに対して、その人がまるで親などかつて大切だった誰かであるかのように反応することです。ですからそれは、いまの状況には合わない非現実的な反応になります。また、転移はほとんど無意識です。つまり転移反応を起こしている本人は、それが非現実的であることに気づきません。

たとえば恋人たちは相手に対して、幼いころに親から十分に満たしてもらえなかった愛情欲求を満たしてもらおうと求めます。でも彼らは、恋人に甘えるのは相手を愛しているからだと思っており、それが幼いときに満たされなかった愛情欲求からきていることには気づいていません。仮に、恋人に対する自分の愛情欲求のなかに子どもが親を求めるような感覚があることを感じていたとしても、愛情欲求が満たされなかったことの深い寂しさ、悲しみ、親に対する強烈な敵意などはその一部しか感じられていません。

先生や警察に反抗する非行少年や、街で他人を怒鳴りつけたりする大人も同様です。彼らは「自分たちがそれほどまでに腹を立てるのは先生や警察、他人が悪いからだ」と信じており、「自分は強烈で非現実的な怒り、敵意、憎しみをもっていて、それを現在の権威者や他人に対して不適切にぶちまけている」という実感はほとんどありません。彼らのもつそうした怒りと攻撃は、幼いころに親などの重要な大人に対して抱いた激しい怒りが噴出したものなのです。

転移反応は非現実的でしかもこころの痛みをともなう反応ですから、深く激しい転移反応を起こさざるを得ない人ほど現実が正しく見えず、生きるのが苦しく重荷になります。

## 転移反応をとくに引き出しやすい人間関係

過去の痛みからくる転移反応をとくに起こさせやすい人間関係があります。恋愛・結婚関係や親友との関係などがそうです。それらの関係は親密なので、わたしたちが幼かったころの親子関係の親密さが無意識のうちによみがえってくるからです。

また、教師、上司、警察など権威者との関係も転移反応を引き出しやすいものの一つです。それらの人間関係では、権威者が自分より権力をもち、自分に対して大きな影響力をもっています。その特徴が、やはり幼少期の親子関係に似ているからです。幼いころのわたしたちにとって、親は絶大な力と影響力をもつ存在でした。

このように、恋人や配偶者に対する甘えの強い人や、権威に反抗する人、反対に権威の前では力を失い従順な行動しかできない人、非行少年・少女、教師の関心を求める学生、乱暴な人、他人への不信感の強い人などは、幼いころの愛情欲求が満たされず、こころに深い傷つきを抱えている程度がとくに大きな人たちなのです。

## 過去の痛みから逃れようとして転移反応を起こす

中島勇一氏は、恋人などに執着する苦しみの源についてつぎのように述べていますが、それは転移の説明でもあります。「もともと心に傷（喪失感、欠乏感、不安、恐れ）があるから苦しいのです。苦しいから目の前の心惹かれるものにしがみついてしまっているのです。それにしがみついていると、傷の苦しみを感じなくなる気がするのです。しかし、もともとの心の傷が癒されたわけではないので、執着を手放そうとすると、せっかく見つけた安心感がなくなって、もとの苦しい状態にもどってしまいます。だからいつまでたっても執着を手放すことができません」[*2]。

人間関係の苦しみについてのエックハルト・トールのつぎの叙述も、転移反応についての叙述になっています。

（恋愛や結婚などの親密な関係は）ほかの種類の依存症と同じで、薬があるときには舞い上がった良い気分になりますが、いつかかならず、薬の作用が切れるときがきます。そして（自分の内側にあった）痛みの感情がまた出てきたときには、いっそう痛みが強く感じられます。そのときあなたは、恋人や夫・妻が痛みの原因だと見なします。そしてあなたは痛みの感情をあなたの外側のせいにし、あなたの痛みの一部である残忍な暴力をもって相手を攻撃します。すると相手の人も、彼・彼女のもつ痛みがよみがえって攻撃し返すかもしれません。その時点であなたのエゴは、「相手を攻撃したり操作したりすれば相手の行動を変えさせる効果的な罰になる、そしてそうなればまた、自分の痛みを隠す目的で相手を使うことができる」とまだ無意識のうちに期待しています。

すべての依存症は、自分の痛みに直面し痛みを通り抜けるのを拒むことから生まれます。すべての依存症は痛みに始まり痛みに終わります。あなたが依存しているものが何であれ—アルコール、食べ物、合法的・違法的薬物、ほかの誰か—あなたはあなた自身の痛みを隠すために誰か・何かを利用しているのです。だからこそ親密な関係には、はじめの高揚が終わると大きな不幸と痛みがともなうのです。親密な関係が不幸と痛みを生むのではありません。親密な関係は、あなたの内側にもともとあった痛みを表に出すのです。すべての依存症は内なる痛みを表面化させます。すべての依存症は、それが効かなくなるときがきます。そのとき、あなたはかつてないほどの痛みを感じることになります。

*2　中島、二〇〇五b、三二～三三頁

　だからこそほとんどの人はいつも「いま」から逃げて何かの助けを未来に求めます。「いま」に集中すると最初に感じるのが自分の内にある痛みかもしれない、と恐れるのです。でも「いま」につながり、「いること」の力につながれば、過去も痛みも溶け去ります。人々が、幻想を消し去る現実につながるのがいかに容易なことか、を理解しさえすればどんなにすばらしいでしょう。[*3]

トールの言う、過去や未来にとらわれるのではなく「いま」を生きるためには、カウンセリングなどによって古い痛みを癒すことと、第6講の「聞き手が自分のいのちにつながりながら、いること」でお話しした瞑想が役に立つでしょう。さらに詳しくは、エックハルト・トールの著書（『さとりを開くと人生がシンプルで楽になる』など）を参照されると良いと思います。

＊3　Tolle, 1999, pp. 126-127: 邦訳は古宮による

## 転移を起こした相手は、重要な影響力をもつ

　転移反応のゆえに、カウンセラー、悩み相談の聞き手、教師などは来談者にとって幼少期の親がもっていたほどの影響力をもちます。だからこそ、来談者の過去の痛みからくる転移反応を適切に扱えば、彼らの深いこころの傷が癒される可能性が出てきます。つまり、カウンセリングが効果を発揮する理由の一つが、転移という現象にあるのです。[*4]

　それと同時に、転移反応を起こしている対象の相手からわたしたちが傷つけられたとき、それはまるで幼児が親から傷つけられたかのような大きな痛みになります。そのときのこころの痛みは、（恋人、先生、上司、友達など）転移対象である人への転移反応が激しいほど大きくなります。

　ですから、成熟した大人としての愛情よりも過去の痛みからくる転移反応によって成り立っている程度の高い恋愛・結婚関係ほどうまくいきません。のちほど詳しくお話ししますが、幼

＊4　舩岡、一九八七

児が親に甘えるような依存欲求を、現在の現実のパートナーが満たすことは不可能です。現実のパートナーは、幼児につきっきりで世話をする親ではなく、同じように自分の欲求も傷つきも抱えている一人の対等な人間でしかないからです。それゆえ愛情と関心を求める依存的な転移欲求はかならず裏切られます。ですから転移反応の激しい人ほど傷つきやすくなります。そしてその痛みも、幼児が親から見捨てられたかのように激しく大きなものになります。

また、満たされない激しい愛情欲求と空虚感が強いほど、同じように空虚感とこころの傷つきを抱えている異性に惹かれます。「気」が同調するのです。そういう恋愛では、親を失った幼児が生存をかけて親を求めるかのように互いに激しく相手を求め合いますが、求めているものが十分に得られることは不可能ですから、やがてそのことへの激しい怒りが出てきます。そのためそういう恋愛・結婚関係は、相手を求める激しい欲求と相手への激しい怒りとが共存する、ジェットコースターのように浮き沈みの激しい、つらい関係になります。

## 転移を正しく理解することの大切さ

人を助ける関係において、援助者が来談者の転移反応を理解し適切に扱わなければ、来談者をよけいに傷つけたり、来談者が変化できなかったり、変化が表面的で一時的なものにとどまったり、関係が中断したりするなど、援助の進展を妨げる大きな要因になります。つまり転移は、援助を進める大きな要因にも、邪魔をする大きな要因にもなり得るのです。この点については「第10講　自由に感じ表現することにブレーキをかけてしまう――抵抗という現象」でより深く考察しますが、転移は人の援助においてそれほど大切な現象ですから、転移についてさらに深く学んでゆきましょう。

まずつぎの講では、転移反応の特徴について詳しく学びましょう。

# 第9講　転移反応の五つの特徴

わたしが効果的な援助には欠かせないと考えていることの一つに、心理的な援助をしているときに、来談者の気持ちや行動（および援助者自身の気持ちや行動）が現実に基づいた反応ではなく過去に負ったこころの傷の痛みからくる反応（転移反応）であることに気づき、さらにそれがどのような転移反応なのかを理解する、ということがあります。舩岡[*1]とグリーンソン[*2]を参考に、過去の痛みからくる転移反応の五つのおもな特徴を挙げます。それらの特徴を知ることが、転移を発見する助けになります。

## 転移反応の特徴(1)——さまざまな意味で不適切な反応である

過去の痛みからくる反応すべてに共通する根本的な特徴はその不適切さにあります。その例として、ある先生に恐怖を感じ、その先生を避けようとする大学生のあやねさん（仮名）の例を挙げましょう。もしその先生が短気で意地悪で、学生をすぐに叱りつけたり嫌味を言ったりするなら、あやねさんがその先生をいやがるのは現実的な反応でしょう。でももしあやねさんが、その先生のことを先生だという理由から恐怖を感じたり避けたくなったりするなら、それ

＊1　一九八七
＊2　Greenson, 1967

はその先生の性格に現実的に反応しているのではなく、おそらく過去の大切な誰かに感じた気持ちをその先生に置き換えたものでしょう。また逆に、意地悪な先生に対して怒りや避けたい気持ちが湧かなければ、それもおそらく転移反応でしょう。

わたしは大学教員ですが、教室では学生たちがわたしから遠い席に座りたがることがあります。それは非現実的な転移反応の一種ですが、それが現実的でないことに気づいている学生はまずいません。もし仮に、わたしが講義をするときに手足を振り回しながら話すので近くにいると叩かれたり蹴られたりするなら、遠くに座るのは現実的な反応でしょう。もしくは、わたしが近くに座る学生に悪い成績をつける傾向があるなら、遠い席に座るのは現実的な反応でしょう。

でも実際には、わたしは近くの学生に暴力をふるいながら講義をしたことはありませんし、近くに座る学生に悪い成績をつけるといううわさもありません。学生たちは、わたしの人柄や行動に関係なく、わたしが先生だということだけで何となく恐れや近寄りがたさを感じているのです。

そうかと思えば、教師であるわたしに近づこう、気に入られよう、と関心を求める学生もいます。反対に、親に拒絶された幼少期からのこころの傷が少なく転移をあまり起こさずにすむ学生は、わたしに対して緊張が少なくリラックスして自然に振る舞えます。

**転移反応の特徴⑵——感情の強さが非現実的**

転移反応には、感情の強さが不適切だという特徴があります。

カウンセラーに対する来談者の強い感情的反応はすべて過去の痛みからくる反応です。適切なカウンセラーは来談者におだやかに接し、激しい感情的反応をかき立てるような行動をとらないからです。つまり、カウンセラーが来談者を心理的・肉体的に傷つけたり、来談者に対してあたかも保護者であるかのように物質的・経済的援助をしたり、来談者を積極的に励ましたり、誘惑的な態度をとったり性的な関係をもったりするなど、来談者を依存させる反カウンセリング的な行動をとらない限り、来談者がおだやかに座っているカウンセラーに対して激しい怒りや依存的な気持ちを抱くのは現実的ではありません。

でも、「来談者を依存させる反カウンセリング的な行動」とはどんなことでしょうか。それを実例から学びましょう。

## 「頼りたい」転移欲求を満たすことの弊害

中学校にスクールカウンセラーのアシスタントとして入っていたある女性の例です。その人は、廊下で生徒のからだに触れたり抱き寄せたりしながら、「あなたは大丈夫よ」とか「わたしはあなたのことをいつも想っているから頑張りなさい」などと励ましたりしていました。カウンセリングの見地からは、このような行動はとても非援助的です。傷ついた人のもつ転移欲求を安易にかきたて依存的にするからです。

わたしたちは幼いころに拒絶され傷ついた程度に、愛情への飢えと空虚感を抱えながら生きています。傷つきが激しいほど、愛情を求める依存的な気持ちも強くなります。深く大きな傷つきを抱えている来談者の「頼りたい、甘えたい」感情が出てきたときには、極端な場合であればカウンセラーに「抱きしめてほしい」と求めるかもしれません。もしカウンセラーが抱きしめれば、そのときは来談者はつかの間の安心感を得てほっとするでしょう。

でも、彼らの幼いころからの愛情の飢えが現在の他人によって本当に満たされることはあり得ません。ですからその慢性的な飢えが強い人ほど、「もっと、もっと」と求めるようになります。彼らは愛情の飢えと空虚感の苦しみを一生懸命に抑えながらも、ウツウツといつもこころに感じながら生きてきたわけです。そしてそれがガッと表面意識に出てきたときには、「二四時間いつもくっついていないと満たされない」とさえ感じるかもしれません。

でも本当は彼らの激しい飢えは、たとえ二四時間ずーっとくっついていても満たされないのです。仮にカウンセラーが来談者を抱きしめたとしても、しばらくしてカウンセラーがその腕をほどくと、来談者は「もう抱きしめてくれない！　わたしを拒絶した」と感じかねないのです。

ですから、幼少期に拒絶され傷ついた人の飢えを現実の人間関係によって満たすことは不可能なのです。それゆえ彼らは現実の人間関係において必然的に「拒絶された、見捨てられた」と感じる経験をしてしまいます。また彼らは、「求めると拒絶されるのではないか」という不安でいっぱいなので、ほかの人と一緒にいるときでさえ気（エネルギー）レベルでの交流を閉ざしていますから孤独を感じています。

### 激しい転移欲求と拒絶

そんな来談者の「愛情が欲しい・頼りたい」欲求を充足しようとするカウンセラーは、彼らの「もっと、もっと」とエスカレートするばかりで尽きることのない愛情欲求にいつか耐えられなくなります。そして彼らと距離をとろうとします。そのとき来談者は「見捨てられた」と感じます。

そんな人たちは、「見捨てられた」と感じる人間関係を繰り返し、見捨てたり傷つけたりした相手への激しい怒りでいっぱいになります。彼らはこころの底に、激しい愛情の飢え、空虚感、孤立感と同時に激しい怒りも抱えながら、そのつらさに耐えて懸命に生きています。

その激しい怒りは普段は抑圧されていますが、いつもフツフツと沸き上がってこようとしているので、煮えたぎるマグマが噴火するように、いつか表面化します。

たとえば、彼らは拒絶した人を激しく攻撃するかもしれません。または、気に入らない人を傷つけることもあり、それが学校や職場におけるいじめです。

彼らはまた、「時間や約束はかならず守らなければならない」「学校ではまじめに勉強して良い成績や高い学歴を得なければならない」「性欲や性行為はいやらしくけがらわしいものだ」など、固い観念や価値観をもつことがあります。そして、それに背く人間を攻撃したり軽蔑したりすることがあります。彼らはそれを「時間を守らない（頭の悪い・性的に奔放な）人間は攻撃（軽蔑）されて当然だ」として正当化し、彼ら自身のなかに、人を傷つけずにおれない攻撃性があることは実感していません。

以上のことを言い換えると、自分を愛して受けいれてくれなかった親に対して感じた激しい怒りは抑圧され、その怒りは開放を求めて他人を攻撃する、そして攻撃する口実を得る目的で固い道徳観念をもつ人たちがいる、ということです。彼らの道徳観に従わない他人を責めるための、固い道徳観念です。

## 攻撃性の表れ方

いわゆる「しつけの厳しい親」のなかには、そのような傾向が強い親もいるでしょう。子どもにとって、「ああでなければならない、こうでなければならない」と親から求められることは、「ありのままのあなたはダメだ」と言われていることと同じで、それは拒絶なのです。そんな親に育てられた子どもは何度も何度も拒絶を経験するとともに、さらなる拒絶に怯えながら育たざるを得ません。

そうして育てられた子どもはしばしば、親と同じように固い道徳観・価値観をもち、それに従わない他人に腹を立てるようになります。でも、なかには親の価値観に反抗する子どももいて、親から「悪い子」と見なされます。非行少年・少女にはそのような子どもたちも多いでしょう。でも、彼らは自由奔放なように見えて、実際には親の価値観にがんじがらめになっています。彼らはこころの底では、親の価値観に沿う「立派な人間」になれない劣等感に苦しんでいるのです。

　親からありのままの自分を愛し受けいれてもらえなかった怒りを抑圧している人のなかには、部下や下級生などに対してひどく権威的に振る舞う人もいます。彼らは、「目下の者にこういう態度をとるのは当然だ」と思っており、彼ら自身の未解決の攻撃性をぶちまけていることには気づいていません。

　また、幼いころの愛情の飢えと激しい攻撃性を抱えている人々のなかには、とても攻撃的な白昼夢にふける人もいます。人を殺すことや世界の破滅を空想したりします。

## 人間の本質への不信感

　わたしたちは誰でも親から無条件に愛され認められたいものです。ですから、親の愛と承認を得るために多くの固い条件を満たさなければならない子どもほど、それらの条件にそぐわない自分を否定します。

　たとえば子どもは、親から「まじめに勉強して成績の良い子は立派で偉いけど、そうでない子はダメだ」「お母さんに腹を立てたり反論をしたりしてはいけない」「あなたの自然な気持ちや欲求を満たそうとするのは自己中心的だ。お父さんの意に添うように行動しなければならない」などのメッセージを強く受け取るほど、自分のなかにある、サボりたい・楽しみたい・楽をしたい気持ち、怒りという自然な感情、自分の純粋な感情や欲求、などを悪いものや危険なものだと感じ、抑え込むようにならざるをえません。そしてそれが、大人になったときの「人間は自然な欲求や気持ちを縛り規制しなければならない。本能のままに行動すると怠惰で破壊的で自己中心的になる」という人間観になります。

　わたしたちのなかにある、自分の価値観に背く他人の行動や考え方を裁く意識はそこからくると思います。「悪い」自分を他人に見るとき、わたしたちには脅威だから否定せずにいられないのです。ちまたの男性・女性週刊誌などは人を非難する記事でいっぱいですね。

## 親が子どもに転移反応を起こすとき

わたしたちはみんな大なり小なり親から無条件に愛されなかったこころの傷つきを抱えて育ちました。完璧な親はいないからです。その傷つきが大きいほど、親になったとき子どもに対して、いまだ癒えていない過去の痛みからくる反応をより激しく起こさざるを得ません。

たとえば、「悪いことをした」自分の子どもをしつけのつもりで家のドアから外へ無理やり押し出そうとする親がいます。子どもは「外に出さないで！」と親にしがみつき、泣き叫びます。それでも親は子どもをグイグイ外へ押し出し、子どもはさらに激しく「家に入れて！」と泣き叫びます。

その親の行動は、意識のうえでは子どものしつけですから、愛からくる行動だと思っています。でもその親はカウンセリングが進むにつれ、無意識的には「息子は、自分がそれほど拒否しても拒否してもまだ自分を求めてくれる」ことを確認していたことに気がつくかもしれません。その親はそれほどにまでに、子どもから必要とされることを必要としているのです。

また、愛されなかった大きなこころの傷つきを抱えた親は、目に見えないエネルギーのレベルで、子どものエネルギーを吸い取ったり抑えつけたりすると思います。子どもは苦しくてたまりませんが、なぜそう感じるのかはわかりません。

愛されなかった大きなこころの傷つきのせいで、子どもからの愛情や関心を強く求めざるを得ない親に、いわゆる「教育相談」のカウンセラーが「ああしなさい、こうしてはいけません」とアドバイスしたり、「愛情をもって接することが大切ですよ」などと教えたりしてもあまり意味のないことが多いと思います。子どもの関心を求めざるを得ないこころの傷が癒せていないからです。親は、幼いころのこころの痛みからくる転移欲求を満たすための行動を、そうとは気づかずに「愛しているからこうするんだ」とか「しつけだから」などと信じ正当化するでしょう。

また、カウンセラーのアドバイスどおりに「正しい子育てをしよう」と頭で考えて努力するかもしれませんが、純粋なあたたかさや共感性が増すわけではないでしょう。でも豊かな親子関係に本当に大切なのは、その純粋なあたたかさや共感性のはずです。

傷つきの大きな親ほど、それが癒されるまでは自分が愛されたくて関心を得たくて仕方がなく、子どもを無条件にかわいいと感じるこころのゆとりが少ないものです。

## 転移反応の程度が高い恋愛関係

先にお話ししたように、恋愛関係は、過去から抱えつづけている痛みからくる反応を引き起こしやすい関係の一つです。恋愛・結婚関係のなかに、「心理的に満たされた大人同士が互いを思いやりながら一緒に幸せと喜びを創り出す」という成熟した関係でなく、「自分に欠けているものを相手からもらおう」とする根本的な痛みのから反応が多いほど、満たされない空虚感、不安、相手を求めてやまない衝動、依存性、怒り、攻撃性が出ますから、ドロドロした関係にならざるを得ません。もしくは、そうなって苦しむことのないように表面的で浅い、距離を置いた関係になります。

転移反応はわたしたち誰もが経験するものですが、その程度が少ないほどいわゆる「健康」と呼ばれる状態に近く、反対に愛情の飢えと空虚感、そして激しい憎しみと攻撃性が噴出する程度が高いほど、いわゆる「境界性人格障害（ボーダーライン・パーソナリティ・ディスオーダー）」と呼ばれる状態に近づきます。

### スクールカウンセラーのアシスタントの例

先ほどの、中学生たちを励ましたりからだに触れたりするスクールカウンセラーのアシスタントの話に戻りましょう。そのアシスタントから「頼りたい・愛情が欲しい」という欲求をかき立てられた生徒のなかには、そのアシスタントにひどく依存的になってまとわりつくようになった生徒もいたそうです。そしてそのアシスタント自身も、生徒にしつこくまとわりつかれていやになったようです。そのアシスタントが学校を辞めたあとでも、生徒のなかには「前のアシスタントの先生に連絡をとりたい」と再三にわたって学校に要求した生徒がいましたが、まとわりつかれていやになったその女性は要求に応じませんでした。

そのアシスタントは、生徒を傷つける結果になったことでしょう。そしてそうなった原因は、そのアシスタントの、「人から頼られ必要とされたい。そうすることによって、自分が無価値だという不安から逃れたい」という、彼女自身のこころの傷に根ざした欲求だったのかもしれません。

そのスクールカウンセラーのアシスタントのような、いかにもあたたかい・優しい態度が援助的・共感的な態度だとはかぎりません。

### 不適切な感情反応の例

転移感情はその激しさが不適切である、と述べましたが、その別の例です。わたしが米国で「いのちの電話」カウンセラーをしていたときに、ある女性が電話をかけてきました。わたしは彼女の訴えをしばらく傾聴していましたが、彼女は突然「あんたのようなひどい人間は滅多にいない。あんたは世の中の大きな害だ！」と電話口で怒鳴り出しました。私の対応に拙い点はあったかもしれません。でもそれだけのことなら、「このカウンセラーは能力がないわ」とわたしに見切りをつけて電話を切り、ほかのカウンセラーにかけ直せばすむことですから、彼女のそんな激しい反応は現実的な反応ではなく、過去に負った痛みからくる反応だったでしょう。

非現実的に激しい感情反応とは逆に、感情的反応があってしかるべき場面で反応がないのも、たいてい転移反応です。わたしはあるとき、カウンセリングの予約を忘れてすっぽかしてしまったことがありました。[*3] しかしわたしにすっぽかされた来談者は、つぎにお会いしたときにはイライラも怒りもがっかりした様子もまったく見せず、何こともなかったかのようにものわかりの良い協調的な来談者を演じていました。それは「カウンセラーに嫌われたくない」という転移反応です。

## 転移反応の特徴(3)——両価的

子どもは親の愛情と保護を求めてやみません。そしてそれが得られないとき、恐怖、不安、悲しみ、孤独を感じるとともに、そんな思いをさせた親に激しい怒りを感じます。つまり、子どもは親を求める欲求と、その反対の親への攻撃的な衝動とを同時にもっています。そのあり方を両価的であるといいます。そしてその両価的な反応をのちの人間関係のなかで繰り返すのが転移です。

ですから転移反応には、人の愛情と関心を求める衝動と人を攻撃する衝動とが共存します。そして、頼りたい欲求、近づきたい欲求、あこがれ、甘え、性的欲求、理想化などを陽性転移と呼び、怒り、憎しみ、嫌悪、軽蔑などを陰性転移と呼びます。多くの場合、陽性・陰性感情のどちらかが表面に出て、もう一方は固く抑圧されています。でも実際には、陽性転移の裏には陰性転移が潜んでおり、逆に陰性転移の裏には陽性転移があります。

演歌歌手石川さゆりさんのヒット曲「天城越え」に、「誰かに盗られるくらいなら、あなたを殺していいですか」という歌詞があります。「好きな人が自分だけを愛してくれなければたまらない」という愛情を求める衝動と、「そうしてくれないなら殺してやる」という攻撃性が

*3　古宮、二〇〇一

ともに存在する、転移の両価性がよく表現された歌詞です。

## 両価性の例

転移の両価性の例として、英語の先生に好かれようと一生懸命に勉強する生徒について考えてみましょう。その生徒は意識上ではその先生のことが好きですが（陽性の転移感情）、その裏には、「その英語の先生は成績優秀な生徒しか受けいれないような拒否的な人間だわ」という陰性転移の知覚が潜んでいます。その隠された陰性転移感情は、先生がその生徒を傷つける不用意な発言や行動をとったときに、その先生に対し「わたしにこんなひどいことを言った！」「これくらいしてくれて当然なのにしてくれない！」などと激しく怒る、という行動として表面化することがあります。

その激しく怒る陰性転移反応の裏にはまた、その英語の先生に理想的な人間像・教師像を求める「理想化」という陽性転移があります。そしてその理想を英語の先生が満たさないときには（現実の人間が誰かの理想像を一〇〇パーセント満たすことは不可能です）、その生徒は先生に腹を立てたり軽蔑したりするかもしれません。そのとき彼女の抑圧された怒りが出ているのですが、彼女は自分に未解決の怒りがあることを実感としては理解していません。もしも非難された先生が腹を立ててその生徒に攻撃し返したら、彼女は「やっぱり先生が悪い」と、先生への怒りと攻撃を正当だと見なすもっともらしい理由を得ることになります。

でも、大人の愛情と関心を強く求める子どもは拒絶されることをとても恐れているので、けっして怒りが出ないよう固く抑圧していることも多くあります。そしてときには、その怒りを弱い他の子にぶつける「いじめ」になることもあるでしょう。

また、配偶者に暴力をふるう男女、親に暴力をふるう子ども、学校のいじめっ子など他人を攻撃する人は、じつは攻撃される相手を必要としています。人を攻撃する一方でその人に依存していて、攻撃している相手を失うことを恐れています。その現象も、陰性転移の底には陽性転移があるという両価性の一例として理解できるでしょう。

## 反抗的な子どもの、愛情を求めてやまない気持ち

過去の痛みからくる転移反応が両価的だということは、親や教師など大人に怒りをぶつける敵対的で反抗的な子どもほど、本当は愛情と関心を強く求めている、ということです。十分な愛情と関心を与えてくれないから怒っているのです。彼らの反抗的な振る舞いには、そうして目立つことによって関心が得られるという面もあります。また反抗的な子どもたちのなかには、本当は甘えたくて愛されたくて仕方がないからこそ、甘えて拒絶されるのがよけいに怖くて、そのため拒絶の危険を遠ざけるために自分のほうから大人を嫌いになり攻撃する子どももいるでしょう。

ですから敵対的、反抗的な子どもを援助する人にまず必要なのは、本当は愛されたくてたまらないのにそのように振る舞わざるを得ない彼らの苦悩の深さを、できるだけ彼らの身になってひしひしと想像し理解することです。反抗的な子どもたちほど、愛されないこころの痛みに苦しんでいる子どもたちなのです。

## 陽性転移と陰性転移の表れ方

境界性人格障害と呼ばれるこころのしんどさをもつ人たちがいます。彼らの特徴の一つに、恋人やカウンセラーなどを理想化し極端に尊敬したり甘えたりしたかと思うと、その同じ相手に急に激しい憎悪を向ける、ということがあります。つまり、一人の人間があるときには完全な陽性転移の対象になり、またあるときには完全な陰性転移の対象になる、ということです。

また、陽性反応と陰性反応とを切り離し、その一方の感情を誰かに向けて、もう一方が別の

人間に向けられることがあります。それは分離防衛機制と呼ばれます。大人や教師に反抗する青年が、愛情欲求を他の人に向け、恋人やリーダーなどに依存的になるのはその例です。

わたしは米国で大学院生のときに、ある教授の助手として授業の手伝いをしました。一部の学生たちはその教授に対して陰性転移を起こし、わたしに理想化された陽性転移を向けました。「あんな人間が教授だなんてけしからん。それに比べ、ノボルはすばらしい。ノボルが授業をすべて教えるべきだ」と彼らは言い、わざわざお金まで出してその先生を非難しわたしをたたえる広告を大学の新聞に載せました。貧しかったわたしは、「そのお金をぼくにくれればいいのに」と思いました。

## 転移反応の特徴⑷――急変することがある

子どもは「親から愛された」と感じるとうれしいし安心します。でも「愛されていないんじゃないか」と感じた瞬間、不安になるし、怒りを感じることもあるでしょう。転移反応はその体験をのちの人間関係のなかで繰り返すことですから、同じ人に対する転移感情は突然変化することがあります。先ほどお話ししたように、境界性人格障害と呼ばれる心理的なしんどさを抱えた人はしばしばそのような反応をします。

また、「親友同士」だった中学生の女の子二人が、仲違いしたとたん互いに口も利かないほど激しく憎しみあい、また何かのきっかけで仲直りすると再び「世界一の親友」に戻ることや、恋人を理想化したかと思えば激しく攻撃する人、英語の先生のことが好きで一生懸命に英語を勉強していたのに、何か不用意な言動をしただけでその先生を激しく憎む生徒など、すべて変わりやすさの例です。

精神分析医グリーンソン博士は、精神分析療法においては、カウンセリング初期に来談者は変わりやすい転移反応をすることが多い、と述べています。[*4]

＊4　Greenson, 1967; p. 160

## 転移反応の特徴(5)——非現実的に粘り強いことがある

子どもは親の愛情にいったん不信感をもつと、簡単にその不信感を解くことはできません。なぜなら親は自分の生存の鍵を握る重要な人物なので、信頼できない人を信頼すると生命の安全にかかわるからです。

同じことが転移の特徴になります。先ほど挙げた「急変することがある」と矛盾しているようですが、転移反応は、いったん生じるとなかなか変わらない粘り強さをもつことがしばしばあります。

わたしに対して依存的な転移を変わらず抱きつづけた来談者がいます。彼女はわたしに嫌われるのがたまらないので、恥ずかしく思うことを隠しつづけようとしました。わたしが、「あなたは自分が良くなることよりぼくに好かれることを優先しているように思えます」と指摘しても、その来談者の依存的態度は変わりませんでした。

また、わたしのことを先生だからということで恐れる大学生は、わたしを恐れる必要がないことが理屈では理解できても、やはりわたしの前では緊張します。

宗教の信者が、明らかに矛盾している教祖を狂信的に信じつづけるのも、転移の粘り強さの一例でしょう。

ここまで、転移という現象の特徴を学んできました。転移についての理解を、人を助ける営みに生かすために、ここでいったん転移を離れて「抵抗」という考え方について学ぶことにします。そしてそれをもとに、のちほど転移についてさらに深く学びます。

# 第10講　自由に感じ表現することにブレーキをかけてしまう——抵抗という現象

有能なカウンセラーほど、来談者が何を話しても何を感じても、それを受け止め理解します。でもそのようなカウンセラーに対してでも、わたしたちはなかなか自由に話すことができません。そのとき、精神分析理論では「抵抗が働いている」と理解します。

抵抗とは、話し手が自由に連想しながら話すことを妨げ、「過去に埋もれていた重要な体験や感情を思い出し、洞察を得て変わりたい」という願いを妨げる力を指します[*1]。わたしたちが人と話すさいに、何でもこころに浮かぶことを自由に感じて話しているのではないとき、抵抗が働いています。

## いのちの力と、それに反する力

わたしたちのもっとも基本的な葛藤の一つは、葛藤を解決してより自分らしく花開こう、成長しよう、変化しよう、と求めてやまない「いのちの力」と、変化を恐れ自分を制限しようとする力との葛藤だと思います。無条件の尊重、共感、純粋さに満ちた人間関係が心地よいのは、それらがいのちの特徴そのものだからです。でもそれらの特徴は、変化を恐れ制限する力にとっては脅威になります。ですから、癒しと成長をもたらす人間関係においても、「変わりたく

＊1　Greenson, 1967; pp.59-60

ない。深い自分を発見したくない」という抵抗が働きます。

### 抵抗の表れ方の例

わたしたちが本当にこころを開いて自由に話をするとき、かならずしも順序ただしく論理的に話すわけではありません。自分のことを話すこともあれば、ほかの人の話になることもあります。昨日のできごとを話すこともあるし、未来や過去について話すこともあるでしょう。感情を言葉にすることもあるし、事実について話すこともあるでしょう。自発的な会話とはそういうものです。

ですからわたしたちが話をするとき、つぎのような行動はすべて抵抗の表れです。

現在のことばかりを話す。過去のことばかりを話す。自分のことばかりを話す。他人のことばかりを話す。順序良く正しい筋道で話そうとする。沈黙しないで話しつづける。反対に沈黙が多い。できごとばかりで感情を表現しない。感情が先走るばかりで、できごとについて具体的に語らない。特定のことがらばかりにこだわって話す。どの特定のことがらについても詳しく話さないうちに内容がつぎつぎに変わる、などです。

これらはすべて何かの感情を避けようとして、ありのままに話せていないときです。

では何を避けているのでしょう。

たとえばわたしたちが過去のことばかりにこだわって話すのは、現在の苦しさや未来の不安を感じることを避けているのかもしれません。他人のことばかりについて話すのは、自分について話すのを避けているからかもしれません。順序正しく話そうとするのは、「きちんと話さないためにカウンセラーからバカだと思われるのが怖い」という気持ちのためかもしれません。また、沈黙するとつらい感情や想像が湧きあがってきそうになるので、それを避けているのかもしれません。

同様に、どのことがらについても詳しく話さないで内容がつぎつぎに変わるのも、深く詳しく話すとつらい感情や記憶が出てきそうになるので、それを避けているからです。反対に何か特定のことがらばかりについて話すのは、そのことがらとは別に話すことを避けている何かのことがらがあるからです。

## ある感情を避けるために別の感情を利用することがある

あるときわたしは、駅のホームでだらしない格好をして慣れないタバコをふかしながら大きな声でキャッキャと騒ぐ一〇代なかごろぐらいの女の子二人を見ました。彼女たちは一見楽しげな様子なのですが、けっして本当に楽しそうには感じられませんでした。わたしには、彼女たちはこころの底にある空虚感、イライラ、悲しみなどの感情を感じないようにするために、楽しげに振る舞っていたように感じられました。わたしたちが、傷ついたときにその痛みを感じるのを避けるために怒ったり、または怒りを感じたときに怒るかわりに自己嫌悪になって落ち込んだりするのも同様の現象です。

このように、わたしたちが一見楽しげだったりうつだったりするとき、それらの感情は、より根底のもっと苦しい感情を感じないための防衛であることがあります。わたしの来談者で、いつもたいていニコニコしている女性がいました。でもいつも笑顔の彼女と一緒にいても、わたしは少しも楽しくは感じませんでした。本来なら、楽しい人と一緒にいるとその楽しいエネルギーが移って自分も楽しくなるものです。その来談者は、根底にあるうつ感情を感じるのを避けるために、いつもにこやかで明るく振る舞っていたのだと思います。そのような防衛を、躁《そう》防衛と言います。高揚した躁気分を感じることによって、苦しい感情を感じないようにするのです。先ほど述べた、駅のホームでタバコをふかしながら騒いでいた女の子たちはその例でしょう。

この講では、カウンセリングの癒しの過程を妨げる抵抗について学んできました。じつは、カウンセリングにおいて抵抗のもっとも重要な源は、先に学んだ「転移」です。そのことについてつぎの講で学びましょう。さらに本格的な内容に入ります。

# 第11講　転移反応がカウンセリングを妨げるとき

## 転移は、こころの援助の妨げにもなる

援助者への転移の気持ちが、カウンセリング的なこころの援助を進める促進力になることがあります。好きな先生の教科を頑張って勉強する生徒のように、来談者が「あのカウンセラーにだったら、信頼して自分のことを話したい」と感じる場合です。その場合には、カウンセラーへのおだやかな陽性転移がカウンセリングに参加する動機の一部になっています。

でもその反面、転移がカウンセリング的援助の大きな妨害、つまり「抵抗」になることも頻繁にあり、それを転移抵抗と言います。そして、援助が進まなかったり中断したりする原因としてもっとも多いのは、援助者が転移抵抗を見落としたり、転移反応をうまく扱えないことです[*1]。援助者にとって転移への対処はそれほど大切なことですが、同時に、カウンセリング的援助でもっとも難しいのが、転移を正しく理解し、それに適切に対処することでもあります[*2]。

## 転移による抵抗

カウンセリング的なこころの援助が転移によって妨害されるわかりやすい例としては、援助

＊1　Greenson, 1967; p.248: Sharpe, 1950; p.53

＊2　Freud, 1905/1969; p.363: Fenichel, 1946; p.29

者への不信感のために来談者が話すのを拒否する例が挙げられます。「何でこんなところに来ないといけないんですか」「今日は話す気がしません」「話すことが思いつかないんですけど」「いままでさんざんわたしのことを話したので、今日は先生からアドバイスをください」など。

また、援助者に対する怒りや不平不満をおもに話し、自分の悩みや心配ごとを語らない場合も陰性転移が抵抗になっている例です。

反対に、「カウンセラーのことが好きだ」「良い来談者になってカウンセラーに好かれたい」「ぼくのカウンセラーはすばらしいカウンセラーだ」などの陽性転移によってカウンセリング的援助が妨げられることもしばしばあります。

たとえばわたしたちのほとんどは、カウンセリング的援助を受けていると、そのどこかの時点で、援助者に好かれようとして大なり小なり「良い来談者」を演じるものだと思います。それは陽性転移の一種で、先ほど述べた、わたしにカウンセリングの予約をすっぽかされた来談者が、イライラも腹立ちも見せなかったのはその例です。

また、たとえ最初は陰性転移が表面化している来談者でも（たとえば、無理やりカウンセラーのもとへ連れてこられ、カウンセラーに対して怒りと不信を露《あら》わにしている非行少年・少女など）、カウンセリングが進めばその底にある陽性転移が表面化し、「カウンセラーから認められたい、関心をもってもらいたい」などの感情が出てきます。

また、わたしたちがカウンセリングを受けていると、援助者から認められそうなことを意識的・無意識的に選んで話すこともしばしばあります。「今日のセッションでは何を話そうか」と準備をしてくる来談者がいますが、何を話すかを選ぶということは、何を話さないかを選ぶことでもあり、それは抵抗の表れです。話すことがらとして選ばれなかったことのなかにこそ、本当に解決しなければならない核となる問題への入り口があるかもしれません。

## 正しいことを話そうとする転移抵抗

またわたしたちは、心理学の本や講演などから得た知識に基づいて、援助者から認めてもらえそうな、受けいれてもらえそうな内容を話すこともあるかもしれません。

そういうとき、わたしたちはたとえば、「息子が不登校になったのは、わたしに原因があったんです。だからわたしが変わらねばなりません」とか、「異性関係がうまくいかないのは、子どものころに父親から愛されなかったからだ、と気づきました」などと話すかもしれません。でもそれは単に、「そう考えるのが正しい」という知識に沿って話しているだけで、本当に自由に話しているわけではないので、わたしたちがより自分らしく、より自由になり、発展し自己実現してゆく方向へとつながる本当の洞察ではありません。

援助者にそのことが理解できていないと、洞察めいたことを語る来談者について「カウンセリングが順調に展開している」と喜んでしまいます。すると来談者も、「やっぱりこういう内容を話せばカウンセラーは認めてくれるんだ」と彼・彼女の考えの正しさを確信し、もっともらしい内容をさらに語りつづけます。でもそれはカウンセリング的援助の過程が進んでいるわけではないのです。

## 話し手が自由に話せる関係を育てること

援助者から認められ受けいれられようとして話す来談者に必要なのは、「子どもの問題は親であるあなたのせいですから、お子さんを責めてはいけません」という制限や、「幼いときの両親との関係について話してください」などの指示ではありません。彼らに必要なのは、「子どもが理不尽なことを言うので、いかにわたしは困っているか」「良い親であろうとして頑張ってきたのに、子どもも学校もそんなわたしのことをわかろうとせずに、いかにわたしを責めるか」「わたしを傷つけた異性がいかにひどい人間だったか」などについて、本心を語り尽くすことかもしれません。つまり、まずはこころおきなく「子どもや他人のせいにする」ことかもしれません。聞き手がそんな来談者の思いを十分に共感的に聴くとき、来談者に変化が生じます。変容をもたらす真の洞察は、来談者の知識とは関係なく、来談者の内面に実感として感じられてくる洞察です。

念のためにお伝えしますが、わたしがいまお話ししたことを逆にとって、「お母さん、ご自分を責めてはいけません。他人を責めることも必要です。どうぞ思う存分お子さんについての不満をおっしゃってください」と来談者に伝えることも、こころの援助にはなりません。来談者がその働きかけに合わせて子どもについての不満を話したとしても、それもやはり「カウンセラーはわたしに、子どもへの不満を話してほしいんだ」と思って話しているわけで、「良い来談者」を演じているのです。それもやはり、来談者がより自由になり、自分自身をより信頼するようになる真の建設的な変化が生じる過程ではありません。

ロジャースはそのことについて、「感情を感じても安全ですよ」などと教えれば教えるほど、本当に意味があって自分の実感にぴったり合うような学びは生じにくくなる、と述べ、さらに、カウンセラーにできるのは、真に意味のある学びが可能になる条件をつくることだ、と述べています。[*3]

また、わたしたちは援助者から尊敬されようとして、悩みを話すかわりに、自分がいかに困難を強く乗り越えているか、自分がいかに心理的に健康な人間であるか、自分がいかに成功者であるか、等々を語りたくなるかもしれません。その反対に、つらい思いや苦しみを話せば援助者が関心をもってくれると思い、つらいできごとばかりを話したくなることもあるかもしれません。同様に、「良くなるとカウンセリングを終えなければならない」と無意識的に思い、良くならないこともときにあります。それも転移抵抗です。

カウンセリング的なこころの援助が効果を上げるためには、来談者は思うこと、話したいこ

＊3　Rogers, 1961; p.205

とをできるだけ自由に話すことです。そして援助者は、来談者が伝えようとしている経験が来談者にとってもつ意味を味わいながら共感的に聴くことです。

## わたしの転移抵抗の経験

わたしはカウンセリングを受けていて、自分が「カウンセリングには絶対に遅刻してはならない」と考えていることに気づいたことがありました。そのことについて語るうち、わたしの母親が時間に遅れるのをひどく嫌ったこと、そしてわたしが遅れたときに厳しく叱られたことを思い出しました。

また、時刻に遅れると「カウンセリングに抵抗している」とカウンセラーに思われるのではないかと考え、わたしはそれがいやで「抵抗をしない良い来談者」になろうとしていたことにも気づきました。それは「カウンセラーに好かれたい」という依存的な陽性転移です。そして、そんな転移を起こさざるを得ない、わたしの幼いころからの愛情不足感のもととなったできごとなどについて、理解的で共感的なカウンセラーに語りました。

同じく大切なことですが、そのときわたしは「カウンセラーに弱点を見せて嫌われたくない。カウンセラーから『心理的に健康な良い人だ』と思われたい」という気持ちをその場でありありと感じながら語ることができました。転移反応を、カウンセリングのなかで言葉で表現できたのです。

そのセッションを境にして、わたしのなかから「カウンセリングに遅れてはならない」という強迫的な気持ちが消えていきました。その後もセッションにはだいたい時刻どおりに着きましたが、それは「遅れてはならない」という強迫的な意識からではなく、「自分のために、遅れずに着いてセッション時間をフルに使いたい」という現実的な欲求からでした。その変化とともに、普段の自分からも肩の力が抜けて、肉体的に軽く自由になったように感じたことを覚えています。

ここまで、来談者の転移欲求を充足することは、決して効果的なカウンセリング的援助にならないことを述べてきました。ではカウンセリング的援助では転移をどのように扱えば良いのでしょう。つぎの講ではそれについて考えてゆきましょう。

# 第12講　過去の痛みを埋めたから解決したのか
## ——転移治癒について

### 誰かに認めてもらえることによる安心とは

前講で、援助者に認めてもらえそうなことを話す来談者についてお話ししましたが、来談者は「カウンセラーに認められている（好かれている）」「カウンセラーに元気づけてもらえた」「励ましてもらえた」と感じることによって症状が軽くなることがしばしばあります。それを「転移治癒」と言います。過去の痛みからくる反応を起こさざるを得ないこころの空虚感や傷は解決されていませんが、転移欲求がある程度満たされることによって、空虚感や痛みの感覚がとりあえず楽になるのです。

たとえば、不幸せな人が恋人ができてハッピーになる変化には転移治癒が多く含まれています。でも、もとの不幸せの原因だったこころの葛藤は解決されていないので、やがて恋人に向けて激しい陽性転移・陰性転移が湧きあがり、恋愛関係に葛藤と苦しみを作り出します。とくに、わたしたちは波長の合う人にひかれますから、こころの葛藤に苦しむ人は同じように葛藤を抱えている人を恋人にします。すると、お互いがお互いに向けて転移を起こして関係がぐちゃぐちゃになるので、よけいにたいへんになります。そして恋人と別れれば、その人はまたもとの不安定な状態に戻ります。

これはわたしが聞いた転移治癒の実例です。ある女性がカウンセリングを受けて楽になり、カウンセリングを終結しました。カウンセラーは男性で、その女性を褒めたり励ましたりしたようです。ところがある日、女性は街で偶然そのカウンセラーが奥さんと手をつないで歩いているところを目撃してしまい、ショックで一挙に症状が悪化したそうです。

来談者が、「カウンセラーに認められている（好かれている）」と感じることによって症状が軽くなっているのに、カウンセラーがその転移反応に気づかない場合、来談者には「このカウンセラーには、わたしがカウンセラーから認められるように振る舞わずにはいられない根源的な苦しみが理解できない」ことがわかりますから、「これ以上カウンセリングを続けても無駄だ」とやがて悟ります。すると「先生のおかげで良くなりました。ありがとうございました」と言って終わります。もしくは、来談者は「好かれたい、認められたい」という転移欲求の充足を求めてカウンセリングを続けるかもしれません。そうなると進展のないカウンセリングがだらだらと続きます。

## ロジャースの転移についての考え方[*1]

ロジャースは「転移」という概念を好みませんでした。転移という現象が起きることは認めていましたが、来談者とカウンセラーのあいだに育まれた親密な関係を「転移」と呼ぶことは、つまり「あなたがわたしに感じている気持ちは『本当の』気持ちではなく、あなたは幼いころにお父ちゃんかお母ちゃんに感じた気持ちをわたしに感じていて、それを『本当の』気持ちだと錯覚しているだけです」と切り捨てることだ、とロジャースは感じたのではないかと思います。

それでも、転移の現象はわたしたちにいつも起きていますし、ロジャースは「転移」という概念に批判的だったために、来談者に起きる変化の一部を見過ごしたことがあるように、わた

＊1　本節は、恩師である舩岡三郎先生にいただいた示唆に拠るところがとくに大きいです。記して感謝します。

しには思えます。そのことを、彼の著書の事例[*2]を通して説明します。

アンは、ロジャースの率いるグループカウンセリングに参加した女子高生の一人でした。彼女はまじめで誠実で成績もよく、生徒会の役員にも選ばれていました。

あるセッション中に、アンはグループの人たちにいくつかの質問をしました。それらは内容としてはまともな質問でしたが、その場の状況にはまったく合わないちぐはぐな質問でした。ロジャースは、アンが本当に言いたいことを言っていない気がしました。さらに彼は、なぜかアンのとなりの席に移りたい衝動を感じました。それは理に合わない奇妙な衝動でした。別にアンがロジャースに助けを求めているわけではなかったからです。でもその衝動があまりに大きかったので、ロジャースは危険を冒して席を立ち、アンのところまで歩いていって、「となりに座っても良いですか」と尋ねました。アンはソファに座っていた位置を少し横にずれて、ロジャースが座るスペースを空けました。

ロジャースがそこに座るやいなや、アンは突然彼のひざにもたれかかり、激しく泣きはじめました。

ロジャースはアンに聞きました。

「どれくらい泣いていたの？」

「いま泣きはじめたばかりです」

「違うよ。こころのなかでいつから泣いていたの？」

「八カ月前から」

アンは子どものように泣きじゃくりました。そしてしばらく泣いたあと、何があったのかを少しずつ話せるようになりました。アンは、「わたしは友達の相談相手にはなってあげられるのに、誰もわたしのことを愛してはいないので、助けてくれる人はいない」と言います。ロジャースはアンに、「振り返ってグループのみんなを見てごらん。みんなあなたのことを心配し

＊2　Rogers, 1980; pp.226-229

ているよ」と伝えました。グループの高校生たちがアンに言葉をかけました。アンはそれを受けて、両親が別居しお父さんと会えないのがとても寂しいこと、そしていまロジャースがしているように、男性が優しく関心を注いでくれるのがとてもうれしいことを語りました。

ロジャースがアンのとなりに座ったのは正解でした。アンのようにみんなから好かれ信頼されている高校生が、こころのなかでは「わたしのことなんか誰も愛してくれない」と感じていたのです。ロジャースとグループメンバーがアンに注いだ優しさと関心によって、アンはその感じ方を変えることができました。

そのカウンセリングのあと、ロジャースのもとにアンから何通かの手紙がきました。あのカウンセリングの経験が彼女にとってとても大きな経験になったこと、愛されない孤独感はもう感じないことが書かれていました。

それから九年後、ロジャースのもとにアンから久しぶりの手紙が届きました。アンは大学院生になっていました。その一部です。

こんにちは、カール先生

……（省略）……

何年も前に先生と一緒にいられたあの経験はわたしにとっていまでも大切な経験です。先生との、真実で正直で純粋で正当で本当の人間のふれあいは、九年前のことだけど今日でも同じくらいありありと覚えています。……先生はわたしに、自由に感じ、触れ、求め、正直であることを教えてくれました。……わたしはいま、毎日がたいへんです。先生が開くグループカウンセリングにまた参加したいのですが。わたしの地域でされることはありますか？

愛を込めて。先生にとって平和な日々でありますように。　アン

ロジャースはこのできごとについてこう書いています「もし、真実であたたかく理解的な人間関係が大切であることの証拠が必要なら、アンと共有したこの経験がその証拠である」[*3]。

ロジャースとアンのグループセッションはたった二日間しかありませんでした。それだけの短い出会いのなかでアンにこれだけの深い変化をもたらしたのは、ロジャースの高い援助能力のたまものでしょう。明らかに、彼女にとってロジャースとの経験はとても意味深いものでした。ロジャースとの出会いがなければ、アンにとって生きることは大きな負担でありつづけただろうと想像します。

*3　Rogers, 1980; p.229; 邦訳は古宮による

## 理想化転移について

そのことを押さえたうえで申し上げたいのですが、わたしは、アンに起きた内面の変化は純粋な癒しだけではなく転移治癒の要素も大きく、でもロジャースにはそのことが見えていなかったように思います。

アンにとって、ロジャースは理想的なお父さんのような存在だっただろうと思います。それは「理想化転移」という陽性転移の一種です。アンは、「お父さんがわりの理想的な人からあたたかい関心と好意を向けてもらえた」と感じたため、愛されない孤独感、空虚感を一時的に感じないですむようになったのだと思います。理想化転移が満たされたことによる転移治癒です。

ここで、理想化転移について詳しく説明しましょう。

理想化転移の例としてつぎのような反応があります。「この恋人こそわたしを幸福にしてく

れる理想的な人だわ」「この先生の言うとおりにすれば間違いない」「このカウンセラーならぼくを変えてくれる」などです。誰かを理想的な人、または非常に優れた人だと信じますが、それはその人を理想化した非現実的な反応です。

それでは、なぜ理想化転移が起きるのでしょう？　その源は何でしょう？

わたしたちは誰でも、親（養育者）を理想化したい欲求をもって生まれてきたと思います。親のほうが幼い子どもより、外界の危険についてもそれから身を守る方法についてもずっとよく知っているので、生物進化の過程において、親を信じないで勝手に一人で行動する子どもより、親をすべて信頼して従う子どもほど生存の可能性が高かったはずです。それゆえ、子どもは親を全知全能だと信じて頼り、従う必要があります。親が力強く頼れる存在であれば、その庇護《ひご》のもとで安心できます。

わたしたちのもつ、親のことを理想的だと感じたい欲求が幼いころに満たされ、「お父ちゃん、お母ちゃんについていけば安心だ」と感じられるほど、わたしたちは自分自身と世界について基本的な安心感を得ます。「世界は安全な場所で、わたしはこの世界に存在する価値があるし、人々は優しくあたたかい」と信じられるのです。そのうえで、わたしたちが成長して「わたしにはこの世界で生きてゆく強さも能力もある」と感じられるにつれ、親を理想化する必要はなくなります。そして、実際には理想的でも完璧でもない親の現実のあり方が見え、その事実をおだやかに受けいれられるようになります。すると親をいたわる気持ちが出てきます。親孝行になります。それが自立です。

反対に、わたしたちは親への怒りや不満や反発を感じていればいるほど自立できていません。親の愛を求めるばかりで、親を愛するゆとりはないのです。そして親への怒りや反発心はわたしたちの成長を阻害し、人生にさまざまな制限や問題を作り出す原因になります。ですからそのようなこころのわだかまりをカウンセリングなどによって解決するほど、生きるのがより楽になり、能力がより開花し、人生に調和と発展をもたらします。

わたしたちは、親を理想化したい欲求が幼いころに満たされない程度に応じて、自分自身と世界について根源的な不安を感じながら育ちます。すると、その不安を和らげようとして「この人ならすべて信頼して頼ればいい」と思える人を求めます。それが理想化転移です。

でも、人間関係が深まると相手の本当の姿が見えるようになり、相手がけっして自分が求め信じた理想的な存在ではないことが明らかになります。そのとき理想化転移は崩れます。

そのときには、理想化という陽性転移の裏に隠れていた陰性転移が表面化します。「信じていたのに裏切られた」「自分はあなたのことをこれほど想っているのに（信頼しているのに）その気持ちを返してくれない」「すべて頼っていたのに、あんな人だとは思わなかった」などと感じ、落胆したり、傷ついたり、軽蔑したり、憤ったりします。恋愛・結婚の破局、友人や同僚との仲違い、上司―部下関係の悪化などが起きます。

## カウンセリングにおける理想化転移

カウンセリング的な援助では、援助者はしばしば理想化転移を受けます。カウンセリングが進めばそれが崩れて陰性転移が表面化する時がきますが、その段階の前にカウンセリングを終結すれば、転移治癒の状態で終えることになります。「あのすばらしいカウンセラーに好かれたから（または、励ましてもらったから、元気をもらったから、など）楽になった。あのカウンセラーのおかげです」という状態です。

わたしにも経験がありますが、来談者の理想化転移を受けると、援助者自身の「良いカウンセラーだと高く評価されたい」「信頼され頼られたい」といった個人的な欲求が刺激されます。そんな欲求は、援助者が来談者に向けた依存的な転移反応です。そのときには、来談者に向けてそのような転移反応を起こさざるを得ない援助者自身のこころの葛藤を十分に解決しておくことが必要になります。ですから援助者自身がカウンセリングを受けることが必要になるのです。

理想化転移のまずい扱い方をいくつか挙げてみましょう。あるカウンセラーは来談者に気休めを言ったり、セッションの時間を延長したり、アドバイスしたり、その他さまざまなやり方で来談者に好かれよう、良く評価されよう、嫌われないようにしよう、文句を言われないようにしよう、とします。カウンセラーは来談者の理想化転移が壊れないように保とうとしたり、理想化転移の底に潜む怒りを何となく感じ、それが表現されないように振る舞っているのです。

また、来談者が援助者に不満や怒りの陰性転移を表現したときに援助者が動揺し、来談者に嫌われないようにしようとか、不満や怒りを言いづらくしようとしてしまうことがあります。たとえば、来談者に対して「カウンセリングがもの足りない、と感じておられるんでしょうか？」「わたしに不満なお気持ちなんですね」などと理解的な表情や声で応答することによって、来談者の援助者に対する不満や怒りが表現しやすくなるような介入ができれば良いのですが、それがはばかられたりします。

さらに、来談者の陰性転移を受け止められない援助者が、来談者に対して転移を起こし、「ぼく・わたしのことがそんなに不満なら、もう援助をやめよう」と考えることもあります。でもその時点で援助をやめることは、来談者にとっては見捨てられる経験になることがしばしばです。「素直で従順じゃない悪い自分はやっぱり拒絶されるんだ」という、来談者の過去の深い傷つき体験を繰り返すことになります。たとえ来談者が援助者について不満や文句を言っていたとしても、その反対の、援助者の関心と愛情を求めてやまない陽性転移も同時に存在するからです。

## アンの転移について

女子高生だったアンのことに戻りましょう。わたしは、アンは理想化転移の起こしやすさをもつ少女で、ロジャースとの出会いの前にも後にも、きっとほかの先生、先輩、恋人などに（程度の差はあれ）理想化転移を起こしたことがあっただろうと思います。「わたしはすばらしい先生（恋人、友達、先輩など）から好かれているから大丈夫」と感じたとき、それを糧に頑張ることができたのだろうと想像します。でも彼女が大学院生になってロジャースに九年ぶりの手紙を出す前には、何かがあって理想化転移を保ちきれなくなっていたのでしょう。恋人と別れたとか、尊敬していた先生に幻滅するようなできごとがあった、など。そうして彼女は、より根源的な孤独感、空虚感に直面せざるを得なくなり、しんどくなって、ロジャースに助けを求める手紙を出したのではないか、と推測します。

では、なぜアンはそもそも理想化転移を起こしやすかったのでしょう？　それはこの講の「理想化転移について」で述べたように、親（養育者）を理想化する基本的な欲求が幼少期に満たされずに育ち、そのこころの痛みを癒すことができずに抱えていたことにあると思います。「世界は自分をあたたかく愛してくれる場所だ」とは感じられないのです。そのことからくるどうしようもない孤独感、不安、心細さを減らそうとして、「この理想的な人から愛情と関心を注がれ守ってもらえるから安全だ」と思えるような人を彼女は必死で捜し求めつづけていたのでしょう。

アンは、「八カ月前からこころのなかで人知れず泣いていた」という意味のことをロジャースに言いました。でも精神分析理論の見方からすると、彼女はそれよりずっと幼いころから孤独感、不安、心細さに苦しみながら生きてきたはずです。

転移治癒ではない根本的な変化のためには、プロのカウンセラーであれば、理想化転移を起こさざるを得ない来談者の深い空虚感、不安感を共感的に理解することが必要です。共感的で理解的なカウンセラーとの関係のなかで、親から十分に守られ愛されなかったつらさ、惨めさ、恐ろしさ、怒りなどを感じ尽くし語り尽くすカウンセリングのプロセスが必要です。

そしてその過程においては、しばしばカウンセラーに対する理想化が生じます。カウンセリング関係のなかでその感情を感じ、言葉で表現し、カウンセラーから受けいれられ共感的に理解されることが必要です。カウンセリングがさらに進めば、やがてカウンセラーへの怒り、不信感、軽蔑などの陰性転移感情が現れますから、そのときにはそれも表現し、共感的に受け止められ理解されることが必要になります。

そうしてカウンセラーへの不満、怒り、軽蔑心、不信感などを十分に感じて表現し、共感的に受け止められる過程を経れば、そののち、親への怒りや愛されなかった寂しさなどがもっと純粋に感じられることがしばしばあります。そのつらさ、苦しさを感じて語ることが、深い本当の癒しと変容をもたらします。

## 転移治癒も有益である

先ほどのアンの事例では、たった二日間のグループカウンセリングだったにもかかわらず、アンのもつ「わたしは愛されない存在だ」という自己概念が、深いレベルでいくらか修正されるという、転移治癒よりもっと本質的な変化も生じていたでしょう。そしてわたしは、ごく短い出会いだけでアンにとって意味深い変化が起きたのは、彼女が一緒にいたのがロジャースだったからだと思います。

わたしの想像ですが、きっとロジャースはあたたかな慈しみの「気」を出す人だったのではないか、と思います。だからこそ彼と同じ時間と空間を過ごす人たちに癒しと変化が促されたのでしょう。彼は「ただそこにいるだけでクライエント（来談者）の自己治癒力が活性化される域」[*4]に達した人間のひとりだったのでしょう。

＊4　黒木、一九九八、二一〇頁

また、アンの変化がたとえ転移治癒であったとしても、少なくとも一時的には彼女はより楽に生きられるようになっただろうと思います。

ですからわたしは転移治癒にも意味はあると思います。そして転移治癒の状態は、少なくとも理想化転移が保たれているあいだは続く可能性があります。つまり来談者が「あのすばらしい援助者がわたしを認めてくれたから自分は救われた」と感じているあいだは、来談者の症状はカウンセリング的援助の前よりは楽になっているかもしれません。また、転移治癒の来談者は「援助者のおかげで治った（楽になった）」と感じていますから、将来またしんどくなれば援助を求めるかもしれません。アンもそうで、ロジャースのグループカウンセリングを再び求めました。

また転移治癒でさえ、それを起こせるにはある程度の援助者の能力が必要です。未熟なカウンセラーは、症状が良くなる前にカウンセリングが中断してしまうこともしばしばです。

まとめると、転移治癒であっても来談者はとりあえず楽になるし、より本質的なこころの癒しと成長も同時に起きていることもあるので、転移治癒にも意味はある、ということです。

来談者にとって転移治癒よりも深い援助ができる段階にまでカウンセラーが能力を開発するためには、転移と転移治癒についての理解を深め、転移治癒を超えた変化に付き添うカウンセリング能力が必要です。では来談者の転移にどう対処すれば援助になるのでしょうか。つぎの講で学びましょう。

# 第13講　転移の痛みはどのように癒されるのか

## 独自の特徴的な転移反応を繰り返す

転移反応は過去の痛みに基づいているのでいまの現実に合いませんから、わたしたちは深く激しい転移反応を起こすほど、人生のなかでますます現実と衝突し、生きるのがより困難でたいへんになります。そして、来談者は援助者との関係のなかで、人生の苦しみの原因となっている転移反応を繰り返します。

たとえば、人への不信や恐怖のためにこころを開けず孤独な来談者は、援助者に対しても同じように不信感、恐怖感を感じ、こころを開くことに困難を感じます。また、人に過大な要求をして、それが満たされずに「裏切られた」と感じるパターンを繰り返している来談者は、援助者に対しても同じように過大な要求をして、ゆくゆくは「援助者は何もしてくれない」とか「援助者から裏切られた」と感じることになります。

そのように、来談者は援助者とのあいだで各自の独特な転移反応を起こします。では、援助者は来談者の転移反応をどう扱えば良いのでしょうか。

## 転移感情は、十分に感じ、語り、理解されることが大切

転移感情は過去の痛みのぶり返しです。たとえばお父ちゃん、お母ちゃんから優しく愛されなかった悲しさやそのことへの怒りが、いまの誰かに対して噴出しているのがその例です。または転移感情は、過去の痛みがぶり返さないようにしようとして違う感情を感じているのです。愛されなかった寂しさを埋めるために、誰かを理想化して甘えているのがその例です。

そういった転移感情は、まず何より十分に感じられ、語られ、共感的に理解されることが大切です。たとえば来談者が、援助者に頼りたい気持ちや、援助者に関心をもってほしい、高く評価してほしい、認めてほしいなどの陽性転移の感情を感じているときには、理解的で受容的な関係のなかで、それを感じて語れると有益です。それが援助者に共感的に理解されれば、カウンセリング的援助の大切な展開になります。

わたしなら、来談者がそのような気持ちを表現したときには、それがどんな気持ちなのかを生身の人間としてできるだけ生々しく生き生きとありありと想像して感じながら、共感的な声の調子で「ぼくに頼りたい、導いてほしい、というお気持ちなんですね」とか「ぼくから良く思われるか、気になっておられるんでしょうか」などと返すかもしれません。

また、学校の先生やカウンセラーなどに対して反抗的な非行生徒には、そのように敵対的な関係しかもてない苦しみをできるだけひしひし、ありありと想像し、彼らの苦悩の重さを共感的に理解することが大切です。でも実際の学校現場では、そのような生徒に対して先生がたは「こいつは態度が悪い」と同じような陰性転移反応を起こして腹を立て、攻撃することも多いでしょう。

## 理屈や意思の力では解決しない

転移反応を起こしている来談者に対して転移反応について教えても無益です。理屈で理解し

たところで、転移を起こさざるを得ないこころの痛み、空虚感、怒り、憎しみなどはまったく解決されません。それどころか自分の転移反応について理屈レベルで納得してしまうと、かえって転移感情を感じることも語ることもしづらくなり、解決から遠ざかります。

転移反応の原因であるこころの痛みの根本は、無意識の領域にあります。そしてこころの痛みが癒されるにつれ、わたしたちの転移反応は自然に弱まり、現実的な感じ方や見方が多くなります[*1]。意思の力や理屈による理解によって転移反応を「治そう」などとしても不毛です。

わたしが大学生だったとき、こころの苦しみをもつ友達がいました。彼は主治医だった異性の精神科医にあこがれの気持ちを抱くようになりました。彼から直接聞いたことですが、その若い女医は彼に対し、「あなたのあこがれの気持ちはわたしに対してのものではなく、あなたの親への気持ちを医者であるわたしに向けたものです」と話したのだそうです。

その医者は転移について患者に説明したのでしょうが、まったくナンセンスです。わたしの友達はその説明によって、わかったようなわからないような知識が一つ増えただけで、苦しみの原因は何も変わらなかったはずです。かえってそんなことを言われると、患者は医者に対して、あこがれる気持ち、恋焦がれる気持ちなどを語りづらくなります。

知識を増やし理屈で自分のこころを分析したところで、より深いこころの葛藤を解決し、より自由になり苦しみを減らすことはできません。理屈によって自分を変えようとか理解しようとするのは、「知性化」という防衛機制です。「防衛機制」とは、苦しみを一時的に減らそうとしてわたしたちが知らず知らずのうちにおこなうこころの策略を言います。防衛機制は、本当の苦しみの原因を探求し、見つけ、解決することに抵抗する目的で使われます。

たとえば、大学生が「自分を理解したい」「自分を変えたい」と心理学の授業を受けたり心理学の本を読んだりするのは、知性化の代表的な例です。理屈で理解することによって、本当に感じることを避けようとするのです。

＊1　中島、二〇〇五b、三三頁

援助者が転移反応について来談者に教えようとか説明しようなどとするのは、「知性化」を強化することであり、そもそもそんなことをしたくなるのは援助者側の転移反応です。それは来談者を共感的に理解しようとする態度ではありませんから、来談者が深いこころの葛藤を解決し、よりその人らしく生きてゆく変化を妨げます。

余談になりますが、カウンセリングではよく「自己理解」ということが言われます。これは自分のことを知識であれこれ分析することではありません。たとえば「わたしは父親から愛されなかったから男性に恐怖心があります」「ぼくは小さいときに妹を泣かせてひどく叱られたので、いまでも女性を傷つけないようにしようと慎重になります」「ぼくは初対面の人と話すのは苦手だけど、うちとけるとてもこころを開く性格です」などの知識を得ることは、こころの成長と癒しにつながる洞察や自己理解ではありません。本当の自己理解とは感情レベルの実感をともなった体験のことで、わたしたちをより自由で楽にします。

## 陰性転移に慌てたわたしの経験

転移感情は十分に語られ、援助者がそれを共感的に理解することが何より大切ですが、来談者の陰性転移が表層に出ているときには、プロのカウンセラーでも不安になりがちです。

わたしの経験です。パニック障害とのことで医師から紹介されてきた二〇代のはるねさん(仮名)という女性とお会いしました。はるねさんは、見知らぬわたしと病院の面接室で向かい合ってたいへん緊張しつつも、小さな声で彼女の苦しみ、不安、パニックの体験などをわたしに語りました。きっといままでほかの誰にも言えず一人で抱えてきた苦しみを、声を絞り出しながら何とか懸命に語っておられたように思えました。そうして二回のセッションをもち、とてもうまく進んでいると思いました。

三回目に来られたとき、はるねさんはそれまでになくシャキッとした感じに見えました。そしてはっきりした声でこう言います。「今日が三度目になるけど少しも良くなっていません。いままでここで話したことは友達にも話したことだし、わざわざここに来て話す必要なんかないと思います。こんなカウンセリングで良くなるんですか？」

えっ⁉　わたしはびっくり‼　慌てましたし焦りました。わたしがそれからどんなことを言ったのかあまり覚えていませんが、とりあえずセッション時間いっぱいまで何らかの話し合いは続き、次回の予約を一応はとっておくことになりました。そしてもし、はるねさんが来る気をなくしたら電話してキャンセルする、ということでその日は終えました。

結局、次回セッションの前日に彼女は予約をキャンセルしました。彼女とはそれっきり会うことはありませんでした。

わたしにはどうして失敗したのかがわかりませんでした。スーパーヴァイザー（カウンセリングの実践についてわたしに個人指導をしてくれていた先生）につぎのように指摘してもらい、初めて理解できました。

そのカウンセリングはうまくいっていたのです。もちろん、わたしの技能に未熟な点はあり、はるねさんについて共感的理解の足りないところもあったでしょう。それでも、わたしとのカウンセリングに良いところもあったはずです。「役に立たない」とはるねさんが文句を言ったのは、カウンセリングが展開して彼女に陰性転移が生じ、それをわたしに直接語ることができた、ということだったのです。わたしはそれがわからず、「少しも良くなっていない」と言われて慌て、焦り、不安定になりました。

またわたしが不安定になったのは、わたしのなかに「有能なカウンセラーとして世の中に貢献できなければ、自分がこの世に存在する価値がない」という信念があったためでした。そんな信念が自分の奥深くにあることを実感したのは、それから何年も経てわたし自身がカウンセリングを受けているときでした。もしわたしがあのとき、「いまのありのままの自分で価値があるし、存在していいんだ」ということを当たり前に深く納得していればいるほど、動揺は少なかっただろうと思います。

つまりわたしがあのとき不安定になった原因は、カウンセリングがうまく展開したので陰性転移が表現されたんだ、という理論的な理解がなかったことと、わたし自身のこころの傷に根ざす自己無価値感の二つでした。

来談者が自由に感じたり語ったりしたときに援助者が不安になると、来談者は安心して援助者とかかわれなくなります。だから、プロのカウンセラーは家族や友人など知り合いのカウンセリングはしません。

はるねさんが、彼女の不満感情を受け止めきれないカウンセラーを信頼できなかったのは当然のことでした。

## 陰性転移にはどう対処すれば良いか

はるねさんに必要だったのは、苦しみを取り去ってくれないわたしに対する彼女の不信感と苦しみを十分に表現し、それをわたしから理解され受け入れられることでした。それが高い程度にできれば、やがてカウンセリングがさらに進んだときに、わたしに対する期待が非現実的に大きかったこと（それはわたしへの理想化転移です）、そしてわたしを信頼してこころを開くことのできない（彼女は、友達に話した同じことしかわたしに話せませんでした）、人に対する不信感に自ら実感をもって気づいたでしょう。そして非現実的な期待をかけずにはいらない寄る辺なさ、頼りなさ、無力感を実感し、語りはじめたでしょう。

きっとはるねさんはその深い寄る辺なさ、頼りなさ、無力感と対人不信感をいつも「感じないように、直面しないように」と抑え込みながら、でもこころの奥にいつもフツフツと感じながら生きており、それがパニック障害として現れたのでしょう。

そしてカウンセリングがさらに進めば、彼女はそんな慢性的な寄る辺なさ、無力感、不信感に苦しまざるを得ない原因となったこころの傷をカウンセラーとの関係のなかで再体験し、表現し、理解されることを通して癒されていったことでしょう。もしそれができれば、それはるねさんにとってもカウンセラーにとってもたいへんなカウンセリング過程になったでしょうが、その見返りはたいへんさをはるかに凌ぐものだったことでしょう。彼女の人生が花開くわけですから。

繰り返しになりますが、カウンセラーがこのようなことについて来談者に知識を与えて教えようとすればするほど、そういうカウンセリング過程は起きにくくなります。

## 逆転移

援助者が「来談者から優秀な援助者だと思われたい」「来談者から好かれたい」と感じるのは援助者の（来談者に向けられた）転移反応です。このように、援助者が来談者に対して抱く転移を「逆転移」と呼びます。

現実には、来談者がプロのカウンセラーのことを「ダメなカウンセラーだ」と感じたからといって、カウンセラーが不安になる必要はないのです。ある一人の来談者から信頼されなかったからといって職を失うわけではないからです。かえって気持ちが不安定になるほうがカウンセリングが失敗しやすくなりますから、職を失う可能性は高まるかもしれません。

「援助者が来談者から良く思われたいのは転移反応だ」というのは、援助者が来談者に対して、あたかも子どもが親に対するかのように反応している、ということです。このことを説明します。

幼児は、親から食べものや安全な住む場所をもらうなど、身体的なケアを受けなければ生きていけません。また身体的なケアに限らず、親から関心を注がれ認められるという心理的な厚いケアも必要です。それを十分に受け、無条件に尊重される程度に応じて、幼児は自分の無条件の価値を実感できます。

援助者が来談者から悪く思われると不安になるのは、援助者が「自分は価値ある人間だ」と感じられるよう来談者に頼っているわけです。だから（来談者は援助者の能力を客観的かつ正確に測ったうえで低い評価をしているわけではないのですが）、来談者から低く評価されると落ち込んだり焦ったり不安になったりするのです。

援助者のそういう反応はカウンセリング的援助の大きな妨げになります。来談者はもはや、自分が感じていることを安心して言葉にできなくなります。援助者にも、来談者の不満や怒りを理解するゆとりがなくなります。

来談者は転移のありようによって、援助者のことを有能だとか理想的だとか、無能だとか世の害だとか、さまざまな感じ方をします。援助者のことをどう感じ評価するかは来談者の自由であり、そう評価する来談者のあり方をそのまま尊重することが援助者の基本姿勢として大切だと思います。それが第5講でお話しした「来談者を無条件に尊重し受容する」ということです。

援助者がすることは、来談者のいまのあり方を受けいれ、尊重し、共感的に理解し、その理解をできるだけ正確に来談者に伝えるよう努めることです。悪く評価されて援助者が不安になると、それをするゆとりがなくなります。

また、わたしたちが苦しむ人の助けになろうとするときにとても陥りやすい落とし穴ですが、来談者が良くなることを援助者が必要とすると、来談者には重荷になります。「お願いだから、わたしのために良くなってください」という思いが援助者から来談者に伝わります。誰が誰を援助しているのかわからなくなります。わたしたちは他人から良くなることを必要とされると、安心して良くなれません。

わたしたちが他人を助けようとするときに、良くなってくれることを必要とする気持ちが起きるのは、わたしたち自身のこころの痛みにその源があります。ですから援助者としての能力を高めるには、わたしたち自身がカウンセリングを受けて、自己無価値感の源である自分の痛みを高い程度に癒すことが必要です。

援助者が自分の無価値感とそれにまつわるこころの痛みを十分に癒したとき、無価値感と痛みを乗り越えた足跡《そくせき》は、人間としての、そして援助者としての貴重な財産になります。

来談者を尊重し共感的に理解するためには、援助者自身が自分の痛みの源を癒すことに加えて、ここまで学んできた転移という見方が役に立ちます。つぎの講からは、転移という見方によって人の苦しみをより共感的に理解する見地を学んでゆきましょう。

# 第14講　理解しがたい人をどう理解できるか

## 自分に不利益が生まれるとき

人の気持ちや行動を共感的に理解するのが難しいとき、その原因として三つの可能性が考えられます。一つ目は、人の気持ちや行動が自分の不利益につながるときです。他人の怠惰な行動や自己中心的な行動のために損をしたり、愛想の悪い人のせいで「人からあたたかい関心を得たい」というわたしたちの欲求がかなえられなかったりするときです。そんなときには他人を理解するゆとりがなくなります。

プロのカウンセラーは、家族、友達、仕事の同僚など、自分が知っている人のカウンセリングはしませんが、その理由の一つがここにあります。つまり、カウンセリング室の外でもかかわりがあると、そこで利害関係が生じ、カウンセラーはそちらのほうが心配になって来談者のことを共感的に受けいれられなくなる可能性があるからです。

## 自分のなかの受けいれられない部分を他人に見るとき

人を共感的に理解するのが難しい原因の二つ目の可能性は、自分のなかの受けいれられない部分をその人に見るときです。たとえば、他人の怠惰な行動、自己中心的な行動、性的に奔放な行動に腹が立ったり軽蔑心を感じたりするのは、自分のなかにある怠惰さ、自己中心性、性的奔放さへの欲望を受けいれられず、「自分にはそんなものはない」と信じていたいからです。受けいれているなら腹が立つはずがありません。わたしの経験をお話しします。

カウンセラー研修会に参加したときのことです。参加者だった一人の青年が、「ぼくはまだ一人立ちしていないけど親に甘えていたいし、親に受けいれてほしい」という思いを研修会のみんなの前で正直に語りました。するとわたしの後ろに座っていたカウンセラー志望の年配の女性が「そんな考えは全然甘い！」と批判するひとりごとを何度もつぶやくのが聞こえました。わたしは「カウンセラーになろうという人が、正直に表現した気持ちを批判するなんてとんでもない！」と腹が立ちました。わたしはそのとき、その女性を裁き、見下していました。そのとき、わたしのなかに他人を批判し見下す自分がそれまでもずっといたことに、わたしは気づいたのです。

繰り返しになりますが、わたしたちが他人の「悪い」面を見て腹が立つのは、自分にも同じ面があり、しかもそれを自分では受けいれていないときだと思います。先ほどの研修会での年配女性に、わたしは「カウンセラーを目指す人が、自分の価値の枠組みを他人に当てはめ、正直な気持ちを批判するなんてとんでもない」と腹が立ったのですが、じつは、自分の価値観を他人に当てはめて批判していたのはわたし自身でした。わたしはその女性のことを、「カウンセラーたる者は人の気持ちを理解的に受けいれなければならない」という価値の枠組みで判断し、彼女がそれに合わないからと言って腹を立て批判していたのです。

もしわたしが、自分の価値観で他人を裁くわたし自身を認め受けいれていたら、あの女性のことを「あのままではカウンセラーになるのは難しいな」とは思ったかもしれませんが、腹を立てることはなかったはずです。このことについては、後ほど「第17講　スピリチュアルな視点から見た、カウンセリングという営みについて」の「自分を受けいれる、ということ」でさらに考えることにします。

わたしたちが自分自身の一部を否定するとき、不自由になり、自分らしさを花咲かせることを制限し、人生を制限します。たとえば怠惰さを批判し否定する人は、勤勉さの道徳観に追いたてられて生きざるを得ません。人のことを「自己中心的だ」と批判する人は、自分の欲求を表現できなかったり適切な自己主張ができなかったりするかもしれません。男性社員に上手に甘えるので人気のある同僚の女性社員に腹が立ったり、人の性的奔放さに腹を立てる人は、異性に好かれたいという自分の気持ちや性的なことに対する罪悪感や劣等感があり、そのため性を（そして生を）満喫することが制限されているでしょう。

わたしたちが自分の何かを否定するとき、否定したその部分がわたしたちをコントロールします。自分のなかの怠惰さ、自己中心性、性的欲求がわたしたちを制限するのはその例です。また、怒りがコントロールできなくなって爆発してしまう人もその例で、そのような人ほど、自分の怒りを深いところで恐れているものです。

## 人の反応が非現実的なとき

人を共感的に理解するのが難しい原因として三つ目の可能性は、その反応が非合理的・非現実的なときです。「第7講　共感的に理解するためには？」では、共感的に理解するのが難しい例として、「電車のなかでみんなが自分をジロジロ見る」と訴える視線恐怖の人、共感的に受け止めようとしているカウンセラーのわたしに不信感をもってこころを開けない来談者、優しい夫に不満しか言わない女性を挙げました。

彼らの反応が非現実的なのは、それが過去の痛みに基づく転移反応だからです。転移という見方を使えば、彼らの反応がより理解しやすくなります。そのことについて一つずつ見てゆきましょう。

## 視線恐怖に苦しむ人の転移反応

わたしたちが対人恐怖に苦しむとすれば、それはしばしば、「親から拒否された、見捨てられた」と幼いころから感じて育ち、そのことへの激しい憎しみを抱いているのに、その気持ちを十分に感じられていない場合です。親への憎しみを十分に感じられないのは、親を憎んだり怒ったりすると愛してもらえないからです。またわたしたちが親になったときも、こころの傷つきを抱えていればいるほど、子どもからの愛情と関心をそれだけ強く求めざるを得ないので、子どもがわたしたちに腹を立てたときにそれを耐えがたく感じます。

強い対人恐怖に苦しむ人が親への憎しみを十分に感じられない別の理由として、憎しみがあまりに激しすぎるので、「もしそれが現れたりしたらコントロールを失い、自分が何をしてしまうかわからない」とこころの深いところで恐れているからかもしれません。

こころに抑えつけられたその憎しみは、何かが自分の内部でフツフツと煮えたぎっているような、わけのわからない異常感として感じられるようですが、自分ではそれが何なのかわかりません。そこで、「周りの人間がぼくを攻撃しようとしているんだ（ぼくをバカにしているんだ、悪口を言っているんだ、殺そうとしているんだ、など）。だから自分はこんなにつらく恐ろしい異常感を感じるんだ」と解釈します。

また、わたしたちが強い対人恐怖に苦しむとき、しばしば「周りの人々が自分をジロジロ見ている」と感じることがあります。その訴えには、「すべての人々がぼくに注目しているはずだ」という信念があります。そしてその信念の奥に、「すべての人々に注目されなければ空虚で寂しくて耐えられない」という空虚感がうかがえます。つまり、周りの人たちへの恐れという陰性転移の裏に、「すべての人々から関心をもってほしい」という依存的な陽性転移があります。

対人恐怖に苦しむわたしたちがそれほどまでに人の関心と注意を求めるのは、親からあたたかく安定した愛情と関心を得られた、という実感に乏しいからです。

そんな対人恐怖に苦しむ来談者に対してプロのカウンセラーがすることは、彼・彼女が感じている他人への恐怖感・怯えを、あたかも自分のことのように想像し、ひしひしとありありと生々しく感じながら聴くことです。さらに、彼・彼女の訴えの底にある、激しい怒りと憎しみ、すべての人々から関心を求めざるを得ない愛情への飢えと空虚感を、ひしひしとありありと生々しく想像しながら聴くことです。カウンセリングが進むと、やがて来談者の内にある怒り・憎しみはカウンセラーに向けられるでしょう。カウンセラーがそれを受容的・共感的に受け止められるほど、来談者にはサポートになり援助になります。

繰り返しになりますが、転移反応は誰でも起こす反応です。つまり、対人恐怖を起こさざるを得ない愛情欲求と空虚感、憎しみは程度の差はあれ誰にでもあることです。だからこそ来談者の苦しみが想像できます。

## 援助者を警戒して緊張する来談者の転移

わたしたちがカウンセリングを受けるとき、「助けになりたい、共感的に理解したい」と目の前におだやかに座っている援助者に対しても、「批判されるのではないか、悪く思われるんじゃないか」などと警戒してこころを開けないことが、多少はあるものです。わたしたちは誰でも、過去の大切な誰かから拒否されてつらい思いを味わったことがあるからです。

そんなわたしたちに援助者がすることは、やはりわたしたちが過去の拒絶によって感じた傷つき、そしてその経験からくる怯えを、あたかも自分のことのように生き生きと生々しく想像し感じながら聴くことです。

わたしたちが援助者に話すとき、「何から話せば良いのかわからない」と感じるとき、それは転移反応からくる抵抗です。つまり、「自分のありのままを素直に正直に表現すると悪く思われるんじゃないか」という、援助者への陰性転移反応のために、思っていることを素直に話せなかったり、頭が真っ白で話す内容が思い浮かばなかったりします。それはわたしたちが、自分を正直に表現したのにそれが受けいれられず傷ついた過去の体験があり、その傷つきをいまも抱えているからです。そのときの援助者の対応で大切なのは、わたしたちの不安をできるだけありありと想像し理解することです。

援助者はわたしたちの不安を想像しながら、抵抗に理解を示すために、「何を話せばいいかわからないんでしょうか？」とか「こころが空っぽで何も浮かばないんでしょうか？」などと返すことが適切でしょう。わたしたちが援助者への不信感をより率直に語れそうなら、「どう話せばわたしに理解できるかがわからないので話しづらいんですね」とか、「あまり正直に話すとわたしに批判されるんじゃないか、と心配で話しづらいお気持ちでしょうか？」などのよりダイレクトな応答が適切でしょう。

## 優しい夫の文句ばかりを語る女性

まじめで優しい夫の文句ばかりを言う女性の例を考えましょう。その女性はひょっとすると、親から十分に愛されなかった幼いころからの寂しさと空虚感の痛みがあり、その痛みから逃れようとして「パーフェクトに愛してくれる男性」という理想像を求めているのかもしれません。

そんなわたしたちが恋人とつきあうと、関係が親密になって、恋人への転移感情が発達するにつれ、愛情・関心をとても強く求め、それが得られないと激しく怒り、憎しみを向けるようになります。そんな過度の反応は非現実的ですし、そんな反応をするから恋人はよけいに遠ざかってしまいます。

そんなわたしたちの激しい愛情欲求と憎しみという反応は、理性的な大人の部分ではなく、見捨てられ傷ついた子どもの部分の反応なのです。子どもは本来、無条件に愛され、尊重され、身体的にも心理的にもあたたかで細やかなケアを受ける当然の権利があります。だのにそれが得られなかったとすれば、激しい不公平感、怒り、悲しみを感じるのが当然です。そうして傷ついたわたしたちは、その激しい不公平感、怒り、悲しみ、無力さを慢性的に感じます。

その傷つきを抱えたわたしたちはまた、「周りの人は、ぼく・わたしが幸せで安心していられるように面倒を見ていつも関心を注いでいるのが当然だ」とこころの深くで信じています。その信念は、こころの内側にある傷ついた子どもの部分が親に対してそう感じ、信じていることに発しています。乳幼児は、親から面倒を見てもらい関心をもってもらうのが当然だからです。この女性来談者のことをそう理解すれば、激しく愛情を求めたり憎しみをぶちまけたりする彼女の姿に、大人ではなく、理不尽に扱われて傷つき泣き叫んでいる子どもを感じます。このような傷つきは、わたしたちほとんどが程度の差はあれもっているものではないでしょうか。

この女性について、カウンセラーであれば考えておく必要のある別の可能性もあります。それは、彼女がカウンセラーに対して何かの不満・怒りを感じているけれど、それを意識できないので、または意識はしていてもカウンセラーに直接は言えないので、かわりに夫についての不満を語っているのかもしれない、ということです。

### 怯えないことと、受容と、愛すること

ロジャースの同僚カウンセラーだったオリバー・ブラウン氏は、彼の経験から「わたしたちが人を愛することができるのは、その人の反応に怯える必要がなく、かつその人の反応がわたしたちの基本的な欲求に関連していて理解可能なときだと思う」と述べています。[*1]

たとえばわたしたちが誰かから怒りを向けられたとき、そこに怒りしか見えずそれに怯えれば、わたしたちは自分を守るために距離を置いたり、こころを閉ざしたり、攻撃し返したりす

＊1　Rogers, 1951; p.161

るでしょう。でも、もし「彼は本当は他の人たちと仲良くなりたいのに、それを感じることを恐れているので怒りで反応している」ということが理解でき、かつ彼の怒りにわたしたちが怯えなければ、愛が欲しいのに欲しくないフリをせざるを得ない彼に、わたしたちは愛をもって接することができるでしょう。

他人の、一見すれば非現実的で理解が難しい反応も、転移という理論によってより了解し理解しやすくなると思います。**理論は来談者を共感的に理解するためにあります。**

## 援助者が、自分自身の転移反応を共感的に理解すること

転移反応は誰にもある人間らしい反応です。それはけっして人間としての欠陥や人格の低さを意味するものではありません。

わたしがカウンセラーになるトレーニングの過程で自分の転移反応に気づいたとき、「ぼくはこんな未解決のこころの問題をもっていたんだ。人間として情けない」とか「自分の欠陥だ」などと感じたように思います。でもわたしたちはそう感じる程度が強いほど、来談者の転移反応を目の当たりにしたとき、その人のあり方をそのまま無条件に尊重しこころの底から共感的に理解する気持ちにはなれず、批判的な気持ちや見下すような気持ち、または変えたくなる気持ちが湧きやすくなると思います。

ですから、転移反応を共感的に理解する能力を開発するためにとても有益なことは、援助者自身が、自分のカウンセリングのなかで自分自身の転移反応を実感し、それを共感的に受け止めてもらう経験だと思います。その経験によって、転移反応を起こさざるを得ない来談者のありのままを尊重しながら、彼・彼女の苦しみを理解することがしやすくなるのだと思います。

同じことはカウンセリングにおける抵抗についても言えます。カウンセリングの過程に抵抗が生じるのも、誰にでもある人間的な反応です。それを理解するためには、自分自身の抵抗を

実感し、そういう自分をそのまま愛し受けいれる経験が大切だと思います。

わたしの印象では、自分自身の転移反応についての洞察が低く抵抗が強いカウンセラーほど、来談者に転移や抵抗が起きたときにそれを共感的に理解し受けいれることができません。そして彼らは、「この人は自分の気持ちをごまかそうとする」「この人は良くなりたくないんだ」「どうすればこの人に気づかせることができるのか」など、非理解的でときに拒否的な気持ちになりやすいし、また、共感が不十分なままで来談者の矛盾をつこうとしたくなるようです。

# 第15講　あたたかく豊かな癒しの関係の条件

## その6——純粋さ、無条件の尊重、共感的理解が相手に伝わること

たとえ援助者が純粋に来談者のためを思い、来談者を尊重し理解していたとしても、肝心の来談者が「この人はわたしのことが嫌いだ」と感じていたのでは援助者にこころを開けませんので、来談者が彼・彼女自身のこころに開かれてゆく動きも生まれません。ここまで述べてきた援助者のあり方は、来談者に伝わって初めて意味をもちます。

では、援助者のあり方は何によって伝わるのでしょう？

まず、援助者の表情、姿勢、身振り手振りによって伝わります。また、声の質もとても大切です。わたしたちは人から共感的なあたたかい声で語りかけてもらうと、「この人は優しそうだ」「安心できそう」と感じやすいでしょう。もちろん、言葉も大切です。何をどのように言うかによって、自分の相手への理解が伝わることも伝わらないこともあるでしょう。

さらに、わたしたちのあり方は「気」によっても他人に伝わると思います。たとえば聞き手が「うん、うん」と言いながら聞いている場合でも、深いところで本当にわかってあいづちを打っている場合と、単に言葉の意味を理解しただけで、話し手の生《なま》の経験を深く生き生きと感じることなくあいづちを打っている場合とでは、話し手への伝わり方が異なり、そのあとの対

話の展開もまったく違うものになるでしょう。

転移という見方を身につけることは、話し手である来談者の苦しみを深いところまで理解する助けになると思います。

「気」は自然にかもしだされて人間関係に影響しますから、ごまかすことはできません。わたしたちが自分自身のこころの傷や歪み、葛藤、制限などをより解決するほど、からだが緩み、こころが緩んで奥底にある優しさが現れますので、他人はわたしたちと一緒にいるだけで、あたたかさが伝わり落ち着くように思います。このことは「第17講　スピリチュアルな視点から見た、あたたかく豊かな癒しの関係」でより詳しく考えることにしましょう。

ここまでは、わたしたちが癒され、より自分らしさを花開かせて生きられる、そんな変化を促す人間関係の特徴について学んできました。つぎの講では、そんな人間関係においてわたしたちがどう変わってゆくのかについて、より深く詳しく学びましょう。

# 第Ⅲ部　変化と成長について

# 第16講　癒される関係のなかで人はどう変化するか

ここまではロジャースの理論をもとに、「人がよりその人らしく、より自由に生き生きと、楽に生きられるようになる」変化が起きる人間関係の条件を学んできました。そしてその条件の一つである、「共感的に理解する」ことを助ける概念として、転移について詳しく見てきました。

この講では、癒され成長する人間関係でわたしたちに起きる変化について、先ほど述べた「人がよりその人らしく、より自由に生き生きと、楽に生きられるようになる」ということをもっと詳しく具体的に学んでゆきましょう。

ロジャースは、これからお話しする変化はわたしたち人間が本来の自然なあり方に戻るにつれ起きてくる変化だと考えました。彼は、癒しをもたらす人間関係のなかにおいてこれらの変化は自然に起きてくる、と信じたのです。

また、これからお話しする変化は「『一〇〇パーセント完璧に癒されてこころの葛藤も傷もない人間』はどのようなあり方をするだろうか」という理論的な想像に基づいている変化であって、きっと現実にはそんな人間はいないと思います。わたしたちは癒されるにつれて、これからお話しするようなあり方に近づいてゆく、ということです。

なお、この講はロジャースの一九六四年の論文[*1]がもとになっています。

## あたたかく豊かな癒しの関係のなかで生まれる変化

†その1

自分自身のことを、より無条件で「好き」と感じるようになる。

ルールや「べき」や習慣に縛られるよりも、自分の経験がより信頼できるので、こころとからだの純粋なメッセージをより素直に聞ける。だから、自分が本当は何を感じ、何を求めているかがわかる。そのため、「何をすれば自分の利益になるか」を理屈で考えて判断するよりも、「自分にピッタリだ」と感じることに打ち込めるようになる。

また自分の本当の感情を恐れないので、感情をより率直に感じ表現できるようになる。

### 朝食をかならずとっていたわたし

わたしはかつて朝食をかならず食べていました。それがからだに良いことだと聞いていたからです。そんなわたしも、「〈からだ〉の声を聞きなさい」[*2]という本の練習課題を実行してゆくにつれて、自分のからだにより関心を払うようになり、いつ何を食べるかをからだに聞くようになりました。するとほとんどの朝に、わたしのからだは朝食をとることを欲していないと感じられるようになりました。からだに耳を傾け、からだの声に従って生活すると、食べる量も体脂肪率も減りました。

「朝食はからだに良い」という知識によって行動を決めていたわたしのように、来談者はし

*1　Rogers, 1964

*2　ブルボー、一九八七／二〇〇四

ばしば、「どうするべきか」「どう感じ考えるべきか」などの「べき」やルール、習慣、他人の期待などに盲目的に従ったり、理屈に縛られたりしています。そして自分が何を感じているか、どうしたいか、ということがわかりづらくなっています。

でもカウンセリングが進むと、来談者は自分のこころの奥底からの正直なメッセージをより信頼し、それに耳を傾けるゆとりが出てきます。理屈で何が正しいかを考えるばかりでなく、素直な感覚で「これがぴったりだと感じる」「正しいと感じる」ことができ、それに従えるようになります。

## 子どもが自分の純粋な感覚を無視し、自分の声を聞かなくなる過程

リズ・ブルボー氏は『〈からだ〉の声を聞きなさい』において、赤ん坊がからだのメッセージを信頼しなくなる過程について述べています。

お母さんは、乳児にお乳を欲しがるときに与えます。しかし離乳食が始まったとたん、赤ちゃんが欲しがるときではなく、一日三回決められた時間に食事を与えるようになります。そのお母さんの行動から赤ちゃんは、自分のからだのメッセージよりも時計やスケジュールを信頼しそれに従うべきだ、と学びます。

子どもは誰でも、「正しいことをしなければ（言わなければ）、お母ちゃん（お父ちゃん）はわたしを認め受けいれてくれない」と感じて育ちます。その程度が高いほど、自分の感覚よりも、親から期待された「何が正しいか」「どう考えるべきか」「どう感じるべきか」などを優先させるようになります。その結果、自分の経験や感情を信頼できなくなります。さらに、「何が正しいか」を教えてもらおうとして、家族、友達、専門家などの意見に依存します。また自分の感覚が信じられないので、ものごとを理屈で判断しようとする傾向が極端になります。

「人生で何をしたいのかわからない」「自分の興味や関心がわからない」「自分の人生を生き

リズ・ブルボー
Lise Bourbeau

ている実感がない。何のために生きているのかわからない」と悩む青少年たちがたくさんいます。そのため定職に就けない若者たちも少なくありません。

彼らのなかには、幼いころから、自分の純粋な本当の気持ちや考えを理解され尊重されるよりも、親が望むように考え、行動することを要求され、その要求に忠実に従ってきた青年たちもいるでしょう。ところが彼らは進路や専攻を決めねばならなくなったとき、「親ではなく自分は何をしたいか、何に興味があるか」を明らかにすることを突然求められ、途方にくれます。それまでは、自分の正直な気持ちを率直に感じそれに従って行動することは、親から認めてもらえない、愛情をかけてもらえないことになりかねない危険なことだったのです。

## 子どもが自分の深い部分を受けいれる過程

幼い子どもはしばしば「わたしの純粋な気持ちや考えを感じて表現するとお父ちゃん・お母ちゃんが怒った。親が認めないことを考えたり感じたりするわたしは悪い子どもだ」と信じて育ちます。その幼い信念はのちに、「自分自身の奥底には、破壊的で自己中心的で悪い危険な衝動がある」という感覚になります。それを人間一般へと広げ、「人間は本質的に獰猛で破壊的で邪悪だから、それを抑えつけコントロールしなければならない」という人間観になります。そう信じる親や教育者は数多くいます。

でも、癒しと成長を促すカウンセリング的な人間関係にいると、わたしたちは自分の素直な感覚や感情をより信頼し大切にできるようになります。自分の奥底にあるもの、自分の本質的な部分が、じつは恐れていたような悪く危険なものではないことを実感します。

さらに、わたしたちは自分に開かれるにつれ、自分自身を傷つけ自分に価値を置かないあり方から、自分をより愛しく大切に感じ、ありのまま、いまのままの自分をより愛するようになります。そのため他人の承認を過度に求めずにすむので、より本音で生きられるようになります。

### 完璧症の恐れから、自己実現の願いへ

その過程が進むほど、たとえば完璧症は緩やかになります。完璧症は、「本当の自分はダメな自分（悪い自分、価値のない自分、無能な自分、など）だから、それが露《あら》わにならないようすべてを完璧におこなわなければいけない」という自己不全感の不安に根ざします。そしてその不安は、「ダメな自分でいるこの苦しさをいつか抜け出せるよう、成長し向上しつづけなければならない」という価値観を生み、さらに「自分自身を好きになったり満足したりしては成長が止まり、怠惰なダメ人間になる」という信念につながります。

でもわたしたちは自分のことをより無条件で受けいれるほど、「向上しつづけなければならない」という完璧症の恐れに駆り立てられた焦りではなく、「自分の可能性をもっと発揮し、自分らしい花をより咲かせたい」という前向きな気持ちが強くなります。

たとえばまじめに勉強する受験生をとってみても、自己不全感・劣等感の完璧症から勉強する生徒と、自己実現の欲求から勉強する生徒では、表面的には同じように机に向かっていても、彼らの内面はまったく違っているでしょう。自己実現の欲求から勉強する受験生はより前向きな気持ちで勉強しており、志望校に合格すれば自己実現の喜びを味わうでしょう。不合格ならがっかりします。

それに対し、完璧症の受験生は失敗する恐怖に駆られて勉強しており、合格すればホッとしますが、しばらくするとまた「つぎは成功できるだろうか？」という終わりのない不安に襲われるでしょう。もし不合格になれば、がっかりするよりも落ち込みます。

### ロジャース自身のカウンセリング経験

ロジャースは、彼自身がカウンセリングを受けた経験について次のように述べています。

わたしは（カウンセラーとして）ある来談者ととてもまずい治療関係になり――実際には治療的とはとても言えなかったけれども――その関係によって内的・個人的な深い危機におちいり、同僚のカウンセリングを受けることになりました。ある日新しい洞察が押し寄せたかと思うと、つぎの日には絶望の波のなかでそれがすべて失われる、それがどのような経験であるかを、わたしはカウンセリングを受けることによって知ることになりました。でも少しずつそんな状態から抜け出るにつれ、わたしはとうとう最後に、ほかの人が幸運にも最初に学ぶことを学びました。それは、わたしは来談者やスタッフや学生たちを信頼できるだけでなく、わたし自身をも信頼できる、ということです。わたしは少しずつ、自分のなかに湧き起こる感情、考え、目的を信頼することを学んでゆきました。その学びは容易ではありませんでしたが、もっとも価値ある、そしてずっと続いている学びです。わたしは来談者との関係でも、個人的な人間関係でも、自分自身がより自由に、より本当に、深くより理解的になってゆくのを感じました。[*3]

＊3 Rogers, 1980; p.39; 邦訳は古宮による

ロジャースはこのようなカウンセリング経験などを通して、彼自身のより内面の部分、より奥底の純粋な彼自身を信頼することを学んでいったようです。彼は、「経験がわたしにとって最高の権威だ」（"Experience, for me, is the highest authority"）という言葉を残しています。[*4] これはつまり、「わたしは、権威ある誰かが言うからとか、それが常識だからなどの理由で鵜呑みにしたり信じたりはしない。わたしにとって何が最善で何が真実であるかを判断するとき、自分の経験こそがもっとも信頼できる」という意味でしょう。人は経験に開かれるにつれ、自分自身の感覚をより信頼するようになります。

＊4 Rogers, 1961; p.23; 邦訳は古宮による

## あたたかく豊かな癒しの関係のなかで生まれる変化

†その2

自分の内面と外側のさまざまな情報をより正確に受け取って判断できるので、現実に合った行動をとれるようになる。

### 自分に開かれていない人たちの例

「人から悪く思われるのではないか」と気になって自己主張できない早紀さんという女性がいるとします。早紀さんは「人から悪く思われたくない」という欲求ばかりを優先させてしまうため、自分は本当は何がしたいのか、どんな気持ちなのか、がしばしばわからなくなります。また、自己主張したい欲求や怒りなどの感情にも気づきにくくなります。さらに、他人は何を思っているのか、ある方法で自己主張した場合うまくいく可能性はどれくらいあるのかなどの多岐にわたる情報を現実的・総合的に判断することも難しくなります。

その結果、本当はしなくてもよい気遣いや無駄な仕事をして重荷になったり、「本当はこんなことをしたくなかったのに」という欲求不満、「他人から押しつけられた」という不満やイライラなどが生まれることが多くなるでしょう。そして怒りやいやな気持ちをためこんでしまうかもしれません。そのため病気になったり、なぜいやな気持ちになるのかがわからず家族に当たったりするかもしれません。

別の例として、「会社で侮辱された！」と感じている攻撃的な英俊さんというサラリーマンがいるとします。英俊さんが彼自身の経験にあまり開かれていないと、「オレを侮辱した奴をやっつけてやる！」という怒りばかりが先に立つため、あとさきを考えずに他人を怒鳴りつけたりひどく侮辱して返すなど攻撃的な行動に出たりします。そうして、彼は上司の信用や同僚との人間関係を悪化させてしまいます。

英俊さんは、怒り、悔しさを晴らしたい、うっぷんをぶつけたい、という欲求ばかりを満たそうとして、他人と仲良くしたい欲求や、今後のために会社の人間関係を良好に保ちたい気持ちなど、他のすべての欲求を犠牲にしたのです。

わたしもそのように、何らかの欲求を満たそうとしてそれ以外の欲求を犠牲にしたことは数えきれないくらいありますし、わたしたちのほとんどが、同じような経験を多少ともしてきたでしょう。でも人間は、自分のあらゆる経験、自分の内側で起きていることに開かれるほど、一つの欲求を満たすためにほかのすべての欲求を犠牲にしたりはしなくなります。「悪く思われたくない」から適切な自己主張ができなかったり、攻撃衝動や性欲を満たすために他者を傷つける、などのことは、自分に開かれていない人間に特徴的な行動です。

## 経験に開かれるとどうなるか

そんなわたしたちも、カウンセリングが進むと自分の正直な生《なま》の気持ち、興味、関心をよりはっきりと感じられるようになるとともに、自分の外側で起きていること、過去の経験から学んだこと、未来への予測、などすべての情報をゆがめたり無視したり自分の欲求に合うよう取捨選択したりすることなく、正確に受け取れるようになります。そしてそれらの情報すべてを現実的・客観的・総合的に判断し、多くの欲求をよりバランスよく満たせるようになります。

すると、こころに感じるさまざまな気持ちや自分の判断について、「これがぴったりだ（正しい）」という感覚が生まれやすくなり、適切な判断を下せる可能性が大きくなりますし、外界の状況が変化したときにはそれをきちんと知覚し、より適切に対処することができるようになります。

たとえば、先ほどの自己主張できない早紀さんであれば、いまは幼かったときとは彼女自身も状況も違うので、怒りを感じても自己主張しても大丈夫だと理解する判断力が増します。その結果、自分も他人も活かすような方法で不満や怒りを表現し、自己主張するかもしれません。そして、「ほかの人から良く思われるようにしよう」「悪く評価されないようにしよう」と怯えて本当の気持ちを感じたり表現したりできないあり方から、自分自身の感覚や判断をより信頼し、自分の感じること、考えること、望んでいること、により誠実になる強さを取り戻します。

攻撃的な英俊さんが彼自身の経験により開かれたらどうなるでしょう？　わたしたちは誰しも攻撃衝動をもっています。それと同時に、他人を愛し愛される欲求、優しく親密な人間関係を求める欲求、やすらぎと安全を求める欲求も本質的かつ強烈にもっています。[*5] 英俊さんは彼の経験に開かれれば開かれるほど、信頼関係を壊す衝動的な行動で攻撃欲求だけを満たし、愛ややすらぎを求める気持ちを犠牲にするのではなく、すべての欲求をできるだけ十分に満たす最適な行動をとるようになります。そうして、自分自身とも他人とも調和して生きる方向を目指すようになります。

*5　ブルボー、一九八七／二〇〇四、二九六頁

## あたたかく豊かな癒しの関係のなかで生まれる変化

†その3

「いま」に生きており、「いま」という瞬間の連続を楽しむことができるようになる。自発的だから、つぎの瞬間に自分が何をするのかもわからない。

## わたしたちには「いま」しかない

過去はもう過ぎてしまって存在しません。過去の記憶や記録はありますし、過去についての感情や考えはありますし、過去という概念もあります。過去はかつて存在しました。

でも、過去はもはや存在しません。

同様に、未来もまだ来ていないので存在しません。

わたしたちが生きるのは「いま」しかないのです。

ところがわたしたちはこころの葛藤が大きく深いほど、過去の後悔や怒りと未来への不安に生き、「いま」に生きなくなります。わたしたちは「いま」を生きることしかできませんから、「いま」を生きなければ本当には生きていないことになります。

過去の経験をいまに活かすことは有益です。未来の計画を立てることも必要です。それでも、わたしたちが生きることのできる時間は「いま」だけです。

過去から持ち越しているこころの痛みは、何かがきっかけになってよみがえります。そのときわたしたちは過去を繰り返しており、「いま」を生きていません。癒えていないこころの傷を抱えているほど、日々の生活においてこころの痛みを経験することが多くなります。健康な皮膚であれば何でもない塩も、傷のうえに塗ると痛みがよみがえるのと同じように。

たとえば子どものころ、お母さんからありのままの自分を受けいれてもらえず、「ああでなければならない、こうでなければダメだ」と要求され束縛された苦しさを抱えていると、恋人から「ああでなければいけない」と要求されていると感じ、一緒にいるととても不自由に思います。本当は、恋人はあなたが思うよりずっとあなたのことを受けいれているのに。

そんなわたしたちは本当は、自分で自分のことを受けいれず、「ああでなければならない、こうでなければダメだ」と要求し束縛しているのです。そのせいで、わたしたちの可能性はふさがれ、もっと自分らしい元気な幹を育て、豊かな葉を繁らせ、美しい花を咲かせることが妨げられているでしょう。

また、たとえば親から非難され批判された子どものころの痛みを抱えていると、友達の何気ない一言に、「こいつはまたオレを非難した！」と感じるかもしれません。友達はあなたを非難する気持ちで言ったのではないのに。

あるいは、たとえば「バカにされた、軽んじられた」と感じた劣等感の痛みを抱えていると、誰かの行動によって「バカにされた」と傷つきます。誰かがあなたをバカにしてとった行動ではなくても。

そんなわたしたちは、本当は自分で自分のことを卑下し軽んじているのです。「ぼくにはそんな大それたことは無理だ」とか、「わたしなんか魅力的じゃない」とか……。または、自分のことを軽んじるから、喫煙、運動不足、不摂生、からだに悪い食べ物や飲み物を摂るなど自分を害する行動を続けてしまうのかもしれません。そのせいで、わたしたちの可能性はふさがれ、より自分らしい生き方が妨げられているでしょう。

そんなわたしたちも、過去の痛みが癒えるにつれ、先ほど「あたたかく豊かな、癒しの関係のなかで生まれる変化　その１」でお伝えしたように、自分のことをもっと大切に感じ尊重できるようになります。それにつれて、わたしたちの本質であるいのちの輝きがより大きくまぶしく現れ、自分の本来の魅力、強さ、清らかさ、優しさ、そしてさまざまな分野での能力が発揮されるようになります。

### 「いま─ここ」を感じること

カウンセリングなどの対話では、話し手ははじめは「あのとき─あの場所」のことに「ついて」話すのが普通です。「昨日、夫とけんかをしたのでそれについて話します」という具合です。でも交流が進むにつれ、話し手は話している最中に「いま─ここ」で経験していることを感じ、表現することが増えてきます。夫への怒り、悔しさ、悲しさを昨日のできごととして話すのではなく、「いま─ここ」で感じながら言葉にします。

対話におけるそんな変化とともに、日常生活をより生き生きと生きられるようになります。それとともに、ルールや習慣、「べき」などに縛られることが少なくなり、自分が何をしたいのかを感じそれに正直になるので、より自由になります。

すべてはいつも流れて変化しています。世界も自分も他人も状況も変化しています。ですから、過去の経験やあらかじめ決まったルールをそのまま当てはめていたのでは現実に適応できません。わたしたちは、自分の経験に開かれるにつれ、現実にもっとも合った行動をとる柔軟性・応用性が増すとともに、ものごとについての見方も「白か黒か」という硬い極端な考え方が減り、「白い部分もあり黒い部分もある」「この側面についてはあちらのほうが良いが、あの側面についてはこちらのほうが良い」など、より柔軟で現実に即した見方ができるようになります。

わたしたちは自分の経験に開かれるにつれ、流れて変化する現実に沿った、流れて変化する自分でいられるようになります。ルールや「べき」などの縛りが減って自発的な行動が増えるので、つぎに何をするかをあらかじめ予測することはできなくなります。

このことについてロジャースは、ある人が権威者と一緒にいるときの行動を例に説明しています。権威者への反抗心でいっぱいの人は、権威者が優しいあたたかい人であっても反抗するでしょう。逆に、権威者から関心と良い評価を求めたり媚びへつらったりする人は、権威者が他人を悪く評価する厳しい人であっても関心と評価を求めたり媚びへつらったりするでしょう。

このように、経験に開かれていない人ほど、行動が型どおりで予測可能になります。そのため、その場の状況に適していない行動をとる可能性が高くなります。

でもわたしたちは自分の経験に開かれるにつれ、さまざまな情報を、歪めたりブロックしたりすることなくありのままに受け取るようになります。この状況ではどう振る舞うことが適切か、権威者はどんな性格の人で自分とはどのような関係か、自分の欲求、過去の似た経験、いまはどんな状況か、など。そしてそれらの情報をすべてインプットし、その場その場の流れに応じて最適な行動を選択することができます。

## 「いま」が変わり、過去も未来も変わる

時間は過去―現在―未来と流れているというのが常識です。ですから過去は変えられないはずです。ところが実際には、過去からのこころの傷が癒されるにつれて、過去のできごとがもつ意味は変わるし、未来も違って見えるようになります。

たとえば、ある男性は彼の亡くなった父親のことを「オレを殴ったり怒鳴ったりしたクソおやじ」と思っていましたが、カウンセリングを受けこころの傷・制限がより癒されるにつれて、「だけど、オレが反抗してもそれを受け止める芯の強さのあるおやじだったなあ」と思うようになりました。もっと不安定な親だったら子どもの反抗に耐えられないので、その男性はそれを感じ取り反抗すらできなかったでしょう。その男性にとっては父親に対する気持ちの変化にともなって、過去のできごとの意味が変化したのです。

また、癒しが進むにつれて、過去の忘れていたできごとを思い出すこともよくあります。つらく寂しかったばかりの子ども時代にも、あたたかく接してくれた人がいたことを思い出し、そのふれあいの記憶がよみがえったことによって自分のことがよりあたたかく優しく愛しく感じられるようになることもあります。

ですからわたしたちにとって、現在が変わると過去も未来も変わります。時間は過去―現在―未来と流れるのではなく、時間は「いま」しかなくて、「いま」のなかに過去も未来もあるのかもしれません。[*6]

＊6　砂子、二〇〇五、七六頁

きっと有能な占い師や予知能力者は、いまのままだと未来はどうなる可能性が高いかを知る能力に長けているのでしょう。いまの自分が変われば未来は変わるはずです。

「いまを生きる」ことについて、エックハルト・トールによるすばらしい本があります。いかにわたしたちのほとんどが「いま」を生きていないか、「いま」を生きることによっていかにわたしたちが人生を本当に生きられるか、そしてどうすれば「いま」に生きることができるか、などについて述べた本です。The Power of Now という題名で、邦訳版が『さとりをひらくと人生はシンプルで楽になる』[*7]として出版されています。

エックハルト・トール
Eckhart Tolle

＊7　あさりみちこ訳、飯田史彦監修、徳間書店、二〇〇二年

## あたたかく豊かな癒しの関係のなかで生まれる変化
### †その4

男性性と女性性の豊かなバランスが育つ。

### 両面性の豊かな発達について

植物には、花や葉の部分と、地中の見えない根の部分があり、それら全体で一つの植物です。同じように人間には男女ともに、いわゆる男性的・父性的な側面と女性的・母性的な側面の両方があります。

つまりわたしたちには、自立する、支える、力をこめる、コントロールする、危険を冒す、戦う、未知の領域を求めて出てゆく、考える、分析する、断ち切る、排除する、つき放す、働く、といった機能が、自分らしさを存分に発揮して生きるために大切です。

その一方で、頼る、支えてもらう、緩める、ゆだねる、まかせる、安全を求める、和合する、

内側へ向く、感覚で理解し感じる、受けいれる、包み込む、慈しみ育む、休む、といったことも同じくらい大切です。

でもわたしたちの多くは、それらの一部にだけより高い価値を置いたり注意を向けたりして、その反対の機能を嫌ったり否定したり無視したりしがちです。たとえば、自立に価値を置いて頼ることを嫌う、安全と安定を求めるあまり新しい領域に危険を冒して出てゆこうとしない、受けいれ包み込もうとする機能が強すぎて、自分にとって有害なものも排除できない、など。そんなとき「頼ることも必要だよ」「危険を冒して自分の足で出てゆくことも大切だよ」などと教えてくれることが人生には起こってきます。つまり、「あなたは本当はもっと豊かな両面性を備えた存在になる人ですよ」というメッセージがあなたの内面から届きます。

癒しをもたらす関係にいると、自分のあり方・生き方を正直に見つめることへの怯えが減ってゆきます。それにつれて、いわゆる男性的・女性的両方の側面を豊かに伸ばしたい、と願う「いのちの力」が発揮されるように思います。そうして人生に起きるできごとをきっかけに、さらに豊かに成長してゆきます。

# 第17講　スピリチュアルな視点から見た、あたたかく豊かな癒しの関係

## 自分を受けいれるということ

わたしたちにとって大切なことは、いまのありのままの自分をできるだけ認め受けいれることだと思います。

たとえばわたしは、未解決の傷つきや怒りをいつまでも抱えていないで癒して手放したいし、「ああするべき」「こうあるべき」と自分・他人に押しつける独善的な人間ではありたくないし、人に上下をつけて「自分が上か他人が上か」と気にするような人間ではありたくないし、他人には理解的でありたいと思っています。

そしてわたしは、ある程度はそんな自分になれた、と思っていました。でもそれが見事にくつがえされる日がきました。

その日わたしは、わがままだと思う他人の行動にものすごく腹が立ち、夜も寝つけませんでした。その翌日には胃のあたりが古い傷でしくしく痛んでいるように感じられ、やがてわけのわからない悲しみが襲ってきました。

その翌日にカウンセラー研修会に参加し、そこで「第14講　理解しがたい人をどう理解でき

るか」の「自分のなかの受けいれられない部分を他人に見るとき」でお話ししたできごとが起きました。ある青年が正直な思いを語ったとき、わたしの後ろに座っていたカウンセラー志望の年配の女性が「そんな考えはまったく甘い！」と批判し、わたしは「カウンセラーになろうという人が、正直に表現された気持ちを批判するなんてとんでもない！」と腹が立ったのです。わたしはそのとき、その女性を裁き、見下していました。そして、わたしのなかにそんな自分が以前からずっといたことに、はっと気づいたのです。

さらにわたしは「コミュニケーションが純粋でない」と感じたある人を内心で見下していたこと、また別の人のことを「口では崇高なことを語りながら、実際には名誉欲、犠牲者意識、不平不満、他人の悪口でいっぱいだ」と思って見下していたことにも気づきました。

## 自分も他人も枯らす、責めと裁きの思い

わたしたちが他人を責め裁いたり見下したりするとき、その思いはいのちを枯らす作用のエネルギーになって相手に送られているのだと思います。そしてそのとき、さらに大きな力でわたしたち自身のいのちを枯らせているように思います。

それを知っていながら、わたしは人々を裁き批判することによって彼らのいのちを弱め、自分のいのちの輝きを曇らせていたのです。そのことにようやく気づいたわたしは、こころのなかで、その人たちに一生懸命にあやまりました。また、せっかくの天地の創造物を弱らせたのですから、天地にもあやまりました。自分を弱めたのですから、自分自身にもあやまりました。何度も何度もあやまりつづけました。

さらに、醜い自分をじっと内面で感じていると、お腹が詰まるようないやな気持ちと自己嫌悪感が湧いてきました。

そのときわたしは「それらすべてを受けいれよう」と決めました。すべての醜い自分につい

て、なくそう、消し去ろうなどとせず、それらすべてがそのままで良いんだと決め、それらすべてをしっかりわたしのものとして所有し、お腹のいやな気持ちも自己嫌悪感も、内面に集中してただじーっと感じました。考えず、言葉にせず、ただじーっと感じました。そして、それらすべてについて、「それでいいんだ」と決めました。

すると変化が訪れたのです。とても軽くうれしくなりました。ハッピーな自分に戻れたのです。いいえ、もとに戻れたのではなく、ちょうどらせん階段を上るように、上から見ると同じ位置に戻ったように見えますが、ほんとうは段階をあがっていたように思います。

## 自分を批判しないでただ受けいれること

自分を批判しないでただ受けいれることの大切さは、多くの著者が教えているところです。そのうち三冊の本を紹介します。

『神との対話』[*1]第三章では、「癒すというのは、すべてを受容し、それから最善を選ぶというプロセス」だから、そのためには自分自身を批判することをやめ、あらゆる感情を経験すること、そして「悪」だと思えることでも受けいれ愛することを教えています。

『こころの扉を開く旅』[*2]「第二章　人間関係について」では、怒り、嫉妬、心配などはあることが自然なことで、それが生《なま》の自分だから、それらすべてを抱きしめ、恋してみてください、すると驚くべきことが起きます、喜びが始まるでしょう、と教えています。

ロジャースは、彼自身の個人的な体験および彼の来談者たちの体験から、「わたしが自分自身をそのまま受けいれるとき、わたしは変化する。……わたしたちはあるがままの自分を受けいれるまで、変化したり、いまの自分自身から離れて違う自分になったりはできない」[*3]と語っています。

それでも、「いやだ」「醜い」と思える自分を受けいれられないときもあるかもしれません。

＊1　ニール・ドナルド・ウォルシュ著、サンマーク出版

＊2　大矢浩史著、出帆新社

＊3　Rogers, 1961; p.17; 邦訳は古宮による

そのときには「自分には受けいれられない」というその事実をしっかりと所有し、認め、「受けいれないとダメだと思うのに、拒否してしまう自分」を、「自分を完璧に受けいれられる人間なんているはずがない。だから受けいれられなくていいんだよ」と受けいれることだと思います。

カウンセリング的な癒しの関係が提供することの一つは、きっとこの自己受容の過程だと思います。優秀なカウンセラーほど、何を話しても何を感じても、親身になって理解し受けいれてくれます。本当の気持ちや考えを正直に感じて、見て、表現して、それが理解され無条件に受けいれられる過程。それが解放と変化をもたらします。それが人生を変えます。そして自分一人では入ってゆけない自分自身のこころの領域にも、カウンセラーのような理解的な誰かと一緒なら入ってゆけるかもしれません。

## 波長の合う「気」は同調する

わたしは大学の授業でよく音叉《おんさ》を用いてデモンストレーションをおこないます。二つの音叉を並べ、一つを叩いてゴーンと鳴らすと、となりに置いた音叉は叩かれてもいないのに共鳴してゴーンと鳴ります。でも周波数の違う音叉を二つ並べても共鳴は起きません。

この実験は「気」エネルギーの特徴を端的に見せてくれる実験です。「気」は近い波動に共鳴します。このことは、わたしたちの人生にとって本質的に大切な深い意味をもっている事実です。わたしたちは波動の近い人やできごとと縁ができ、波動の近い感情に共鳴します。

たとえば、援助職の人は助けを求めてくる人々から苦しみの気を受けますが、苦しみの気に影響される程度は、傷つきに同調する資質を援助者が多くもっているほど、強くなります。また、愛と笑顔にあふれる人は、同じように愛と笑顔あふれる人々に囲まれます。癒されない大きな空虚感や自己嫌悪の苦しさをもつ人は、そのような人と引きつけ合います。そんな人の恋愛は、寂しさ、怒り、浮き沈みに満ちた関係になるか、もしくはそうなるのが怖いので壁を作り、こころの交流と親密さの乏しい関係になります。また、わたしたちがもつ独善性と頑固さの波動は他人の同じ波動に共鳴し、他人の独善性と頑固さに腹が立ち苦しめられることになります。そんな相手とは、恋人や友人として引きつけ合うことになったり、または大嫌いな上司・部下やけんか相手として引きつけ合うことになるかもしれません。

同じように、感謝しながら生きる人にはさらに感謝したくなるできごとが起きます。

## 離婚するべきかどうかをTV番組で相談した女性について

「第1講　カウンセリングのものの見方」の『「カウンセリング」と『悩み相談』の違い』でお話しした女性について、スピリチュアルな視点から再び考えてみましょう。夫への不満が高じて離婚するべきかどうかをTV番組で相談した、あの女性です。その女性に対して回答者の有名タレントは、「結婚生活に腹いっぱいを求めるのではなく、腹六分目で満足すればいい」とアドバイスしました。でもカウンセリングの視点からは、その女性が不満な生活を送らざるを得ない原因は、彼女が「腹いっぱいを求める」ことよりもっと深いかもしれない、と見ます。

たとえば、夫婦のどちらかが成長しもう一人がそれについていけなかったために、結婚当初は合っていた二人の気が合わなくなったのかもしれません。わたしたちは気が合わない人とは親密になれません。はじめは合っていた気が変化し同調しなくなったとき、人は別れます。それが自然なことだと思います。そのとき無理をして一緒にいると、その関係がとても窮屈になります。自分を偽らなければ一緒にはいられません。それは結局どちらのためにもならないでしょう。わたしたちが自分を偽るのは恐怖からですが、それは結局は自分のためにも相手のためにもならないと思います。

あるいは、あの女性は彼女自身のなかにあって認めたくない部分（彼女自身の「影」）を夫に見て、耐えがたくなっているのかもしれません。彼女が「夫はこころを開いてくれない」「夫は独断的で一方的で頑固だ」「夫の自分勝手さが耐えられない」と感じているとすれば、彼女は彼女自身の「こころの壁」「独断的で一方的な頑固さ」「自分勝手さ」に出会っているのです。

先ほど、「気が同調しなくなれば別れるのが自然なことです」とお話ししましたが、もしその女性が夫に彼女自身の影を見てぶつかっているのであれば、夫と離婚することによって「影」に直面することを避けたところで問題は解決しません。彼女は「影」に意識の光を当てることによって、より成長しより豊かに生きることができます。ですから夫を避けることによって影から逃げることは、彼女がより彼女らしい人生を歩めるように変容するチャンスを逃がすことになります。でも、自分の「影」を受けいれるのは苦しい作業になることもあります。ですから一人でそれをおこなうよりも、良いカウンセラーと共同作業をすると有益です。

またもしかしたら、あの女性は彼女の父親か母親とのあいだの未解決のこころの傷からくる困難を繰り返しているのかもしれません。たとえば、「わたしはお父ちゃん（お母ちゃん）にもっと認めてほしかった、愛してほしかった」という彼女のこころの痛みが夫とのあいだにいまよみがえっており、そのせいで「あなたはわたしを認めてくれない、愛してくれない」と感じ、それがけんか、憎しみ、孤独感、夫婦関係の疎外を生んでいるのかもしれません。もしそうなら、彼女のそのこころの痛みは、日常のさまざまな場面やほかの人間関係にも悪い影響をおよぼしているはずです。

## いのちの望み

このように、その女性の悩みをより広く深く見てゆくときさまざまな可能性が考えられます。ですから、カウンセラーはアドバイスを与えて終わり、というわけにはいかないのです。わたしたちは何をアドバイスをされても、結局は自分のしたいようにします。また、正しいアドバイスをされたとしても、そのとおりにできない原因を解決しないと問題は解決しません。

プロのカウンセラーならその女性とじっくり話し合い、彼女のあり方、生き方を一緒に見つめながら一緒に理解を深めてゆくでしょう。そうすれば、「夫と離婚すべきかどうかを決める」ことはもちろん、彼女の人生全体が、より深いレベルで彼女にとってより良いものになる可能性が生まれます。

そしてそのことこそ、いのちの脈動・流れという彼女の内なる智慧が望んでいることかもしれません。いのちは、わたしたちが自分らしく精一杯、花開くことを望んでいます。そしてそのために必要な環境、できごと、経験を呼び寄せます。ロジャースは、そのことを次のように述べています。

人の創造性の中心的な源は、心理療法における治癒力の源と同じもののようです。それは、自分を実現しよう、自分の可能性を現実にしよう、とする傾向です。わたしが言っているのはつまり、人を含め生きとし生けるものすべてにある、拡がろう、伸びよう、育とう、成熟しよう、とする欲求です。有機体すなわち自己を表現し、自己のすべての能力を活性化しようとする傾向です。その傾向は、幾層にも覆う心理的防衛の深くに埋められているかもしれないし、そんな傾向があることを否定する手の込んだマスクの下に隠されているかもしれません。でもわたしは、わたしの経験に基づいて信じています。すべての人にその傾向はあり、それが解き放たれ表現されるために必要な適切な条件がそろうのをただ待っているのだ、と。[*4]

＊4　Rogers, 1961; pp.350-351; 邦訳は古宮による

# 第18講　カウンセリングの実際

## ロジャースのカウンセリングの逐語記録

カウンセリングでは来談者のプライバシーはとても厳重に守られます。ですから一般の人にとってカウンセリングは密室でおこなわれる不気味なものに感じられがちです。そこでこの講ではカウンセリングの実例として、カール・ロジャースとグロリアという女性のカウンセリングの逐語記録を載せ、解説します。

この逐語記録は、臨床心理学者のエヴェレット・ショストローム博士が、第一人者たちによるカウンセリングを教材として録画したものから取ってきました。そのビデオには、カール・ロジャースと、ゲシュタルトセラピーの創始者フリッツ・パールズ、論理行動療法の創始者アルバート・エリスの三名のカウンセリングが録画され、“Three approaches to psychotherapy”として一九六五年に出版されました。この貴重なビデオはカウンセリングにかかわる世界中の人々から注目され、多くの言語に翻訳されて世界中でカウンセラー・トレーニングに利用されています。日本語版は『グロリアと三人のセラピスト』の題名で出版されています。[*1]

なおこれから見てゆく逐語記録は、一部をページ数と著作権の都合で省略しており、省略部

エヴェレット・ショストローム
Everett Shostro

フィリッツ・パールズ
Fritz Perls

アルバート・エリス
Albert Ellis

＊1　株式会社日本・精神技術研究所〇三-三二三四-二九六一　http://www.nsgk.co.jp/lib/visual_list.html

分は（中略）として示しています。カウンセリングを学ぶ方々はぜひこのビデオを実際に見て、逐語記録全体にも目を通されることをお勧めします。では、一緒に見てゆきましょう。*2

**対話の解説**

**ロジャース1**　おはようございます。ロジャースです。グロリアさんですね。

**グロリア1**　はい、そうです。

**ロジャース2**　どうぞ、お座りください。……（中略）……思っていることを何でもお話しください。

ロジャースは、「思っていることを何でもお話しください」とだけ述べてセッションを始めました。

カウンセラーによっては、面接の最初に前回の内容を要約して始める人がいます。「こんにちは。先週は〜について話し合い、〜という結論になりました」。同様に、面接の最後に、その回で話し合った内容を要約して終わるカウンセラーもいます。「時間がきたので今日はこれで終わりましょう。今日はあなたのお父さんとの関係が、現在の人間関係にどう影響しているかについて話し合いました」などのようにです。

認知療法（cognitive therapy）、論理情動療法（rational-emotive therapy）、行動療法（behavior therapy）などでは、カウンセリングのゴールを明確にして焦点をぼかさないためにという理由から、話し合う内容をカウンセラーが示すこともあるでしょう。

＊2　株式会社日本・精神技術研究所は、ロジャースのセッションの逐語記録を本書に掲載することを許可してくださいました。記して感謝いたします。なお、本書では日本語版の逐語記録のひらがな・漢字表記を本書の他講と統一を図るために変えている部分があります。

でもわたしは、カウンセラーがそのように対話の内容を要約するのはカウンセリングの進展を妨げかねないと思っています。というのは、カウンセリングにおいて来談者のポジティブな変化が促進されるのは、来談者が語るときに生じるこころの動きによるものだからです。つまりカウンセリングにおいて意味があるのは〝こころが動く〟ことであり、何か特定の内容について〝話すこと〟自体ではありません。もし話すこと自体に意味があるのなら、人は警察の事情聴取によって大きく成長するでしょう。

たとえば、ある来談者が父親への憤りをありありと感じながら話しているとします。そのときにカウンセラーが、来談者の憤りをあたかも来談者になったかのように生き生きとありありと想像し感じながら、「あなたはお父さんに本当に腹が立つんですね」と共感的に言うことはカウンセリング的でしょう。カウンセリング的とはつまり、来談者がみずからの矛盾と葛藤を解決する方向へとこころが動くのを促す、ということです。

その介入により、その来談者はいつもこころのなかでウッウッと感じていた怒りを生き生き・ありありと感じて、さらに言葉で表現し解放するかもしれません。または、たまっていた怒りを表現し尽くし、ピークが過ぎて怒りが鎮まりはじめるかもしれません。もしくは、その来談者は怒りの底にあった傷つきに触れはじめ、怒りよりも悲しみの感情が湧き上がるかもしれません。このように、来談者がお父さんへの憤りを語るにつれ感情は変化します。

ですから、怒りを語った一〇秒後には来談者は怒りが鎮まっていたり、怒りではなく悲しみを感じたりしているかもしれません。その時点で来談者に「あなたはお父さんに本当に腹が立つんですね」と言っても無意味です。

このような理由で、カウンセラーが来談者の話の内容をセッションの最初や最後に要約するのは、カウンセリングの本質である感情の動きを無視することになると思います。カウンセラーが要約しているときには、来談者にはそれを話していたときの感情はもうないからです。

では、来談者であるグロリアのつぎの言葉に進みましょう。

**グロリア2**　はい、いま緊張していますが、先生が低い声で、優しく話してくださいますので、少し落ち着いてきました。それに、先生はあまり厳しい方のように思えませんし……

**ロジャース3**　少し声がふるえていますね。

グロリアはロジャースのことを、「厳しい人間ではないか」と恐れ緊張していたことがわかります。このことから、グロリアは著名な心理学者・大学教授など、権威者に対して厳しい拒否的な人間像を予期する傾向があることがわかります。これは転移反応です。もし別の人なら同じ状況で、著名な心理学者との面接にあたって「すごく有能な人がわたしを救ってくれるに違いない」と依存的な期待をするかもしれませんし、もしくは「有名な先生だと？　なに、オレのことがわかるはずがない」と不信と反抗の態度で面接に臨むかもしれません。

ロジャースに対するグロリアの感情から、彼女が人生において厳しい権威者から拒否された体験をしており、その経験からいまだに影響されていることがわかります。このセッションのあとのほうで、グロリアは非理解的な父親について語ります。ですからグロリアのこの反応は、父親に対する感情をロジャースに転移したものかもしれません。

ただ、グロリアは自分の反応が非現実的であることをすぐに察しました。彼女が「……少し落ち着いてきました。それに、先生はあまり厳しい方のように思えませんし」と語っていることからそれがわかります。このことから、彼女のこの転移反応は根深いものでも激しいものでもなく、彼女はこの点において現実をかなり正しく認識できることがわかります。

しばしば、来談者によっては転移による認識の歪みが極端だったり根強かったりします。たとえば対人恐怖の強い来談者は、共感的であたたかな態度で座っているカウンセラーに対してさえ「拒否されるのではないか」との恐れからこころを開いて話せませんし、反抗的な来談者は穏やかにおとなしく座っているカウンセラーに怒りを感じたりします。

〔ロジャース3　少し声がふるえていますね〕の介入によって、グロリアは「緊張している気持ちがわかってもらえ、受けいれてもらえた」と感じただろうと思います。ですからその介入は、グロリアがロジャースを信頼しこころを開く助けになったでしょう。

ただ、来談者によっては「自分の感情をカウンセラーに見透かされたくない」と思うことがあります。たとえば「緊張するのは気の弱い情けないことだ」と信じる来談者もいます。それは転移反応です。その来談者は過去に、何か（誰か）を怖がったときに、親などに「男らしくない、しっかりしろ」などと拒否的に言われ、「怯えるのはダメなことだ」と信じたのかもしれません。そんな来談者に対して〔少し声がふるえていますね〕などのことを言うと、来談者によっては「弱みを見透かされた」と感じ、カウンセラーにこころを閉ざすかもしれません。

でも、グロリアは自発的に「いま緊張しています」と語れているので、彼女は緊張を隠さずにみずから表現していますから、〔少し声がふるえていますね〕などのように、彼女の緊張を取り上げて返しても大丈夫でしょう。

カウンセラーはつねに来談者の様子を見ながら、語りを聞きながら、気を感じながら、来談者のあり方を理解するよう留意することが大切です。

ここからグロリアは、カウンセリングに来た問題を語りはじめます。

対話

**グロリア3** 今日お話ししたいおもなことは、最近わたしは離婚しまして（中略）とくにわたしにとって困ることは男性のことで、男の人を家に連れてくることが問題で、それが子どもにどんな影響を与えるかということが気になるんです。

お話ししたいいちばん大きなこと……（沈黙）……いつも思っていて、お話ししたいことは（中略……グロリアは、男性を家に連れてくると九歳の娘さんがいやな思いをし、彼女に悪影響を与えるのではないかと心配だ、と述べる）。

わたしは娘に受けいれてほしいんです。（中略……娘さんとはセックスについてもオープンに話し合ってきたことを述べる）

……わたしが夫と別れてからほかの男の人を愛したことがあるかって（娘から）聞かれたときに、つい嘘をついてしまったんです。これまでわたしは娘に嘘をついたことはないし、信頼してほしいと思っていいた

解説

**グロリア3** この時点まで、ロジャースが表情、姿勢、はっきりとしたうなずきなどによって、高い関心と受容的な態度を示しながら聞いているので、グロリアは「いつも思っていて」、でも言いづらかったことをついに話す勇気が出ました。カウンセリングの進展です。

波線部「わたしは娘に受けいれてほしいんです」という発言は、グロリアが、娘さんに対して依存的な転移反応を起こし、それを娘さんが満たしてくれることを望んでいることを示す、非常に重要な発言です。ところがロジャースはその重要さを見逃します。

ので、とても罪悪感を感じ、それ以来いつも、嘘をついたことが気になっているんです。

お答えがほしい気がするんです。もし、わたしがいま、男性と交際していることを娘に話したら悪い影響があるでしょうか。それがお聞きしたいんですけれども……

**ロジャース4**　娘さんとのことがとても気になっていて、いままで二人の間は開放的だったけれども、そういう関係が消えてゆくような気がするんですね。

**ロジャース4**　この反応は、グロリアがもっとも伝えたいことから少しズレているように思います。

彼女がもっとも言いたいのは「娘に受けいれてほしいし信頼してほしいからいつも正直でありたいけれど、わたしが男性とセックスしていることを娘に正直に話すと娘に悪影響を与えるんじゃないか、と心配で言えない」ということだと思います。ロジャースがこの時点でそう理解して返していれば、あとの展開はよりスムーズにいき、グロリアはのちに語ることになる、彼女の罪悪感、娘さんに「良い母親だ」と思われて愛されたい気持ちなどの問題をより早く話せたでしょう。

ロジャースの理解がずれているために、グロリアは彼女の気持ちを探求する方向には向かわず、

**グロリア４**　はい、わたしは用心しなければいけないと思うんです。と言いますのは、わたしが小さいとき、父と母が肉体関係をもっているのを知ったときに、きたない、恐ろしいことに思えて、しばらく母を好きになれなかったことがあるんです。

でもパミーに、娘なんですけど、嘘もつきたくないんです。どうしたらいいか、わからないんです。（中略）

**グロリア６**　もし、すべてを正直に打ち明けたら娘にどんな影響があるのか、それに、もし嘘をついたらどうなのか、それがとくに知りたいんです。わたしは娘に嘘をついたので、いまそれが重荷になっているに違いないという気がします。

**ロジャース７**　お嬢さんが嘘に気づいたり、何かおかしいと感じはじめるのではと、心

抵抗が増してこのあと「グロリア６、７」と質問を重ねることになります。

**グロリア４**　グロリアはセックスに対する罪悪感、そして罪悪感の源に母親の存在があることを少し語りました。

しかし、その罪悪感と、母親に対する「きたない、恐ろしい」気持ちをありありと［いま―ここ］で感じ表現するのはつらすぎるので、抵抗が働いて話題が娘のことに変わりました。

グロリアは、性に対する彼女自身の罪悪感と、両親の性関係を知ったときのショックを娘に投影し「娘がショックを受けるから」嘘をついた、つまり「わたしの問題ではなく娘の問題だ」と考えています。

**ロジャース７**　グロリアの話と感情の流れを正確に理解した良い介入だと思います。

配なんですね。

**グロリア7**　そのうち娘は、わたしを信用しなくなるような気がするんです。

（中略……娘はわたしのことを良い人間だと思っているが、嘘をついたことを正直に伝えると娘は許さないのではないか）

わたしは娘に、とても受けいれてもらいたいんです。いったい、九歳の子どもは、どれくらい現実というものに直面できるんでしょうか。

**ロジャース8**　とすると、その二つのどっちも気になってるんですね。娘さんは、現実のあなた以上に、あなたを良い、優しい人間だと思っているかもしれないわけですね。

**グロリア8**　ええ。

**ロジャース9**　あるいは、現実のあなたよりも悪い人だと思うかもしれないんですね。

もしくは、グロリアは娘に嘘をついたことを非常に気にしているので、それも取り上げて「お嬢さんに本当のことを言っても大丈夫だろうか、と心配だし、また、嘘を言ったこともご自分では許しがたいんですね」と返すのも一つの方法でしょう。

**ロジャース8、9**　まだ理解が少しずれています。グロリアは「娘から好かれたいし受けいれてほしいのに、娘は本当のわたしを見せると拒否するんじゃないか」という不安を訴えていますが、ロジャースは「娘さんは本当のあなたを見てくれていないんですね」という意味の応答をしています。

**グロリア9**　いいえ、そう思うことはないと思います。わたしには、ありのままのわたしを受けいれてくれるかどうかが心配なんです。わたしは優しい母親像を作っているだけに、自分の暗い面を恥ずかしく思うんです。

**ロジャース10**　なるほど、もっと深刻なわけですね。もし娘さんが本当のあなたを知ったら、あなたを受けいれてくれるだろうか、くれないんではないか、それが心配なんですね。

**グロリア10**　それがよくわからないんです。娘がわたしから離れてほしくもないし、男の人を家に連れてきたりして、もし男の人と二人っきりになったらどうなのか、考えるんです。そして、わたしには、そんなことに心を奪われたり、欲望を感じたりする一面があることも確かなんです。

**ロジャース11**　この問題は、ただ娘さんの

**ロジャース10**　ロジャースはこの時点で、グロリアがずっと訴えていた「娘は本当のわたしを受けいれてくれないんじゃないか」という不安をやっと理解し、それを返しています。そのため、グロリアは「グロリア10」で彼女のより内面を語ることができました。カウンセリングの進展です。

また、この対話からわかることは、わたしたちは自分で自分のことを受けいれていないとき、「周りの人がこんな自分を知ったら受けいれてくれない」と感じる、ということです。それは「投影」という防衛機制です。

**ロジャース11**　グロリアの語ることの意味をとら

問題でも、娘さんとあなたとの関係の問題でもなくて、あなた自身の問題でもあるんですね。

**グロリア11**　ええ、わたしの罪悪感の問題ですね。ひどくしばしば罪を感じるんです。

**ロジャース12**　自分のしたことで自分が受けいれられるかどうかということですね。そして、自分には責任がないとか、自分の行動について言い逃れをしないで、自分の罪悪感からそうしていると自分でわかっているわけですね。

**グロリア12**　はい、そしてそんなことはいやなんです。自分のすることには、どんなことでも、安心していたいんです。でも、パミーに本当のことを言わなくても、まだわからないんだからということで安心したいんです。でも、それができないんです。正直でありたいけれど、でも、そうするには、自分で受けいれられない部分があると

---

えた介入だと思います。ここから「ロジャース13」まで、グロリアの表現していることを正確に理解し、共感的に返しています。それによってカウンセリングプロセスがぐんぐん深まっています。

感じているんです。

**ロジャース13**　あなたは、正直に話すことを自分で受けいれられないのに、娘さんに話して果たして安心できるかしら、と思うわけなんですね。

**グロリア13**　そうです。

**ロジャース14**　一方、おっしゃるように、あなたには欲望や感情があって、どうしてもその欲望や感情が良いことだとは思えない……

**グロリア14**　そうです。あの……先生はそこに座っていらして、そしてわたしをだんだん混乱させているみたいに感じるんです。もっとわたしの罪悪感を取り除く助けをしてほしいんです。もしわたしが、嘘をついたり、男の人と寝たりすることについて感じている罪悪感を取り除けられれば、もう少し気が楽になると思うんですが……

**ロジャース13**　ロジャースがグロリアの伝えようとしていることを正確に理解していることを示す、優れた介入です。

**ロジャース14**　この発言は、グロリアの罪悪感に応答しつづけて不安を高めすぎる結果になったようです。

結果論かもしれませんが、たとえば「ロジャース14」のかわりに「ご自分の性的な欲望に罪悪感を感じるのが苦しいんですね」とか「ご自身の欲望に罪悪感を感じるのではなく安心したいと思われるんですね」または「欲望についても、娘さんとのことについても迷って苦しいので安心したいんですね」などと介入すれば、不安が昂じた「グロリア14」の発言ではなく、グロリアは引きつづき彼女の罪悪感にまつわることがらについて探求を進めることができたかもしれません。

**ロジャース15**　いいえ、あなたを混乱させたいとは思ってませんよと言いたい気がしますが、一方、この問題は、わたしには答えてあげられないような、とても個人的な問題のような気もしているんです。とにかく、あなたに何か解答が見つかるよう、あなたの助けになりたいのは確かなんです。

　こんなことを言って意味があるかどうかわかりませんが、わたしはそう思っているんです。

**グロリア15**　ありがとうございます、先生。本気でおっしゃってくださっていると思います。でも、どうやっていったら良いかわからないんです。（中略……罪悪感の問題はかなり解決できたと思っていたのに、また罪悪感に苦しんでいる自分がいてとてもがっかりです。自分の価値観に反することをしても罪悪感を感じず楽な気持ちでいたいんです）。いまそれができないんです。わたしに対して母親みたいに対している女の子がいるようで、わたしをすばらしいと

**ロジャース15**　わたしなら、グロリアの罪悪感の苦しさに応答したと思います。「罪悪感で本当に苦しいんですね」など。さらに「いまここでお話しされていて、罪悪感でさらに苦しく感じておられるんですね」と加えるかもしれません。

　でも「ロジャース15」において、ロジャースは慌てたりごまかしたりせず誠意をもって応答したので、グロリアに伝わったようにわたしには思えます。

　グロリアはセッションのはじめには娘さんに「ついて」話していましたが、この時点では罪悪感の苦しさを「いま―ここ」で感じ、話しています。「第16講　癒される関係のなかで人はどう変化するか」の「その3」でわたしは、来談者は「あのとき―あの場所」についての話から「いま―ここ」で感じ話すようになる、とお話ししましたが、まさにその変化が起きています。

**グロリア15**　波線部について、もとのビデオではグロリアは“There is a girl at work who a sort of

思っていますし、下品な、悪魔のような面を見せたくないんです。よい母でありたいし、それが難しそうなんです。そんなことが次々と思い出されて、がっかりしているんです。

**ロジャース16**　そうでしょうね、いまがっかりしているのがわかります。解決したと思ったこともいくつもあるけれど、罪悪感もあるし、また、他人には自分の一部だけしか受けいれられないと思うわけですね。

**グロリア16**　はい。

**ロジャース17**　それがいつも出てきちゃう。いったいどうしたら良いか、深いところで本当に迷っているのがわかるような気がします。

**グロリア17**　そして、わたしにわかっていることは、（中略……性を含めた自分の衝動的な側面は自然なことだとは思うが、自分が子どものときに母の性的な部分にショ

mothers me...”と話しています。ここでグロリアが言っているのは、同じ職場にグロリアに対して母親のように振る舞い面倒を見る女性がいて、その女性に対しても、グロリアは下品な悪魔のような面を見せず良い人だと思われたい、ということです。

ックを受けたように、娘に自分の性的な側面を見せると娘がショックを受けるのではないか。良い母親でありたいと同時に、好きなこともしたい。でも好きなことをすると娘に悪影響がありそうで罪悪感を感じる）

　わたしはだんだん、完全主義者だと自分のことを思うようになってきています。わたしは……もっと完全でありたいと思っているみたいだということなんです。自分の基準に合わせて完全になろうとするか、そんなことどうでも良いと思うか、どっちかなんです。

**ロジャース18**　ちょっと違ったようにも受け取れるのですが……あなたは完全でありたいと思っているようだけれど、とても……大切なのは、良いお母さんであるということだし、そう思われたいということのようですね、あなたが実際に感じているのは、いくらかそれと違っているけれども、そんなふうに受け止めるのは間違っている

---

**グロリア17**　波線部について、グロリアは“I'm more and more aware of what a perfectionist I am”と語っています。つまり「わたしはなんて完全主義者なんだということに、ますますはっきり気がついているんです」ということです。

んでしょうか。

**グロリア18**　いいえ、そんなこと言ったような気はしないんですけど。違います、わたしの感じはそうではないんです。わたしはいつも自分を認めたいけど、でもわたしのやることはそれを裏切っている。わたしは自分を認めたいんです。

**ロジャース19**　よくわかりました……。自分の行動は自分の外側にあるみたいなんですね。自分で認めたいんだけれども、自分を認めさせないような行動をどうも自分でしてしまうといったようなんですね。

**グロリア19**　そうです。（中略……愛し尊敬する男性とのセックスなら罪悪感はもたないと思うが、性欲だけでセックスをするとあとで罪悪感を感じ、子どもに顔を合わせるのもいやになる）

**ロジャース20**　もし自分のしていることが、

**グロリア18**　「ロジャース18」の発言を否定します。どんなカウンセラーでも、すべての来談者をいつも正確に理解することはできません。大切なのは、来談者が訂正したことを「ロジャース19、20」のようにきちんと聞いて受け止めることです。

男性とベッドにいるときでも、本当に純粋で、愛情と尊敬に満ちているなら、パミーに対して罪悪感をもたないだろうし、自分もその場にいることで安心していられるのに、そう言っているような感じがするんですが。

**グロリア20**　はい、それがわたしの感じです。それが完全な状態を望んでいるように聞こえることもわかっています。でも、それがわたしの感じていることなんです、そして、もう一方では、自分の欲望を押えることができないんです。

わたしは試してみました、「よし、そんなことをすれば自分が嫌いになる、だから、これはすまい」って言ってみたんです。でも、それからわたしは、子どもたちを憎みはじめたんです。「どうして子どもたちはわたしのしたいことを邪魔するんだろう、そんな悪いことでもないのに」って思うんです。

**ロジャース20**　波線部では、ロジャースは"I would really be comfortable about the situation"と語っています。つまり「自分はその状況をとてもいごこち良く感じるだろうに」ということです。

**グロリア20**　波線部について、母親にとって、子どもを憎む感情を認めて語るのは難しいことです。ロジャースの無条件の尊重、共感的で純粋な態度が伝わって、グロリアは正直に話すことができました。これを話したことでグロリアのこころに動きが生じたはずです。このセッションの前と後では、彼女の子どもへの憎い気持ちに変化が起きたでしょう。

また、グロリアは娘さんのことが心配だ、という問題を話し合うために面接を始めました。でももうこの辺りでは、彼女自身の問題として取り組んでいます。わたしたちは、他人が問題だと思っているうちは問題を解決できません。他人を変えることはできないからです。来談者が、問題を自分のこととして受け止めるという変化が起きるの

**ロジャース21**　でも、子どものせいばかりでなく、それが本心からでないと、罪の意識をもつと言っていたと思うんですが……

**グロリア21**　はい。確かにそうです、たぶん、わたしが意識している以上にそうなんです。でも、とくにはっきり気がつくのは、子どものことで気がつくときなんです。そうするとわたしは、自分自身のなかにもあると気がつくんです。

**ロジャース22**　そして、ときどき、あなたのその感情を子どものせいにしている感じがする。なぜ子どもたちは、あたりまえの性生活を妨げるんだろうか？

**グロリア22**　はい、性生活について言えば、何か正常でないものもあるんです、というのは、何か肉体的な魅力とか欲望ですぐ肉体関係をもってしまう……それはあんまり健康ではない。こんなことは、何か正常ではないんだろうか、とも思えるんです。

は、人間に内在するいのちの智慧だと思います。それが起きてこそ、問題解決に向かいます。

そしてその変化を促すために大切なことは、話し手は自分自身の問題として向き合うのがつらすぎてできないこと、そしてそのつらさを援助者が具体的・共感的に理解し、話し手のそのありかたを受け入れることです。

**ロジャース22**　「グロリア20」で語られた内容を理解的に返しています。この効果的な介入によって、カウンセリングがさらに進展し、「グロリア22」から、グロリアは性に対する罪悪感を感じ、語りはじめます。

**ロジャース23**　でも、あなたは、ときどき、あなた自身の規準に合わないかたちで行動してしまうように感ずるんですね。

**グロリア23**　そうです。そうです。

**ロジャース24**　でも、少し前には、あなたは「どうしようもない感じがする」とも言っていましたね。

**グロリア24**　自分で何とかできればと思うけれど、実際にはできないんです。……前はできたんですけども、いまはできない気がしています。特別な理由でいまはできないんです。わたしは気持ちのままにやると間違いを起こして、罪悪感を感じなければならないことが多過ぎるんです。確かにそれが嫌いなんです。

先生、わたしにはっきり答えをください。それが聞きたいんです。直接的な答えは望みませんが、それが知りたいんです……わ

**ロジャース23、24**　わたしなら、「グロリア22」で表現された、グロリアの罪悪感について返したと思います。たとえば「性的な欲望に従ってすぐセックスをするのはあなたにはすごく受けいれがたいんですね」のようにです。罪悪感の葛藤についてのロジャースの共感的な介入がなかったので、グロリアはしんどくなり抵抗が強くなったので、「グロリア24〜26」の質問になったようにわたしには思えます。つまりこれらの質問は、耐えがたいほどの罪悪感の苦しみを感じないようにしようとする試みだと思います。

**グロリア24**　波線部の「いまは特別な理由でできない」について、特別な理由が何なのかは気になるところです。でもグロリアにとってその理由を話し合うことは大切ではないか、もしくは話したくないのは明らかなので、それについて「特別な理由とは何ですか？」とここでは尋ねないほうが安全です。

波線部について、「グロリア20」の辺りでは、グロリアは問題を娘さんのものではなく彼女自身

たしにとってもっとも大事なことは、心を開いて正直であることだとお思いになりますか。
　もしわたしが、子どもにすべてを打ちあけて正直になれば、子どもを傷つけてしまうんでしょうか。もしもわたしがパミーに「パミー、お母さんは嘘を言って悪かった、いま、お母さんはあなたに、本当のことを言いたい」って言うとしたら、そして本当のことを言うとしたら、娘はショックを受けて混乱し、もっと娘を悩ませることになるんでしょうか。わたしは罪の意識を乗り越えたいし、そうすればわたしは助かります。でも、パミーにそれをかぶせたくないんです。

**ロジャース25**　そうでしょうね。

**グロリア25**　それは娘を傷つけるようなことになると思いますか。

**ロジャース26**　あなたの質問から逃げてい

のものとして引き受けていましたが、再びここでは娘さんが傷つくかどうか、ということにこだわっています。カウンセリング過程が後退しているように思えます。グロリアの、(いのちに対立する)不安に根ざす部分が語っています。カウンセリングはこのように一進一退を繰り返しながら進んでゆきます。

るように聞こえるかもしれませんが、あなたが本当に正直でないのは、自分に対してだと思うんです。というのは、あなたが言った言葉に強く打たれたんです、「もしも、自分のしたことについてそれで良いと感じるならば、たとえ男性とベッドを共にするようなことであっても、それで良いと思えるなら、パミーに話したとしても、パミーとの関係についても、何も気にはしない」と言われましたね。

**グロリア26**　はい、そうです。（中略……自分を受けいれれば子どもについて心配することもなくなると思うので、その努力をしようと思う。でも、悪いことだと感じる衝動をどうすれば受けいれられるのだろうか）

**ロジャース27**　自分が悪いと思うことをするときに、もっと自分を受けいれる感じをもちたいということなんですね？

**ロジャース26**　波線部ですが、ロジャースが言ったのは“perhaps the person you are not feeling fully honest with, is you ?”です。つまり、「あなたが正直でないと感じておられるのは、ご自身に対して？」という感じです。とても重要な介入です。逐語記録には出てきませんが、グロリアはそれを受けて即座に「ええ」と肯定する返事をしています。

ロジャースはグロリアに対して、批判的な気持ちではなく彼女の味方として共感的な様子で「ロジャース26」の発言をしました。

**グロリア26**　この辺りから、グロリアは問題を彼女自身のものとして引き受ける態度が大きくなっています。つまり娘さんが傷つくかどうかを問題にするのではなく、グロリアが彼女自身の一部をどう受けいれるか、ということに取り組みはじめている、ということです。

ロジャースの共感的なあり方と正確な理解がグロリアに伝わったことが、この変化を促しています。

**グロリア27**　はい。

**ロジャース28**　それは、難しい課題のようですね。

**グロリア28**　（中略……「女性が性欲をもつのは自然なことですよ」とロジャース先生はわたしに言おうとしているように感じる。でも、愛していない男性とであってもセックスしたい衝動をどう受けいれれば良いかわからない）

**ロジャース29**　それはわたしには三角形の関係のように思える。そうじゃありませんか。あなたは、わたしや一般の治療者なんかが「大丈夫です、大丈夫です、それは自然なことなんですよ、ためらわなくてもいいですよ」と言うと思っている。そして、あなたのからだはそちらに味方しているように感じるんでしょう。でも、あなたのなかの何かが、「それが正しいものでない限り、わたしはそんなことは嫌いです」と言

**ロジャース29**　援助者が安易にアドバイスや答えを与えても援助にならないことを示す例です。つまり、性欲をめぐって葛藤している人に「性欲は自然なことですよ」などと教えても助けにはならない、と「グロリア28」では話しています。

わたしは、性欲をめぐるグロリアの葛藤の根本に、彼女の母親との関係に由来する未解決の葛藤があるように推測します。ですからアドバイスや知識を与えても解決には近づきません。

っているんでしょう。

**グロリア29**　はい。（沈黙……ためいき……）絶望だという感じです。だって、いつもこんな感じになって、だからどうなんだっていう気持ちになるんです。

**ロジャース30**　あなたは、これがいつもの葛藤で、とても解決できないと感ずる、それで絶望しているんですね。わたしに助けを求めても、助けを与えてもらえないように思える……。

**グロリア30**　そうです。わたしは、先生が答えられないことはよくわかります。自分

**グロリア29**　グロリアはきっと、この絶望感をいつもこころの底にフツフツと感じながらも、しんどいので感じないようにしようとしていた、だから絶望感は不完全燃焼の状態で解決されずにずっとあったのではないか、とわたしは想像します。その絶望感が、共感的で理解的なロジャースと一緒にいることによって湧き上がり、ありありと「いま―ここ」で感じ、語っています。

ロジャースは彼女の絶望感を消し去ろうとか軽くしようなどとはせず、理解的に彼女と一緒にいます。

**ロジャース30**「わたしに助けを求めても助けを与えてもらえないように思える……」という発言は、グロリアのロジャースに対する不満を汲み取って返す優れた介入です。来談者がカウンセラーに対する不満を直接語るのはとても大切ですが、来談者に悪く思われることを恐れるカウンセラーは、このような応答を受容的・共感的に発することが難しくなります。

でそれを見つけなければならないと思います。でも、わたしを導いてほしいと思うし、わたしに出発点だけでも教えてほしいと思うんです、……そうすれば、それほど絶望的でなくなると思います。わたしは、この葛藤とともに生きていかなければならないし、そして、いつかはうまくいくだろうということを知っています。でも、いまの生き方にもっと安心したいんです、……そしていまはそうじゃない。

**ロジャース31**　あなたに一つ聞きたいことがあるんです。あなたがわたしに言ってほしいと思うことはどんなことでしょう？

**グロリア31**　わたしは先生に「正直になりなさい、そして、パミーが、あなたを受けいれてくれるように危険を冒してごらんなさい」って言ってほしいんです。そして、パミーに対する危険、すべての人に対する危険を本当に試してみることができたら、「ここにわたしを受けいれてくれる子

**グロリア31**　とても重要な発言です。グロリアは「子どもに受けいれてほしいけど、わたしのなかに悪魔のような部分があって受けいれてもらえないんじゃないか、そしてわたしの悪魔の部分が子どもを害するのではないか」という重要な不安と、「自分が悪い人間のように感じてとても苦しい。悪い人間ではない、と思えるようになりたい」

どもがいる。それにわたしは、本当に、そんな悪い人間ではないんだ」って言うことができるような気がするんです。もしも娘が、わたしが悪魔なんだっていうことを知っても、それでも愛して、受けいれてくれたら、自分をもっと受けいれる助けになるんだと思うんです……、わたしはそんなに悪くないんだって。

先生がわたしに「思うとおりやりなさい。そして正直になりなさい」って言ってほしいんです。でも、わたしは、娘を混乱させるような責任はとりたくないんです。そこでの責任をとりたくないんです。

**ロジャース32**　あなたは、その関係のなかで何がしたいかをよくわかっている、あなたはあなた自身になりたいし、お子さんが、あなたが完全な人間ではなくて、子どもさんが認めないかもしれないことを、あるいは、あなた自身もあまり認めないようなことをする人間だということも知ってほしい、それでも、子どもさんがあなたを愛し、不

という彼女の深い願いを語っているからです。

こんな大切な発言には、カウンセラーはとくに共感的・理解的に聞いて応答することが求められます。ロジャースは、グロリアが「いま―ここ」で経験していること、伝えようとしていることを正確にかつ共感的に理解しており、それがロジャース32の介入に表れています。

**ロジャース32**　この適切な介入によって、「グロリア32」では性欲に関するグロリアの葛藤の源である、母親との関係が自発的に語られはじめます。カウンセリングの重要な進展です。

完全な人間として受けいれてほしい、そう思っている。

**グロリア32**　はい。もしも、母がわたしに対して、もっとオープンだったら、わたしはセックスについてこんなせまい態度はもたなかったんじゃないかと思えるんです。母にも、かなりセクシーで、下品で、悪魔のような面があると考えていたらって、思うんです。わたしが母のことをそんなに良い母だとはみないで、別の面もあるんだって考えていたらって、思うんです。でも母は、セックスのことなんて話してくれませんでした。多分、それがいまのわたし自身を作りあげているんです。よくわかりませんけど、パミーがわたしを裏も表もある女性として見てほしいし、同時に、わたしを受けいれてほしいんです。

**ロジャース33**　いまのあなたは、そんなに不安定には聞こえませんけど。

**ロジャース33**　ロジャースは“You don’t sound so uncertain”と言いました。「あなたは不確かには聞こえませんよ」という意味です。

**グロリア33**　そうですか？　それはどう言う意味でしょう。

**ロジャース34**　あなたはここでわたしに、あなたがパミーとの関係のなかでしたいこと、そのものを話している、ということなんです。

**グロリア34**　そうしたいと思います。でも誰か権威のある人がわたしにそれを言ってくれないと、危険を冒すことができないような気がするんです。

**ロジャース35**　わたしが強く感じていることは、生きるっていうことは非常に危険をともなうことだっていうことなんです。

あなたは、あなたとパミーとの関係で、一つのチャンスをとらえたいと思っているし、また、パミーにあなたの本当の姿を知らせるためのチャンスをもちたいと思っているんじゃないでしょうか。

**ロジャース33〜37**　この一連の介入は、このビデオが製作された当時のロジャースのカウンセリングの特徴がよく出ている介入だと思います。わたしなら「グロリア32」で語られた母親への気持ちを返すかもしれません。たとえばつぎのように。「お母さんにも本当は性的で悪魔のような面があったかもしれないのに、あなたには隠して表の面しか見せなかったので、ある意味だまされたような感じがするんでしょうか？　そしてあなたはパミーとの関係では、お母さんがあなたにしたのとは違って、本当のあなたを見せ、それでも受けいれてほしいと願っておられる」。

またグロリアが母親の「かなりセクシーで、下品で、悪魔のような面」にそれほど嫌悪感を抱いた裏には、母親の性の側面へのあこがれや好奇心もあるからだと思います。彼女が何年もあとの大人になった時点でもまだこのことを感情を込めて語らざるを得ないのは、母親の性的な側面について嫌悪感とともに、引きつけられる衝動もあるからでしょう。彼女のその両価的な心情を理解することが大切だと思います。

でもロジャースは「ロジャース33〜37」で、母

**グロリア35**　はい。でも、もしもそのチャンスをとらえないでも、娘に愛し、受けいれられることが感じられたら、それ以上のことはないと思うんです。

**ロジャース36**　もしも、娘さんの愛情と受容があなたの間違った像の上にできあがっ

親に対するグロリアの感情には触れません。彼はグロリアの葛藤を、生きることの責任を引き受ける恐ろしさ、という実存的な葛藤として理解したように思えます。

**グロリア35**　波線部で、グロリアはこう言いました。"If I don't take the chance and if I feel accepted and loved by her, I'm never gonna feel good about it, anyway."「もしもたとえ（パミーに本当の自分を見せるという）危険を冒すことなく、受けいれられて愛されていると感じたとしても、わたしは絶対に良い感じはもてません」という意味です。

また「ロジャース35」「グロリア35」には「チャンスをとらえる」「チャンスをもつ」という表現が出てきますが、それは taking a (the) chance という表現を翻訳したもので、それは「危険を冒す」というニュアンスを濃く含む表現です。

**ロジャース36**　「グロリア3」で説明したように、グロリアは娘さんに対して依存的な転移反応をし

ているものであるとしても、それで本当に良いんですか。そうあなたはおっしゃってるんですか。

**グロリア36**　はい、それがわたしの気持ちです。（中略…でもわたしのせいで子どもを傷つけたくはない。そんな責任をとりたくない）

**ロジャース37**　いまの言葉は、わたしが「人生は危険をともなう」と言ったのと同じ意味だと思うんです。あなたが娘さんとのあいだで、なりたいと望む人間になるという責任をとることは、これは大変な責任なんですね。

**グロリア37**　そうです。

**ロジャース38**　そして、とてもこわいことなんです。

**グロリア38**　（中略……子どもに悪く思わ

ています。転移の源には不安があり、彼女はその不安から「娘から拒絶されるのは怖い。純粋に自分らしくあることを犠牲にしてでも、良い母親だと思われたい」と願います。それに対して、グロリアのより純粋な「いのち」の、「自分らしく生きて、娘と真の純粋な関係を育みたい」という願いが湧いて、不安の部分と葛藤しています。

**グロリア38**　別れた夫への軽蔑心、彼に対する妬れようとも正直でありたい。でも別れた夫は不正直な人間なのに、子どもたちからは優しい良い父親像だと思われて好かれている。それが妬ましい。わたしも子どもたちから優しい母親だと思われたい）
　わたしがいちばん望んでいるのは、自分に正直であって、しかも、どう思われようと自分に誇りをもつことなんです。でも、その栄光の一部を失いかけているみたいな気がします。

**ロジャース39**　あなたは、子どもさんがお父さんについて描くすばらしいイメージと同じようなイメージを自分についてももってほしいと望んでいるんですね。そして、もしも、お父さんのイメージが少し偽りのものであるなら、あなたのイメージも少し偽りがあっても良いはずだと思うんですね。わたしの言い方は少し強すぎるかもしれませんが。

みといったグロリアのさらなる本音が表現されています。カウンセリングがさらに進展しています。わたしたちは本音を表現できてそれが理解されるとき、こころに建設的な動きが生じます。

**ロジャース39、40**　グロリアの言わんとすることをロジャースが的確に理解していることを示す介入です。
　わたしならつぎのように返したかもしれません。
「あなたは、ご自身について誰にどう思われようとも揺るがない誇りをもちたい、と同時に、別れた夫のように自分自身を偽ってでも娘さんから好かれたい、という気持ちも強く感じておられるのでしょうか。そんなふうに確かな誇りをもてないことにがっかりだ、とおっしゃっているんですか？」

**グロリア39**　いえ、とても近いです。わたしの言いたいのはそういうことです。でも、もしも、わたしが正直であれば、子どもはわたしに清潔なイメージをもつことはできないと思うんです。それにわたしは、夫よりもっとみだらな人間だと感じます。わたしは子どもが承認できないようなことをたくさんしそうなんです。

**ロジャース40**　では、もしも子どもさんがあなたを知れば、本当にあなたを愛することはほとんど考えられないと思うわけですか。

**グロリア40**　そうです。まったくそのとおりなんです。治療の前だったら、きっともう一つのほうを選んだと思います。たとえ、嘘を言わなければならないとしても何とかして子どもの尊敬を得ようとしたと思います。

**ロジャース41**　なるほど。

**グロリア39**　グロリアのなかの「自分も他人も信じず、いままでのあり方にしがみつこうとする、不安に根ざした部分」が語っています。「いのち」に対立する部分です。不安に根ざす部分をこうして言語化し、それが共感的に理解されることが、より純粋で発展的で強い「いのち」の現れを促進します。

**グロリア40**　ここでグロリアが「治療の前だったら……」と言ったのは、彼女は以前から他のカウンセラーたちのカウンセリングを受けていましたから、「わたしがカウンセリングを受けはじめる前だったら、子どもに嘘をついてでも好かれようとしたでしょう」という意味です。

**グロリア41**　でもいまは、それは本当でないと知っているし、子どもがわたしを受けいれてくれるかどうかも自信がないんです。大丈夫だって言う気もするけど、でも自信がないんです。大丈夫と言ってほしい。わたしはいつも、それが欲しいんです。

**ロジャース42**　（中略…あなたの気持ちは揺れ動いて決められないので、誰かに「大丈夫です」と言ってほしいんですね）

**グロリア42**　はい。それで、わたしの尊敬する人の本に、どんなことがあってもそれは正しいことだと書いてあるのを読むと元気づけられるんです。正直は必ず勝つ。そして、わたしに自信を与えつづけてくれます。わたしは間違っていない、でも……

**ロジャース43**　でも、何かを自分自身で選ぶのはとても難しいんですね。

**グロリア42、43**　グロリアは、本を読むと元気づけられるけど、やっぱり不安で前に進めない、と語っています。

アドバイスでは解決できない苦しさを表現しています。

**グロリア43**　自分をとても未熟に感じます。こんなわたしは嫌いです。自分で決定して、その決定を守ることができるように成長し、成熟したいと思います。でも、誰かの助けが欲しいんです。誰か後押しをしてくれる人が欲しいんです。

**ロジャース44**　それで、自分自身を責めてしまうんですね。「もしも、自分がもっと違った人間だったり、もっと成熟していたら、こんなことは自分で決めることができるだろう」と、こう感じるわけですね。

**グロリア44**　そうです。（中略……自分の本当のことを子どもに話し、自分に誇りをもてるように生きたい）

　わたしは嘘を言う人を軽蔑します。わたしはそれが嫌いなんで、わたしは二重に縛られてしまっているんです。わたしは、もし自分が悪い人間であるなら、自分自身が嫌いなんです。でも、嘘を言う人間であることも嫌いなんです。だから、大事なのは

**グロリア44**　「わたしは嘘を言う人を軽蔑します……」とグロリアが語るように、わたしたちは自分のなかの受けいれていない部分を人に見るとき、その人を拒絶し内心で攻撃します。

　でもそういう裁きの意識は自分自身に返ります。自分自身を裁き、縛ります。そして、裁きの意識はその意識をもつ人自身のいのちの輝きをくもらせ、いのちの力を枯らします。

　裁きや攻撃の意識を変革する最良の方法の一つ

受容ということなんです。わたしはもっと自分を受けいれるようになりたいんです。

**ロジャース45**　あなたの声の調子では、あなたは、自分自身が承認できないことをするよりも、嘘を言う自分をもっと嫌ってると言っているように思えます。

**グロリア45**　そうです。そのことがわたしをほんとに苦しめているんです。一カ月前パミーに嘘を言ってからずーっと気になってるんです。ずっと昔にさかのぼって娘に話したほうが良いのか、それとも、もう少し待っていたほうが良いのか、わからないんです。もう娘は、わたしに聞いたことを忘れてるかもしれないんですけど。

**ロジャース46**　でも、大事なことは、あなたが忘れていないということですね。

**グロリア46**　わたしは忘れてないんです。

は、このグロリアのように、癒しの関係のなかで裁きや攻撃の気持ちを十分に語り感じきることだとわたしは思います。

**ロジャース45、46**　来談者は、話の内容だけではなく、話し方、表情、姿勢、声の感じなどによっても多くを表現します。ロジャースは、グロリアの「声の調子」から、彼女が言葉では語っていない表現を的確に聞き取って返しています。

**グロリア46**　グロリアは、理解的で共感的なロジそうなんです。そして、少なくともわたしが嘘を言ったことを覚えていて、嘘をついてごめんなさい、嘘を言ったことで自分がつまらない人間だと思っていたということを話すことができるようになりたいんです。

何だか……（からだが軽くなったかのような様子で笑顔になる）……いま、解放されたような気がしてきました。わたし自身は何も解決してないのに、ずいぶん気が楽になりました。

わたしには先生がこうおっしゃってるような気がします……本当は先生はわたしには助言してくださってませんけど、でも先生は「グロリアさん、あなたは自分のとるべきことを知ってますよ。どうぞ、そのようにおやりなさい」と言っておられるように思えるんです。先生がわたしを支えてくださっているように感じます。

**ロジャース47**　あなたは、自分でしたいことと思ってることをずーっと言ってたと思いますよ。わたしは、誰でも、その人がした

ャースとの交流によって、「嘘をついてごめんなさい」と彼女自身に謝り、さらに「嘘を言ったことで自分がつまらない人間だと思っていた」ことについて、彼女自身を許したのではないか、とわたしは思います。その過程を経て、彼女は自分自身を責めることが減って楽になりました。

いようなことでその人を援助するのが大事だと思っているんです。
それはあなたが思っていたのとは少し違っていたんですね。

**グロリア47**　あの……先生は、……

**ロジャース48**　わたしに大切なことは、あなたが本当に望まないことをすることは良くないんだということなんです。それで、わたしはあなた自身の内面の選択はなんだろうか、それを発見できるように援助しようとしてきたんです。

**グロリア48**　でも、そこにもわたしの葛藤があるんです。わたしは自分の望んでいることに、あまり自信がもてないんです。それが嘘の部分なんです、わたしは自分自身にさからうと自分のしたいことに自信がもてないんです。男の人を家に連れてくるようなときでも、本当に望んでいるのかどうか、わからないんです。あとで罪悪感に悩

**ロジャース48**　ロジャースは、グロリアが「グロリア47」で話そうとしたことをさえぎってしまいました。彼女は何を言いたかったのでしょう。
わたしの推測です。グロリアは「グロリア46」で「先生がわたしを支えてくださっているように感じます」と語っています。それに反応して、ロジャースは「ロジャース47」でグロリアを支持する発言をしています。そのときグロリアは「あなたはご自身のすべきことをちゃんとご存知で、それは良いことです」とロジャースからほめられたように感じたのだと思います。グロリアはそれに不安を抱いて、ロジャースが本当にグロリアに承認を与えたのかを「グロリア47」で確かめたかったのかもしれません。

むんなら、本当は望んでなかったのかもしれないんです。

**ロジャース49**　いまあなたがどんな表現をしたか、ちょっとはっきりしないんですが、あなたの言われたことに関心をもちました。とにかくあなたは、あなた自身に反することをするときに、自分が嫌いになって、それを認めることができないんですね。

**グロリア49**　そうなんです。そこには大きな違いがあるんですね。いま話していることは、あることをしたいとか、したくないとかいうことを知ることじゃないんです。もしも、それが、朝、仕事に行きたいとか、行きたくないとかいうことなら、やさしいことです。でも、安心できないことをしている自分に気づいたとき、わたしは自動的に「グロリア、もし、安心できないんだったら、それは正しくない、何か間違っているんだよ」って言ってるんです。

わたしが先生にお聞きしたいのは、どっ

**グロリア49**
波線部の時点でグロリアは質問をし

ちが強いかっていうことなんです。もし、あることをすると、それがいちばん強いものなんでしょうか。もし、わたしが承認しないとすれば、それは消し去らなければならないことなんでしょうか。自分で、何か矛盾を引き出しているみたいですね。わからなくなってきました。

**ロジャース50** あなたは自分のなかにも矛盾をもっているように聞こえます。でも一部は、あなたは自分のしていることに対して、安心感をもちたいと、こう思ってるとおっしゃるんですね。

**グロリア50** はい、わたしは決断したとき、

ました。これは「ロジャース47、48」でロジャースがグロリアを支持する（肯定的に評価する）ような介入をおこなったことが、「ロジャース先生にもっと頼りたい」という依存的な転移欲求を強めたからだと思います。さらにロジャースは「グロリア47」のグロリアの表現をさえぎったために彼女への共感的理解が進みませんでした。「グロリア49」のグロリアの質問は、その二点が引き起こした抵抗の表れだと思います。

**ロジャース50** 「グロリア49」のグロリアの質問が表現しているのは、「わたしはすごく葛藤しています。その不安は耐えがたいほどです。だから不安から逃れて安心したいんです」ということです。そしてここでロジャースは「安心させよう、不安を減らしてやろう」などとするのではなく、グロリアの「安心したい」という思いを正確に理解し共感的に返しました。グロリアはロジャースに理解されたことによって安心感が高まります。それが「グロリア50」で表現されています。

**グロリア50** グロリアははじめ、彼女のなかにい

ときどき矛盾を感じるんです。
　でもいまは大丈夫なような気がします。本当に大丈夫な感じで矛盾はありません。でも、ときどき自分にとって安心できないことをするときがあって、そうすると葛藤が生ずるんです。いつも同じじゃないんですけど。
　わたしの言ってることは、もしも後で葛藤を感じたり、罪悪感をもったりするとするならば、本当の気持ちに従っているっていうことをどうしたら知ることができるのだろうかっていうことなんです。
**ロジャース51**　なるほど。ある瞬間には、それがあなたの本当の気持ちのようにも見えるわけですね。
**グロリア51**　ええ。始めようとするときは、大丈夫みたいです。
**ロジャース52**　でも……。ある瞬間、楽しく感ずるとしても、そのあとではまったくくつもの異なる部分がありそれらが互いに矛盾し攻撃しあっているように感じていました。それらの異なる部分とは、娘さんから良い母親だと思われたい気持ち、正直に自分のことを話したい気持ち、嘘をついてでも娘さんから好かれたい気持ち、愛していない男性とでも性関係をもちたい欲望、でもそれは悪いことだという裁きの意識などです。
　でもこの辺りから、彼女の人格のそれらバラバラになった部分たちが、調和した全体へと統合される方向に向かっているようです。波線の彼女の言葉がそれを示しています。
**ロジャース52**　波線部でロジャースはつぎのように言っています。"If you feel comfortable in a

楽しくなくなってしまうんですね。そのやっていることの道筋は、まったく同じ一つのことなのに……。

**グロリア52**　ええ、この葛藤のことでのいちばん良い例は、（グロリア52～53、ロジャース53～54の中略……夫と離婚するべきかどうか何年も迷ったあげくに別れたとき、自分の気持ちに忠実に行動したことを感じ、葛藤はなかった。自分の感情を忠実に感じれば、わたしが自分自分に正直な行動をとっているとき、それが正しいと実感する感情が湧く。だけどわたしはときどき感情を見失い、自分が本当にしたいことをしているのかどうかがわからなくなる。でも、自分の声に耳を傾けることができて本当の感情がわかるときもある）

**グロリア54**　わたしは、治療のなかでも、この言葉を何回となく言いました。そして、たいていの先生がたは、わたしが「ユートピア」と言うのを聞くと、苦笑したり、あ

moment about it, but after if you don't feel at all comfortable, which course of action was the one you should've really sought."つまり「ある瞬間は居心地良く感じてもあとでまったく居心地良くなるんだったら、どちらの行動をはじめからとるべきだったんだろうか」ということです。

**グロリア54**　グロリアはこの面接の前半では彼女自身の判断力・選択力を信頼できなかったので、ロジャースから答えを求めていました。そして彼女の寄る辺なさ、娘さんを傷つけたくない、娘さ

るいは軽蔑して笑うんです。でもわたしが感情に従って、心のなかによい感じをもっているとき、それは一種のユートピアなんです。たとえ良いものであれ悪いものであれ、それがわたしの感じたいあり方なんです。でもわたしは、自分については正しいと感じているんです。

**ロジャース55**　そのようなユートピアの瞬間のなかで、あなたは、事実全体の感情といったものをも感じている。一つのなかに全体を感じている。

んから嫌われたくない、という不安などを表現しロジャースから共感的に理解されました。するとグロリアは「グロリア52」と「グロリア54」で、自分にとって良い選択かどうかは自分の感情に聞けばわかる、と話しています。つまり、先ほどまでは「答えを教えてください」と求めていたのに、ここでは「こうすればわたしにとって正しい答えがわかります」とロジャースに教えています。とても重要な変化です。グロリアは、彼女自身をより信頼できるようになったことが表れています。

**ロジャース55**　ロジャースはここではこう言っています。“I sense that in those utopian moments, you really feel a kind of whole, you're whole in one piece.” これはつぎのような意味です。「そのようなユートピアの瞬間には、あなたご自身が完全だと感じるんですね、あなた全体として一つだ、とおっしゃっているように感じます」。

ここで「完全」という翻訳語をわたしは使いましたが、ロジャースとグロリアが語っているのは失敗や欠点のない完璧な人間という意味ではありません。ロジャースが言うのは、ユートピア的瞬

**グロリア55**　はい、そう言ってくださいますと、息づまるような、強い感じを受けるんです（グロリアには強い感情が湧き上がる）。

本当はもっと頻繁にこんな気持ちになりたいんですけど。そんな全体感が好きなんです。それはわたしにとって本当に尊いものなんです。

**ロジャース56**　誰でも、それは、自分が望むほど頻繁にはもつことができないものだと思います。でもわたしにはそれが本当に理解できます。

それはあなたを心から感動させる、そう

間にはグロリアは彼女の一部分が欠けていたり空虚だったりするのではなく、本来の彼女の全体が生きているように感じられる、という意味です。

また「あなた全体として一つだ」とは、グロリアという人格が異なる部分に分裂して互いに矛盾したり攻撃しあったりすることなく、グロリア全体が調和し一丸となっている、という意味です。

**グロリア55**　ロジャースは、グロリアが感じ伝えようとしている感覚を頭ではなくからだで理解しました。だからこそグロリアに感動が湧き起こったのだと思います。

じゃないですか。

**グロリア56**　はい。それに、わたしが、いま、ほかのことを考えているのがおわかりですか、変なことですが。いま、なんか先生とお話ししているあいだに、突然わたしは「まあ、わたしはずいぶんうまく先生と話しができているなあ、先生にわたしを認めてほしいなあ、先生は尊敬できるなあ」と思っているんです。そして、わたしの父が先生のようにわたしに話すことができなかったことを、とても残念に思うんです。「ああ、先生が父のかわりであったらよかったのに」と言いたいということなんです。どうしてそんな考えが出てきたのかわかりませんが……。

**ロジャース57**　わたしには、あなたはとっても良い娘のように思えますよ。

（……グロリアは沈黙する……）

お父さんに対して本当の気持ちを話せなかったことを残念に思っているんですね。

**ロジャース57**　ロジャースはこのセッションをのちに振り返ったときに、グロリアのことを本当によい娘のように感じたから素直にそう言葉にした、と述べています。

「ロジャース57」を受けてグロリアが沈黙した

**グロリア57**　はい、心を開くことができませんでした。でも、そのことでは、父を責めたい気持ちなんです。わたしは、父が許してくれたよりはもっと、心を開いていたと思います。父はいまの先生のように、わたしの話を聞いてくれませんでした。先生はわたしを認めてくださるし、さげすんだりしません。わたしは、先日、このことに気がついたんです。どうしてわたしは、そんなに完全でなければならないんだろうか。わたしにはわかります。父は、わたしに、完全であることを要求していたんです。わたしは、いつもより良くなければならなかったし……、そうです、それが残念なんです。

**ロジャース58**　いつもお父さんの望むような女の子になろうと、一生懸命、努力したんですね。

**グロリア58**　ええ、でも、同時に、反抗もしてたんです。

のは、彼女のなかに「あなたはそう言うけど、あなたはわたしの父ではない」と反論したい思いが起きたからではないか、と推測します。

そのあとのロジャースの「お父さんに対して本当の気持ちを話せなかったことを残念に思っているんですね」という介入と、「ロジャース58～64」は、グロリアの感じていることを正確に理解する共感的で優れた介入だと思います。ロジャースの共感的理解によってカウンセリング過程はどんどん進みます。グロリアは「グロリア57～64」にかけて、父親に愛されたい思いと愛されない怒り、そしてその怒りの底にある寂しさを「いま─ここ」で感じ、表現します。

このように、正直な気持ちを感じ、表現し、受け止めてもらうことによって、わたしたちのこころには変化が生じます。このセッションのあと、グロリアの父親に対する気持ちや見方はセッションの前ともはや同じではないでしょうし、彼女の父親へのかかわり方にも変化が生じるでしょう。

グロリアは「わたしは、いつもより良くなければならなかった」と語っています。親は子どものことを思って「より良くなれ」と望むのですが、

**ロジャース59**　そうですね。

**グロリア59**　わたし、先日、父に手紙を書いて、父が認めないことがわかっているウエイトレスをしているって言ってやることを考えて、楽しくなったんです。わたしは、夜外出して、父に仕返しをしてる気持ちで楽しくなったんです。「さあ、お父さん、これでもわたしが好きですか」って……。でも本当は、父から受けいれてもらいたいし。愛してほしいんです。父がわたしを愛してくれていることを、わたしは知っているっていうことなんです。

**ロジャース60**　お父さんをピシッと叩いて、「これがわたしの実体です。もうわかったでしょう」と言っている。

**グロリア60**　ええ。「あなたはわたしを育ててくれたけれども、わたしを好きですか」っていう気持ちなんです。でも、わたしは、

それは子どもにとってはしばしば「いまのお前はダメだ」と自分を否定されることを意味します。無条件に尊重され愛されたとは感じないのです。

ロジャース60　ビデオを見ると、グロリアの反抗的な感情をロジャースが彼自身の感情であるかのように生き生きと感じながら応答していることが、わたしには感じられます。

グロリア60　波線部でグロリアは“You raised me, how do you like it ?”と言っています。英語のその言い方は「あなたがわたしを育てたのよ。あな

「お前はいつもそうだったって知ってたよ。そして、わたしは、本当にお前を愛してるんだ」って、父に言ってほしいんです。先生にわかりますか。

**ロジャース61**　お父さんがそういってくれる見込みがほとんどないのを、あなたは残念に思っているんですね。

**グロリア61**　ええ、父はそうは言ってくれないでしょう。わたしの言うことはわからないんです。わたしは、父を恐れてたけど、父を愛してたことを知ってもらいたいと思って、二年前に父のもとに帰ったんです。でも、父はわたしの言うことを聞いてくれないんです。父は、ただ、「お前は、わたしがお前を愛しているし、いつも愛してきたってことを知っているじゃないか」って、言いつづけるだけなんです。わかってくれないんです。

たが育てたその作品を気に入ってる？」というニュアンスであり、そこには「嫌いであろうとそれはあなたの責任よ」という突き放したニュアンスが込められています。

**ロジャース61**　ここでも、グロリアの伝えようとしていることを正確に理解しています。

**ロジャース62**　お父さんは、あなたを理解することも、愛することもできなかった、それで涙が出てくる感じなんですね。

**グロリア62**　よくわからないんですけど、このことを話すと、はじきとばされる感じなんです。ちょっとのあいだ、静かに座っていると、大きな傷が心の底にあるように感じられるんです。そして、わたしは、だまされているように感じるんです。

**ロジャース63**　ちょっとの痛みのほうが、ずっと楽なんですね、大きな傷のかたまりを感じないですむから。

**グロリア63**　（中略……わたしは自分の苦しい気持ちを受けいれないといけないと思う。わたしは理解的で愛情深い父親がほしかった。でも父は、わたしが望む協力したり通じ合えたりするような人ではない）

**ロジャース64**　あなたは、「永遠にあざむかれている」と感じている……。

**グロリア62**　グロリアは何かに「ついて」話すあり方から、感情を「いま―ここ」で感じ、言葉で表現しています。カウンセリングで起きる大切な変化です。

**グロリア64**　ええ、だから、誰かかわりの人を求めるんです。わたしは、先生に話すのが好きみたいです。そして、わたしは尊敬できる男の人が好きなんです。先生方に対して、わたしが深いところで、本当に近く感ずるのは、父のかわりみたいなものなんですね。

**ロジャース65**　わたしは、その気持ちは偽りのものではないと思いますよ。

**グロリア64**　グロリアが、お父さんに対する感情をこれ以上感じて語るのがしんどくなったので話題が変わりました。抵抗です。カウンセラーはそれを尊重して共感的についてゆくことが大切です。

ですから、グロリアがここで「父親から愛されなかったからわたしはかわりの尊敬できる男性を求めるんです」と発言しているのは、お父さんへの感情をこれ以上感じつづけることを避ける抵抗の発言であり、真の洞察とは言えないと思います。この発言はまた「知性化」という防衛でもあります（第10講参照）。つまり、グロリアがこのような洞察めいた発言をしたからといって、彼女の深くにある寂しさと父親への怒りが癒され、父親がわりの理想像を男性たちに求めざるを得ない彼女の空虚感が解決されたわけではありません。本当の変化をもたらす真の洞察につながるには、グロリアは父親への怒りと愛されなかった寂しさの本当の強さを感じ、表現し尽くすことが必要だと思います。その過程が起きるには、より長い期間のカウンセリングが必要でしょう。

**グロリア**65　でも、先生は、わたしの本当の父親ではないんです。

**ロジャース**66　ええ、ですが、非常に近い感じだと思いますよ。

**グロリア**66　でも、わたしはやっぱり偽っているような気がします。なぜって、先生がわたしにとても身近な感じをもつと期待することはできないと思います。先生は、わたしのこと、そんなに知ってるわけではないのですから。

**ロジャース**67　ともかく、わたしにわかることは、わたしはいま、感じているということ、そしてこの瞬間に、わたしがあなたを身近に感じているということなんです。

**グロリア**65　この発言は「ロジャース57　わたしには、あなたはとってもよい娘のように思えますよ」というロジャースの発言のあとにグロリアが沈黙してしまい言えなかったことだと思います。ここでやっと言えたのでしょう。

**グロリア**66　グロリアの、「先生と近い仲になって、私をすべて知ってほしい」という陽性転移欲求がうかがえます。

**ロジャース**66、67　この発言はグロリアの気持ちに沿っていないので、わたしには、グロリアがこころの葛藤を解決する方向につながる介入だとは思えません。

　でも、ロジャースがグロリアに向けて強い気持ちを感じていて、それを隠すことなく「透明」であろうとした誠意を感じます。ロジャースは、彼自身が関係のなかで純粋であることをもっとも大切にしていたのだと思います。

## ロジャースが語った、面接のその後

この面接の直後にロジャースは「わたしはこの面接について良い感じをもっている、そして面接のなかでのわたし自身のあり方に良い感じをもっている」と語っています。彼はさらに「こころを動かされたし、『いま—ここ』にいることができたし、真の出会いがあったと思う。そしてささやかではあるが互いを豊かにするような永続性のある体験になった」と述べています。

ロジャースはまた、グロリアのあり方は面接のなかで変化を見せた、とも語っています。その変化とはわたしが「第16講　癒される関係のなかで人はどう変化するか」でお伝えした、来談者は「あのとき—あの場所」のことに「ついて」話すあり方から、「いま—ここ」で直接経験するように変化する、「白か黒か」という非現実的な知覚からより現実的で柔軟な見方に変わる、自分自身への不信感と外側に権威を求めるあり方から、自分自身の判断力・選択力によりはっきりと気づく、などのことです。

またロジャースはこの面接について、一四年ほどのちにこう書いています。

「わたしはグロリアという若い女性と半時間の面接をおこない、コミュニケーションにおける深い接触を達成することができました。わたしにはまったくの驚きだったのですが、彼女はその後八年間にわたってわたしとときおり連絡を取りました。それはおもに、彼女がわたしたちの親密さに感謝してのことでした[*3]」。

さらに、ロジャースはグロリアとの面接の一七年ほどのちのインタビューで、グロリアについてつぎのように語っています[*4]。

グロリアはこの面接から一、二年ほどたったある日、ロジャースの研究会に来て出席者名簿に名前だけを記入したものの、彼には会わずに帰ったそうです。そこでロジャースはグロリアに手紙を書き、「もしまた研究会にお越しになればぜひ会いましょう。ただし研究会ではあのビデオを見てディスカッションをするので、あなたにとってはあまり良い経験にはならないか

＊3　Rogers, 1980; p.65; 邦訳は古宮による

＊4　Heppner, Rogers, & Lee, 1990

もしれません」と伝えました。すると彼女は研究会に来て、ロジャースの奥さんも一緒に三人で昼食をともにしたそうです。その席でグロリアはロジャース夫妻に、「わたしがあなたがたのことを両親のように思ってはいけませんか？」と尋ねたので、「けっこうですよ」とロジャースは答えた、とのことです。

グロリアは、年に数回ほどロジャースに手紙を書くようになりました。彼女はその後の人生でとても苦しい時期を幾度か経験することになります。彼女は再婚し、それはとても良好な結婚生活だったそうですが、次男が白血病にかかります。でもグロリアは息子さんとも家族の方々とも、息子さんの死にゆく運命にしっかり向き合いました。やがて彼は亡くなり、その数年後、グロリアはガンにかかりました。彼女は延命のための強い治療は拒否したので、短い期間で亡くなりました。

ロジャースはグロリアの死後に彼女の娘さんから手紙をもらいました。その手紙によるとグロリアは亡くなるまでずっとロジャースのことを父親のように思っていた、とのことです。

## ショストローム博士が語る、グロリア・ビデオ

グロリア・ビデオを企画したショストローム博士はヒューストン大学の心理学教授で、ロジャース、パールズ、エリスという大きな影響力のある理論の創始者たち三名から直接学ぶ機会をもった貴重な人物です。彼はロジャースとシカゴ大学でひと夏を過ごし、人間性中心療法について学びました。彼はその後パールズが南カリフォルニアで率いていたグループ・カウンセリングに来談者として一年半にわたって参加し、とても有益な経験をしたそうです。ショストローム博士はまた彼の研究所のワークショップ講師としてエリスを招くとともに、エリスのカウンセリングを一回受けたそうです。

ショストローム博士は制作後二〇年以上のちのインタビューで、このビデオについての逸話

ビデオを構想しました。

彼らが本に書いたり講義をしたりしているセラピーの実際のところを見せたい、と考えてこのわたしの学生たちが直接学ぶ機会を何とか作れないか」とずっと思っていたそうです。そこで、を語っています。[*5] 彼は、「ロジャース、パールズ、エリスという偉大なセラピストたちから

グロリアは、ショストローム博士から個人カウンセリングとグループ・カウンセリングを受けていました。彼がグロリアをこのビデオの来談者に選んだのは、彼女が自発的によく話し、明晰で、カウンセリングで話し合うべき未解決の問題をもち、ビデオの企画に耐える強さをもっていたからだそうです。

でも、ショストローム博士を裁判に訴える、とグロリアが抗議をしたこともあったそうです。カリフォルニアのある大学が、テレビの公営放送を使った遠隔授業でこのビデオを放映したからです。このビデオを製作したときには、近い将来に遠隔授業のテクノロジーが登場しこのビデオが電波に乗って広く放映されるとは誰にも予想できないことでした。

本講の最後を、グロリアとロジャースのセッションについてのショストローム博士のコメントで締めくくることにします。

このビデオが人々の関心を集めつづけている理由の一つはグロリアにあると思います。彼女の知性、率直さ、そして純粋さはそれぞれの世代の人々を魅了し、彼らに教えを与えています。グロリアはロジャースとのセッションで、私たち人間に共通する基本的なテーマに触れています。それは、私たちがすべき・あるべきと考えることと、私たちの実際の行動・あり方とに生じる葛藤などです。

私にとって、グロリアとロジャースのセッションは完全な愛の物語です。グロリアはユ

＊5　Weinrach, 1990

ートピアについて語ります。彼女が、もっとも彼女全体でいる・完全である、と感じられる瞬間のことです。グロリアとロジャースに育った関係性はユートピア的なもので、カウンセリングであろうとなかろうと、良い人間関係とはあのような関係を指すのです。私は、あのような関係を結ぶ来談者の能力を育てることこそ、流派にかかわらずカウンセリングのもっとも大切な目標のひとつだと思います。[*6]

＊6　Weinrach, 1990, p.80; 邦訳は古宮による

# 第Ⅳ部　補講

# 補講1　無意識と過去の影響を明らかにする
## ——精神分析理論

### 1　フロイトと、彼の理論の影響について

精神分析理論は、オーストリアの精神科医であったジグムント・フロイトが、こころの不調に苦しむ患者さんたちへの援助を通して作り上げた理論です。フロイトは彼の精神療法の成功と失敗について深く探求し、それまでの精神医学や哲学などの知見を多く取り入れながら、一八八〇年代後半ごろから一九三九年まで、彼の理論を少しずつ組み立て修正を重ねました。

近代的なカウンセリング・心理療法は精神分析から始まったと言えると思います。精神分析理論は、さまざまな意味でその後のカウンセリングの発展に大きく貢献しました。いまのおもなカウンセリング理論の多くが精神分析の理論に影響されています。

たとえばこのあと「補講2」で紹介する「人間性中心療法」はその代表的な例で、それが感情経験に焦点を当てるのは精神分析の影響です。でもその一方で、人間性中心療法では過去よりも現在を重要視する点や、カウンセリングのなかで来談者とカウンセラーが「いま—ここ」

ジグムント・フロイト
Sigmund Freud

で経験する感情を、精神分析家が「転移」「逆転移」という概念で捉えようとすることに反対するなどの重要な点で、人間性中心療法と精神分析とは異なります。

同様に、論理行動療法というアプローチがありますが、その創始者のアルバート・エリスもアーロン・ベックも、もとは精神分析のトレーニングを受けてカウンセラーになりました。エリスは後に精神分析の厳しい批判者になりましたし、しばしば、論理行動療法と精神分析理論は、ものの見方や技法においてお互いに遠くかけ離れたアプローチだと思われがちです。しかし論理行動療法家のなかには、「隠されたものに光を当てる」という論理行動療法の視点は精神分析の影響である、と認める人もいます[*1]。

精神分析理論が影響をおよぼした領域は個人療法だけにとどまらず、家族カウンセリングやグループカウンセリングの発展にも貢献してきました。さらには哲学、文学、社会学、文化人類学など多くの領域にも多大な影響を与えてきました。

アルバート・エリス Albert Ellis

アーロン・ベック Aaron Beck

*1 Reinecke, 1997

## 2 精神分析理論の基本原理

フロイトは、心理的・精神的な問題を扱う臨床家としてではなく、神経細胞を器質的レベルで扱う神経科の研究者として出発しました。そんな彼は科学的アプローチの大切さを固く信じ、精神分析を科学的な理論として発展させようとしました。フロイトにとって科学のモデルは物理学であり、彼は人間のこころを説明するさいに物理学から二つの基本原理を導入しました。

一つは「エネルギー保存の法則」です。つまり、意識と無意識にある心的エネルギーの総和はつねに一定であるから、抑圧されて意識から排除された感情や考えはなくなってしまうわけではなく、無意識のエネルギーとしてこころのなかにずーっと保たれるということです。

もう一つの基本原理は「ホミオステイシス[*2]（平衡）」の原理です。わたしたちは、欲求が満

*2 homeostasis

たされないと不安になったりいやな気持ちになったりします。わたしたちはそれを嫌い、欲動を満たすことによって、満たされて平衡がとれたもとの安らかな状態に戻そうとします。

## Ⅰ　生の本能（リビドー）

フロイトは性的抑圧の強かったヴィクトリア朝時代の女性患者を診ていて、性的欲求の厳しい抑圧がヒステリー性機能障害の原因である、と考えました。そのような臨床経験から、フロイトが性欲に注目するようになったのは自然なことでした。

彼ははじめ、人間の欲動はすべて性の欲動に帰結すると考え、それに、性的欲求という意味で当時使われていたリビドー（libido）という単語を当てました。しかし彼のリビドー概念は、はじめの狭い意味での性的欲求から、次第により包括的な「生きる本能」全般を指すよう変化していきました。

## Ⅱ　死の本能（タナトス）

フロイトは晩年になって、彼のリビドー論では説明できない現象があると考えました。人類が戦争や殺人などの破壊行為を繰り返す歴史的事実がその一つでした。生きることがわたしたちの本能であるなら、どうしてわたしたちは同じ人間を殺したりするのでしょう？　また、PTSDの症状の一つに、フラッシュバック（flash back）があります。トラウマ記憶が夢のなかや白昼に突然よみがえり、本人を苦しめつづける現象です。なぜ人間は、つらい体験をわざわざ思い出して苦しんだりするのでしょう？　フロイトは晩年になって、それらの現象を説明するために、生きる本能に対立する「死の本能（タナトス）」を仮定しました。

わたしたちは生まれる前は無生命の状態にいたのであり、寝たり食べたり生命を維持する努力をしないで自然に放っておけば死んでしまいます。「死の本能」の考え方は、先ほど説明したホミオスティシス原理に適合します。つまり、生の衝動であるリビドーはこころの内部を突き上げて緊張を生みつづけますから、人間には、「生を受ける前の、もとの静かで満たされた状態（死の状態）に戻ろうとしてやまない基本的傾向があるはずだ」というわけです。そして、人類が破壊的行動を繰り返すのも、フラッシュバックによって死の恐怖を繰り返し味わうのも、人間はこころの奥深いところで死を求めているからだ、とフロイトは考えました。この「死の本能（タナトス）」の概念は、精神分析学のなかでも賛否両論を呼び、後に大きな論議へと発展することになります。

### Ⅲ　意識、無意識と抑圧

わたしたちのこころには、「意識」の部分と「無意識」の部分とがあります（フロイトはそれらの間にある「前意識」という概念も提唱しましたが、ここではその説明は省略します）。意識とは、「わたしはいま先生の話を聞いている」「お腹が空いた」など、自分でわかっているつもりの心の領域を指します。それに対して、自分ではわかっていない心の領域が無意識です。

ある種の感情、衝動や考えが無意識へと押し込められてしまうことを「抑圧」と呼びます。抑圧が起きるのは、あまりに激しい悲しみや怒りなど、感じてしまってはつらすぎる感情が起きたり、自分が本当に感じたり考えたりしていることを「そう思ってはいけない」「こんなことを感じるのは良くない」などと自分のこころが裁いたりするからです。

わたしたちは誰でも、自分ではわからずにたくさんのことを抑圧しながら生きています。そのことについてはのちほどもっと深く詳しく見てゆきますが、その抑圧が強くて広範囲にわたるほど、わたしたちは本来の自分らしさから離れてしまい、生きるのがより苦しく重く不自由になり、人生に葛藤が増えます。

## 3　こころの構造

フロイトは人間のこころを「イド」「自我」「超自我」という三つの概念に分けて考えました。

### Ⅰ　イド

これは、食欲、性欲、怒り、悲しみ、恐怖、喜びなど本能的衝動と感情の貯水池のようなものです。フロイトは、その貯水池を無意識領域にあるものと定義し、その呼び名に、ドイツ語で「それ（it）」という意味の日常的な単語である id を当てました。

新生児はイドの塊であり、イドの唯一の目的は欲求の即時充足、すなわち快感を求めることです。イドはあとさきを考えることもなければ、論理も秩序も価値観もなく、衝動をそのままストレートに発散します。イドにとって、直ちに充足をもたらすものが善であり、充足をもたらさないものが悪です。

### Ⅱ　自我

乳幼児は、現実の世界においてはイド欲求がいつでも即座に充足され得るわけではないことを学びます。さらに、欲求を充足させるためには母親の乳首や自分の親指など、欲求を満たしてくれる対象を目や耳などを使って見つけたり、空腹時には泣くなど欲求を満たすための行動をとることが必要だと知ります。こうして、現実状況のなかでイド衝動を最大限に満たすための機能を果たす部分が、イドから分化・発達してゆきます。フロイトは、この部分を指すのに「わたし」という意味の単語である Ich を当てました。それが「自我」です。

自我には、イド衝動の充足に関し三つの選択肢があります。(a)イド衝動をいますぐ満たすよう努力する。(b)イド衝動の充足を後に延期するほうが結局はより大きな快楽が得られるので、いまのところは我慢して不充足状態に耐える。(c)イド衝動が充足されそうにないので、つらい欲求不満状態に苦しみつづけなくてもすむよう、イド衝動を抑圧して感じなくする。

これら三つの選択肢を例を挙げて説明します。子どもが母親に対して腹が立ったときに、怒りというイド衝動をすぐに表現してかまわないのか、それとも「怒りを表現すると罰されたり見捨てられたりする」と判断して、怒りの表現を抑えたほうが結局は自分の生存にプラスに働くのかを判断します。また、もしも「怒りを発散することは自分のためにならない」と判断すれば、解決され得ない怒りを感じつづけるのはつらいので、怒りを無意識へと抑圧して感じないかもしれません。

このように、イドが衝動の即時充足を求めて機能するのに対し、自我は、イド・外界の状況・超自我の三者の要求をできるだけのみ、うまくバランスをとろうとします。

### Ⅲ　超自我

わたしたちの社会には、良いこと、悪いことのルールや道徳的規範があります。養育者がそれらを最初に教えます。幼児は養育者の態度にとても敏感で、何をすれば誉められ何をすれば叱られるかを学んでゆきます。そして、養育者の愛情と承認を求めてやまない幼児は、次第に養育者から与えられた規範やルールを取り入れてゆきます。こうして良心や道徳観にかかわるこころの領域が発達し、それを超自我と呼びます。超自我は、何をすべきか、どう感じるべきかを個人に命令し、その個人が超自我に背けば、罪悪感によって罰します。

そしてフロイトは、超自我はおおよそ三歳から五歳ごろに、つぎにお伝えする「エディプス・コンプレックス」を解決する過程でおもに形成される、と理論化しました。

## 4　エディプス・コンプレックス

新生児は母親に愛着をもちますが、次第に父親の存在を知るにつれ、母親の愛情が自分だけのものではないことに気がつきます。このとき男の子は父親に対して、母親をめぐるライバル意識と敵意を抱きます。しかし同時にそれは、「そんなことを思うとお父ちゃんから攻撃される」という恐怖につながります。つまり、母親を独占したい願望、父親に対する敵意、父親が母親と特別な関係にあることへの嫉妬心はひどい恐怖を招きます。そのため、それらの感情は男の子のなかで抑圧されます。力強い父親に勝って母親を独占するのをあきらめざるを得ない男の子は、次善の策として、父親と同一化します。「お母ちゃんをぼくだけのものにできないのなら、お母ちゃんと特別な関係にあるお父ちゃんになったつもりになろう」とします。そうして父親と自分を同一化することによって、男の子は父親の男らしさを取り入れてゆくと同時に、父親の道徳規範も自分に取り入れて超自我を形成します。

いっぽう女の子はどうでしょう。フロイトは、女の子は自分に男性器がないことに気づいて、男性器をもつ男の子より自分は劣等であると感じ、男性器が欲しいと思うようになる、と考えました。その願望を男根願望と呼びます。そして、「男性器が欲しい」という願いと、自分に男性器を与えなかった母親に対する怒りとが、「男性器をもつ父親に近づきたい」という願いの根底となります。そして女の子は、父親と特別な関係をもつ母親に嫉妬と敵意を抱き、母親をライバル視します。しかし、母親への敵意は母親からの攻撃を招くので即座に抑圧されます。母親そして女の子は「お父ちゃんを独り占めできないなら、お父ちゃんと特別な関係にあるお母ちゃんになったつもりになろう」と、母親と同一化します。そうして母親の女性らしさとともに、母親の道徳観念も取り入れて超自我が形成されます。

男の子が経験する、母親への接近欲求と父親への敵意と不安、そして女の子が経験する母親への接近欲求と敵意、男性器願望などの一連の感情を、フロイトは「エディプス・コンプレックス（Oedipus complex）」と呼びました。

エディプスとは、ギリシャ神話の悲劇の主人公の名前です。エディプスは、自分の母親に、その女性が母親とは知らず恋心を抱き、父親を殺して母親と結婚しました。しかしその後ついに彼は自分のしたことを知ってしまい、自分の目をくりぬいて放浪の旅に出ました。また、フロイトの後を継いだ精神分析家たちのなかには、女の子におけるエディプス・コンプレックスを、ギリシャ神話の悲劇の女性主人公の名をとって、「エレクトラ・コンプレックス（Electra complex）」と呼ぶ人たちもいます。ただしフロイト自身はこの語は使いませんでした。

## 5　イド、自我、超自我の力動的関係

自我は、即時充足を求めるイド衝動と、道徳的・倫理的であることを求める超自我の命令と、そして内的・外的現実の三者から、矛盾する要求をつねに受け取っています。自我は、それらの要求を最大限に満たそうとして三者間の調整に四苦八苦しているこころの機関です。

例として、授業中に空腹を感じているある大学生を挙げましょう。空腹は、食欲というイド衝動が不充足であるために緊張状態が生じているサインであり、イドはもとのホミオステイシス（平衡）状態に戻ろうと、食欲の即時充足を求めます。いっぽう、もしもいま授業を抜け出して食堂へ駆け込んだりすれば、試験に出る大切な内容を聞き逃すかもしれません。そうなれば落第し、空腹よりも大きな苦痛を味わうことになりかねません。それが現実の要求です。さらに超自我からは、「おなかが空いたからといって授業を抜け出すような不真面目な学生であってはならない」という命令が下ります。それら三つの要求を受けた「わたし（Ich）」つまり

自我はどうすれば良いでしょうか。

空腹感が比較的弱かったり、来週の試験がとても大切であると「わたし」が判断したり、また超自我の命令がたいへんに強い道徳的な人であれば、食欲を犠牲にして授業に集中することを選ぶでしょう。また、あと一五分でこの授業が終わることに気づいた「わたし」は、とりあえず一五分間はイド衝動に待ってもらい、授業が終わったら食堂へ駆け込むことに決めるかもしれません。それにより、外的現実からの要請と超自我の命令は満たせますし、イド衝動をまったく無視せずにすみます。

反対に、イドからの空腹感が非常に強く「いま食べないと飢え死にしてしまう」と「わたし」が判断すれば、来週の試験のことや超自我命令も振り切って、その学生は食堂へ走るでしょう。また、「授業を聞いていても試験に出る内容をこの先生が話す可能性はない」と「わたし」が外界の状況を判断し、また超自我も、「授業をたまに抜け出すくらいはかまわない」と緩やかな見方を示すようであれば、その学生は即座に食堂へ駆け込むかもしれません。

## 6　抑圧と自我防衛機制

さらに、もしもその学生が神経性食欲不振症（拒食症）でイド衝動から固く閉ざされている場合には、空腹を感じることさえ「わたし」には恐ろしすぎるので、食欲を無意識領域に抑圧してしまい、空腹さえ感じられないでしょう。抑圧は無意識のうちにおこなわれるので、本人は自分が食欲というイド衝動を抑圧した事実にさえ気づいていません。つまり、「食べたいけど我慢している」とは思っておらず、「食べたいと思わない」と本人は感じています。

自我がある種のイド衝動を抑圧するのは、その衝動が意識領域に入れば耐えがたい不安を呼び起こすからです。イド衝動が意識化されると不安をもたらす理由は、おもにつぎの三つがあります。(a)イド衝動が厳しい超自我の禁止にあう場合。「いつも笑顔の優しい女性でなければならない」と信じる人が、怒りや攻撃性を感じられない場合がその例です。また性への罪悪感のために、性欲を抑えて感じない人や、反対に、罪悪感の苦しみを感じないようにしようとして「性の罪悪感なんか全くないわ」とばかりにたいへん奔放に振る舞ったりするのもその例です。(b)イド衝動を表現したために親など大切な誰かから拒絶や攻撃された過去の経験から、それを感じることさえできない場合。その例として、わたしは幼いころに泣いて「男の子のくせに泣くな」と叱られたり侮辱されたりしたために、悲しみや悔しさを十分に感じられない傾向がありました。(c)破壊的なイド衝動が強すぎるように感じられ、それの表出を恐れる場合。憎しみや攻撃衝動があまりに激しく、それが突出すると自分が圧倒されてしまい、コントロールできずに自分や他人を傷つけてしまうのではないか、と恐れる場合です。

自我は、意識領域に上ることが許されないイド衝動を無意識領域にとどめておくために、さまざまな方策を用います。それらの方策を「自我防衛機制」と呼びます。自我防衛機制の究極の目的は、つらい感情を感じないよう自分を守ることです。[*3] 自我防衛機制はジグムント・フロイトが体系化しましたが、それについての洞察を深めたのは、末娘アンナ・フロイトの大きな功績です。

＊3　Greenson, 1967
アンナ・フロイト
Anna Freud

**コラム　ジグムント・フロイトの生涯**

**フロイトの生い立ち**

ジグムント・フロイトは一八五六年五月六日にオーストリアで、父ジャコブ[*1]と彼の三人目の妻アマリー[*2]のあいだに生まれました。ジャコブは四〇歳、アマリーは二〇歳でした。フロイトと母の関係はとても近く、フロイトは母を理想的な母親と見なし、母もフロイトについて話すときには「わたしの黄金のシギ（ジグムントの愛称）」と呼ぶほどでした。

フロイトは自己分析のなかで、母を誰にも取られたくない、という子ども時代の強烈な思いに気づきました。同時に、彼にとって一つ違いの弟と父親は母をめぐるライバルでしたから、彼らに対して激しい敵意を感じていることにも気づきました。また、彼の弟のジュリアス[3]は生まれて数カ月で亡くなり、そのできごとはフロイトに深い罪悪感を残したのではないか、と言われています。

フロイトはとても成績優秀な生徒で、最初の興味は動物学でしたが、一七歳のときに医学に志を変えて神経学を専攻し、神経学の研究者として優秀な業績を挙げました。フロイトは生涯を通じて研究に強い関心を抱きつづけましたが、恋人のマルタ[4]と結婚して生計を立てるため、仕方なく研究をあきらめて開業医として働きはじめました。フロイトとマルタは六人の子宝に恵まれ、その末娘アンナ[5]は父の後を継いで著名な精神分析家になりました。彼女はとくに、精神分析療法の子どもへの適用と、自我心理学という分野を拓いた功績で知られます。

**治療法の発達**

臨床医としてのフロイトは、当時ヨーロッパに導入されたばかりのコカインを薬物依存症の治療と麻酔に積極的に使いました。しかしコカインの高い中毒性がたちまち医学界に広く知られるところとなり、彼はウィーンの医学界から厳しく非難されました。

フロイトはそのためしばらくウィーンを離れたくなったようで、パリへの研修奨学金に応募し、二名の強力なライバルに勝って奨学金を得ました。パリには、精神医学治療に催眠術を使い大評判になっていたシャルコー[6]がいました。シャルコーは、一般市民およびプロを対象とした催眠術の講義やセミナーを開き、ヒステリー性障害の症状を催眠術によって作り出したり取り去ったりするデモンストレーションをおこなっていました。なお、ヒステリー性障害とは、こころの病気の診断基準であるDSM-Ⅳ[7]によると、現在では身体表現性障害として分類される障害で、心理的要因が関係して発熱、腹痛、歩行困難、視覚・聴覚障害など身体機能の障害が出る疾患です。

フロイトは一八八五年一〇月から一八八六年二月までパリに滞在し、それまでは子宮が引き起こすと考えられていたヒステリー性障害が心因性のものであることを学びました。

彼はウィーンに帰ってからも電気刺激、入浴、マッサージなど従来の治療法を使っていましたが、一八八七年に催眠術を使いはじめました。

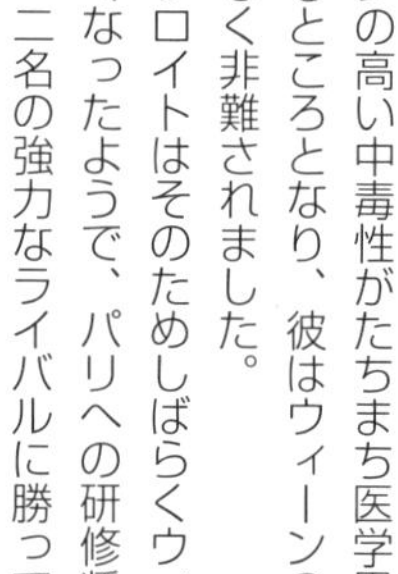

ジグムント・フロイト

また彼は一八八九年にフランスのナンシーに行き、そこでシャルコーのライバルだったリーボルト[8]とベルネイム[9]からも催眠術を学びました。

しかし、フロイトはしだいに催眠術の効果に不満を感じるようになりました。催眠術がかからない患者がいるし、また催眠療法の効果は、医師と患者の人間関係によって左右され、関係が悪化すると催眠療法の効果もなくなることがあったからです。

フロイトはやがて催眠術を使うのをやめ、ベルネイムが使用していた「前額法」という方法を使用するようになりました。患者を横にして目を閉じてリラックスさせ、症状の原因となるできごとなどについて質問します。患者が「何も思い出せません」と答えると、患者の額に手を置き圧力をかけた状態で質問について考えさせ、圧力を緩めたときに何かがこころに浮かぶからそれを話すよう求めるものでした。

フロイトは、ヒステリー性障害の原因はトラウマ体験とそれにともなうつらい感情が抑圧されていることであり、抑圧された感情がヒステリー症状となって表出されているのだ、と考えました。ゆえにその治療法は、抑圧されたトラウマ体験を思い出させることでした。

フロイトの考え方は、当時のウィーン医学界からはほとんど嘲笑されるか無視された、と伝えられています。たとえば、一八九六年に彼は権威あるウィーンの精神医学・神経学会で、幼児期に受けた性的虐待の記憶が抑圧されてヒステリー性障害としてのちに現れる、という彼の理論を発表しました。しかし学会の反応は冷たく、会長のクラフト＝エビング[10]には「科学的おとぎ話のようだ」と言われてしまいました。フロイトはとても腹を立て、ベルリンの友人フリース[11]への手紙に「彼らみんな地獄に落ちてしまえばいい」と書いています。

## 自由連想法の開発

精神分析療法の技法は自由連想法です。患者は長いすに仰向けになり、分析家は患者から見えないところに座ります。そして患者は、こころに浮かぶことを、隠したり「これはつまらない無関係なことだ」などと検閲したりしないで、何でもありのまま話すよう指示されます。フロイトはこの自由連想法を一九〇二年から一九〇六年ごろにかけて徐々に開発していったようです。自由連想法には二つの大きな源がありました。

一つはフロイトが青年時代によく読んだルドヴィグ・ボルン[12]という作家です。ボルンは創造的な文章を書くためのアドバイスとして、頭に浮かぶことを何でもすべて飾りも嘘もなくただ書きつづけなさい、それを三日間続けると、あなたは聞いたこともない新しい考えが書かれているのを発見して驚くだろう、と述べています。

二つ目はエリザベス・フォン・R[*13]という女性患者の治療でした。彼女はフロイトに、思考の流れの邪魔になるので質問をしないでください、と文句を言いました。フロイトはそれを受けいれ、それが自由連想法への大きなステップになりました。

一九一二年以降は、精神分析療法の基本的な考え方は、抑圧されたトラウマ体験と感情を意識化するというそれまでのものから、転移と抵抗を理解し明確化し解釈することへと変化しました。転移と抵抗については本書8講～14講で詳しく扱っています。

## フロイトの晩年

フロイトは顎にガンができたため、三〇回以上もの手術を受けました。しかしそれでも彼は、「明晰な思考ができなくなる」という理由から麻酔を拒否し激痛に耐えつづけました。また、当時のヨーロッパではナチの勢力が拡大しており、ユダヤ人だった彼の身にも危険が迫ってきました。そこでフロイトと彼の家族はウィーンを脱出してパリに行き、そこからロンドンに移りました。年老いたフロイトの世話をしたのはおもに末娘のアンナでした。フロイトはそれから一年も経ないうちに、ロンドンの自宅で亡くなりました。八三歳、一九三九年のことでした。

＊1　ヤコブ　Jakob
＊2　アマリー　Amalie
＊3　ジュリアス　Julius
＊4　マルタ　Martha
＊5　アンナ　Anna
＊6　シャルコー　Jean-Martin Charcot
＊7　米国精神医学会、一九九四／一九九六
＊8　リーボルト Ambroise-Auguste Liebeault
＊9　ベルネイム　Hippolyte Bernheim
＊10　クラフト・エビング　Krafft-Ebing
＊11　フリース　Fliess
＊12　ルドヴィグ・ボルン　Ludwig Borne
＊13　エリザベス・フォン・R　Elizabeth von R.

# 補講2 「いま―ここ」に純粋にいることの大切さ
## ――人間性中心療法

カール・ロジャース
Carl R. Rogers

### 1 カール・ロジャースの貢献について

わたしはカール・ロジャースが大好きです。彼の本を読むとわたしは感動し、元気になります。米国の臨床心理学者だったその彼が提唱した理論が人間性中心療法です。ロジャースの理論と技法ははじめは「非指示療法（Non-directive Therapy）」と呼ばれましたが、のちに彼は「来談者中心療法（Client-Centered Therapy）」と呼び、さらにのちにそれは「人間性中心療法（Person-Centered Therapy）」と呼ばれるようになりました。ちなみに、非指示療法という言葉を作ったのはロジャース自身ではなく、彼は、誰がその言葉を作ったのかは知らない、と述べています。

ロジャースは、彼の理論と研究によって世界中のカウンセリングにとても大きな貢献をしました。彼は、臨床心理学における「人間性心理学（Humanistic Psychology）」と呼ばれる一大潮流の代表的な理論家で、米国心理学会など心理学関連学会の会長を歴任しました。また、米国心理学会から「科学貢献賞」と「プロフェッショナル貢献賞」という二つの大賞を同時に受賞した初めての心理学者でもあります。[*1] また、一九八〇年に米国心理学会員を対象に「心理学でもっとも大きな影響のあった人物は誰だと思いますか」というアンケートがおこなわれましたが、第一位に選ばれたのがロジャースでした。彼は、第二位のジグムント・フロイト、第三位のアルバート・エリスらを大きく引き離して選ばれました。[*2]

ロジャースは晩年には、彼のカウンセリング法の実践と著作活動を、個人カウンセリングのみではなく、T―グループやエンカウンター・グループと呼ばれるグループカウンセリングや、教育などの分野にも広げました。その結果、生徒中心教育（Student-Centered Teaching）と呼ばれる動きも広がりました。

ロジャースは一九八七年に亡くなりましたが、彼の死後も彼の影響はけっして衰えてはいません。たとえば人間性中心療法に関連する本と論文の数は彼の死後さらに増えており、一九四六年～一九八六年の二一年間では六〇四本だったのが、一九八七年～二〇〇四年の一八年間には七七七本に上っています。[*3]

*1　Kirschenbaum & Jourdan, 2005; pp.37-38

*2　Smith, 1982

*3　Kirschenbaum & Jourdan, 2005; pp.38-39

## 2　ロジャースのカウンセリング法の世界平和への適用

さらにロジャースは、彼のカウンセリング法を国際紛争の解決に用いるため、各国政府の政治家を対象に、「エンカウンターグループ」と呼ばれるグループカウンセリングをおこないました。外交の政治家たちが、他国との交渉の場において感じている本当の感情や思いに気づき、本音で正直に語り合えるよう、援助をしたのです。

偉い政治家たちは理性的で成熟した大人たちのように見えるかもしれません。でも、彼らが他国政府首脳との会談において感じるイライラや怒りなどのいろいろな感情は、しばしば彼らのもつ（幼少期からの）こころの傷が多大に影響しており、その痛みのために話し合いがスムーズにいかないことはよくあるだろうと私は思います。

たとえば、「自分自身は無条件の存在価値があり、無条件に愛され受けいれられる存在だ」という人間としての基本的な安心感が乏しい政府首脳ほど、他国の政治家から自分の国が非難されたときに、自分自身が非難されたかのように感じてしまい、脅威を感じて相手を責め敵対的な態度をとったり、自分を守るためにこころを閉ざして交渉が進まなかったりすることがあるでしょう。もちろん彼らは、「交渉がうまくいかないのはわからず屋の相手国が悪いからだ」と思っており、自分自身が幼いころから抱えてきたこころの痛みのために交渉が難航している、などとは気がつきません。

このように、晩年のロジャースはとくに世界全体に目を向け、人類の平和に精力的に貢献しました。[*4] 彼はその功績から、ノーベル平和賞候補に挙げられました。

*4 村山、一九九八

## 3 ドグマ化をいやがったロジャース

また、ロジャースは彼の理論や技法が鵜呑みにされたり、教義のように盲信されたり、「ロジャース派」と呼ばれる派閥を作ったりされることを嫌いました。彼は、カウンセラーは各自が自分自身の経験、やり方、感じ方、考え方を大切にすることを強調しました。ロジャースは、わたしが博士課程のときに教わったヘプナー教授とのインタビューで「わたしは（学生たちに）彼ら自身でいることを薦めてきました。ミニ・ロジャースにはなってほしくありません。わたしのまねをする学生を見ると、とても不愉快な気分になります。あまりに不自然だからです[*5]」と述べています。

*5 Heppner, Rogers, & Lee, 1990; p.58; 邦訳は古宮による

## 4　人間性中心療法のきっかけとなった症例

ロジャースが彼独自のカウンセリング体系を発達させる重要なきっかけになった症例があります。*6 それは、ニューヨーク市ロチェスターにある児童虐待防止協会の児童研究科*7において、ロジャースがある非行少年の母親のカウンセリングに携わったときのことでした。

ロジャースはそれまで精神分析的カウンセリングを学んでおり、その非行少年が幼児期に母親から見捨てられたことが問題の原因であるのは明らかなように思えました。ですからロジャースはその母親とのカウンセリング対話の方向を、少年の幼児期における母親の対応へと向け、母親に洞察を与えようと努めました。しかしカウンセリングはどうしてもうまくいきません。ロジャースはついにあきらめました。

ある日のセッションでロジャースはその母親に「わたしにはどうしてよいかわかりません」と告げ、実りのないカウンセリングを終結することを提案しました。母親もそれを了承しました。ふたりは別れの握手を交わしました。母親は椅子から立ち上り、ドアのほうへ歩いていきました。ところが彼女は突然そこで足を止め、ロジャースのほうを振り返り、「ここでは大人の問題も相談できますか？」と尋ねました。「ええ」と彼が答えると、「わたしもちょっと助けが必要なんです」と言って母親は椅子に戻り、不幸な結婚生活、挫折感、戸惑いなどを、まるでせき止められていた水が流れ出すように話し出しました。

その時点から、それまで母親が話していた無味乾燥な「少年の生育歴」とは質のまったく異なるセッションが始まりました。そうして真のカウンセリングがスタートし、結局そのカウンセリングは成功しました。

ロジャースはこの経験から、人間の成長と変容に有益な援助のあり方は「来談者の何がおか

*6　Monte, 1991

*7　The Child Study Department of the Society for the Prevention of Cruelty to Children

しいか、何をどう変えるべきか」を考え、それに沿って来談者を教えたり導いたりしようとするのではなく、来談者に内在する成長と変容の力への信頼に基づいて、来談者を受けいれ理解することだ、と感じました。

## 5 ロジャースのこころの理論

ロジャースの理論はわたしたち人間の本質を信頼しており、その信頼を基礎にしている理論です。ロジャースは、「人間には建設的に生き自分自身の可能性を最大限に開花させようとする『自己実現の衝動』がもっとも基本的な衝動の一つとして存在する」と考えました。そして「人間は成長に必要な条件さえ満たされれば、成長への意欲に満ち、自他を尊重する協調的な存在へと自然に育ってゆく」とロジャースは信じました。

彼によると、自己実現の衝動が何らかの原因で発揮されない状態がこころの問題に苦しむ状態であり、心理的援助とは、成長に必要な条件を来談者と作り出すことなのです。ですからカウンセリングの過程とは、カウンセラーが来談者より上位に位置して来談者を「治す」ものではなく、来談者のもつ自然な成長の過程が自由に進むように援助するものなのです[*8]。

そして、こころの中の何が痛むのか、どの方向に進んでゆけば良いのか、どの問題が本当に大切なのか、そしてどの経験が心の奥深くに埋められているのか、すべて本当は来談者自身が知っているのです[*9]。ちなみに、この前提は精神分析の自由連想法の根本原理でもあります。つまり、話す内容を決定するのは分析家ではなく患者であり、患者が何でも思いつくことを自由に話していけば、もっとも大切な内容へと自然に行き着く、という信頼が精神分析にもあります。

＊8 Rogers, 1942

＊9 Rogers, 1961

## 6　関係性の大切さ

ロジャースはまた、来談者とカウンセラーの関係そのものが、カウンセリング過程を進める重要な要因であると信じました。信頼と尊敬と安全性に満ちたカウンセリング関係のなかで、来談者は自分自身をより良く理解するようになり、本来の自分自身となって独立してゆき、他者とより成熟した人間関係がもてるように成長してゆくのです。[*10]

ロジャースは、「わたしが来談者の強さと可能性を頼りにすればするほど来談者は自らの強さをより深く見つけ出す」[*11]と述べ、さらに、つぎのような質問にどう答えるかが、どんなカウンセラーになるかを決める重要な決定因だと言います。

もっとも大切なポイントは、個人の価値と重要性についてのカウンセラーの態度です。わたしたちは他者をどのように見るのか？　一人ひとりを、独自の価値と尊厳を持つ存在として見ているか？　もしそのような態度を持っているなら、それがどの程度まで行動に現れているか？　わたしたちは他者を価値ある人間として扱う傾向があるか、それとも態度と行動によって微妙に彼らについての価値判断をしているか？　個人の尊重が何よりも大切なものとされている哲学を持っているか？　自分の生き方を自分で決める人間の能力と権利を尊重しているか、それとも基本的に「わたしが他者をガイドするのが最善だ」と信じているか？　他者を支配する必要性と欲求はどの程度か？　他者が彼・彼女自身の価値観を選ぶ自由を許すか、それとも「彼・彼女の価値観も基準も目標もわたしが決めることがもっとも彼・彼女のためだ」と（たいていの場合は言葉にしないで）信じているか？[*12]

来談者がどんな結果、どんな方向を選ぼうとそれを完全に許すとき、来談者は建設的な行動

＊10　Rogers, 1942

＊11　Rogers, 1951, p.48; 邦訳は古宮による

＊12　Rogers, 1951; p.20; 邦訳は古宮による

をとる彼・彼女自身の能力と潜在性の強さを発見します。カウンセラーが死の選択肢を許すとき、生が選ばれます。神経症の選択肢を許すとき、健全な正常が選ばれるのです。[*13]

## 7　ロジャースの人間観

カウンセラーのもとへ援助を求めて訪れる人をそれまで「患者（patient）」と呼んでいたのを、「来談者（client）」と呼んだのはロジャースでした。それは、患者という語がもつ、病気にかかった異常な人であり、またカウンセラーに比べて一段下であるというニュアンスをロジャースが嫌ったからです。それに対しclientは、米国ではビジネスの対等なパートナーを示す語です。ここにもロジャースのもつ平等な人間観が表れています。

来談者中心療法の無意識観は、精神分析のそれとは異なっています。精神分析を創始したフロイトは、無意識は、文化においてタブー視され意識に入ることを拒否された攻撃的、破壊的、非合理的で恥ずべき心的内容から構成されている、と考えました。しかしロジャースはそうではなく、人間の本来の性質は建設的で協調的で自己肯定的・他者肯定的なものであると信じたのです。これは「自分自身の深いレベルに達した」と確信した多くの人々の経験と一致するものかもしれません。

たとえば精神科医のウォルシュ博士は、瞑想により真の自己発見が進むにつれ、自我によって抑圧され長年くすぶっていた怒りや恐怖などの否定的感情の下に、それよりずっと深い「あたたかさ、喜び、思いやり、共感」といった「肯定的無意識」があることを発見した、と述べています。[*14]

わたしの経験でも、自分のなかにあるこころの傷つき、そしてそこからくる怒り、憎しみ、落ち込み、自分を小さく無力にとどめておこうとする制限、などがクリアーになるほど自分の

＊13　Rogers, 1951; pp.48-49; 邦訳は古宮による

＊14　Walsh, 1983; p.113

より深層（そして真相）を感じ、そこにはやすらぎ、喜び、楽しい気持ちがあることをより実感します。わたしのいちばんの深層（真相）が破壊的で恥ずべき性質だ、とはとても思えません。

## コラム　カール・ロジャースの生涯と人柄

### ロジャースの家庭と両親

カール・ロジャースは一九〇二年に六人兄弟姉妹の四番目としてシカゴ郊外に生まれました。彼によると、両親は子どもたちを愛しきずなの強い家族でしたが、篤いキリスト教の信仰と勤勉を徳とする厳格な道徳観念をもつ家庭で、ダンス、トランプ、映画、喫煙、一切の性的なことなど、すべて禁止されました。そんな家庭で育った子どもたちは、六人のうち三人がのちに潰瘍にかかり、ロジャースもその一人でした。また、彼は子ども・青年時代は人と離れて一人で過ごすことが多かったそうです。

ロジャースの母はとくに厳しい宗教心の持ち主であると同時に、子どもたちに ⑴わたしたちは「選ばれた」家族だから、他の低い人たちと交流してはいけない、⑵わたしたちは罪深い存在である、という二つの矛盾するメッセージを伝えたそうです。彼は母について、「大切なことを母に話すなんて思いもつかなかった。母は何についてでもかならず価値判断をしただろうし、おそらく悪く言っただろうから」と語っています。

ロジャースの父の仕事は水力発電ダムなどを造る建設業でした。ロジャースが初めて本を出したとき、父は二〇冊買って友人や仕事の知り合いに配ったそうで、ロジャースはそれについて「父がわたしのことをいかに誇りに思っていたかがわかる」と述べています。

### 大学と大学院時代

ロジャースはウィスコンシン大学[*1]ではじめ農業を専攻し、ついで歴史学に変え、卒業すると恋人のヘレン[*2]とすぐ結婚しました。そして牧師になるために、ニューヨーク市のユニオン神学校[*3]に入学しました。当時、ユニオン神学校は先進的な考え方で知られた学校で、ロジャースはそれに惹かれて選びました。ただ彼の父は、保守派の中心だった「プリンストン神学校[*4]に行くなら授業料・生活費をすべて払ってやろう」と申し出ましたが、ロジャースはそれを憤然と拒否しました。

　ロジャースは心理学にも興味をもち、ユニオン神学校の向かいにあったコロンビア大学[*5]で心理学の授業をとるようになりました。彼は、牧師になるには教義を受けいれなければならないのに対し、心理学はより学び手の自由があるように感じました。次第に心理学のほうが面白くなり、コロンビア大学の臨床心理学博士課程に移りました。

　ロジャースはコロンビア大学では、来談者に心理テストをし、診断をし、治療計画を立てる、という客観的、静的で冷たい援助法を学びました。

　彼は、ニューヨーク市ロチェスターにある児童虐待防止協会の児童研究科[*6]でインターンとして働きます。日本で言う児童相談所のような機関でしょう。彼はそこでは、大学院で学んだ静的な援助法ではなくフロイト派の力動的なアプローチを学びました。それら二つの互いにまったく相容れないアプローチのあいだで、彼はかなり戸惑いました。でも彼は、その葛藤を解決する努力はまたとない学びの経験だった、と述べています。

　ロジャースがのちに発展させることになる人間性中心療法では、一人ひとりの独自の経験を共感的に理解することの大切さと、個人を心理テストなど外側の尺度で測ることの不毛さが強調されます。でも一九三一年にロジャースは、ロチェスターでの児童研究科のクライエントたちを被験者として、子どもの適応度を測定する客観式心理テストを作成し発表しています。[*7]彼の、大学院でのトレーニングの影響が表れています。

　ロジャースは、ニューヨーク市ロチェスター大学[*8]の社会学部と教育学部で非常勤講師として、問題の子どもをどう理解するか、について教えました。でも心理学部は、彼がおこなっていることを心理学だとは認めませんでした。ロジャースも、心理学者よりソーシャルワーカーのほうが彼のおこなっていることを理解した、と言

カール・ロジャース

っています。

**研究と教育**

ロジャースは初めての著書『問題の子どもの治療』[*9]を一九三九年に出版し、それが認められてオハイオ州立大学[*10]に就職しました。

大学で教えはじめたロジャースははじめのうち、「カウンセラーなら誰でも使っている技法を教えている」と思っていました。しかし彼が講演をすると、プロの心理士たちから賞賛や激しい反論が起きるのを見て、「わたしは新しいことを話しているんだ」と認識しました。

ロジャースのもとには、とても多くの大学院生たちが「博士論文の指導教授になってほしい」と集まったので、それが他の教授たちとのあつれきの原因になったこともあったそうです。彼はシカゴ大学[*11]、ついでウィスコンシン大学に移り、最後には大学を辞めてカリフォルニアで「人間研究センター」[*12]を設立しました。

ロジャースは一九八七年、カリフォルニアにおいて八五歳で亡くなるまで、カウンセリングの実践、教育、研究に精力的に打ち込むとともに、二〇〇本以上の著書、論文を発表しました。彼は亡くなる前につぎのように語っています。

「わたしはいつ死ぬかわからないが、フルでエキサイティングな人生を生きたことはわかって死ぬでしょう！」

**ロジャースの人柄**

ロジャースの生前を知る人たち三名から、彼の人柄をしのばせるエピソードを紹介します。

＊

**学生時代にシカゴ大学で指導を受けたデズモンド・カートライト氏**[*13]

（初めてロジャースと出会ったとき）「わたしは入学したばかりの学生でした。カールに会った瞬間、ホッと落ち着きました。彼がわたしに握手を求めて手を差し出したとき、彼の瞳はわたしを歓迎する光に満ちていて、笑顔で『あなたにお会いできてうれしいです』という意味のことを言ってくれました。そのような、人に自由を与えるようなあたたかさは彼の人柄の特徴でした。そしてまた、それは彼のカウンセリングと教え方の特徴でもありました」。

＊

**「グロリアと三人のセラピスト」を製作したエヴェレット・ショストローム博士**[14]

「カールを知る人々の多くは、彼との縁を大切にしました。彼は、神に似た人間性と、人間の弱さへの深い受容性を兼ね備えた、まさしく『懺悔の父』でした」。

**ロジャースの息子デイヴィッド**[15]

「わたしが一〇代のとき、宿題を書く紙がなかったので父の机の引き出しからレポート用紙を取り出して使ったことがありました。その夜、父から少し説教されました。父の紙を使うのなら問題はないが、わたしが使ったのは『オハイオ州立大学』の文字が印刷された紙で、それは父の雇用者のものだからわたしに使う権利はない、ということでした。わたしは父から人の責任の大切さを学びました。その教えを忘れることはないでしょう」。

＊1 University of Wisconsin-Madison
＊2 Helen
＊3 Union Theological Seminary
＊4 Princeton Seminary
＊5 Columbia University
＊6 Child Study Department of the Society for the Prevention of Cruelty to Children
＊7 Rogers, 1931
＊8 University of Rochester
＊9 The Treatment of the Problem Child
＊10 The Ohio State University
＊11 University of Chicago
＊12 Center for the Studies of the Person
＊13 Desmond Cartwright
＊14 Everett Shostrom
＊15 David Rogers

**コラム　日本にロジャースを紹介した心理学者、正木《まさき》正《まさし》**

ロジャースを初めて日本に紹介した一人は、京都大学教授であった正木正だと言われています。[1] 故正木教授はロジャース理論について「人間の自己医能力を信じその成長のために人間関係の真実なふれあいが基本になるという人間像の把握の上に立っている」[2]と述べています。

正木教授は、京都大学に日本初の教育相談室を開設するなど教育心理学・臨床心理学の礎を築き、森岡正芳氏からつぎのように評される大心理学者です。「（彼の文章からは）強い意志や情熱、愛情と真正性に満ちあふれ、誠実さがしみじみ伝わってくる。これこそ魂のある心理学である……（彼の著書「性格心理学」は）とても独創的で人間知への情熱にあふれている。依田新との長年の交友も稀有のもので、心理学徒として美しく真摯な世界が往復書簡のなかにあふれている」[*3]。

また、教育哲学者の伊藤隆二氏は正木教授の人柄を表すつぎのエピソードを紹介しています。

京都大学の故正木正教授が一日の講義を終ったとき、また、一日のゼミナールが終ったとき、ひとり自室にもどって、机のなかにしまってある一枚の紙片をみるならわしがあったという。その紙片には「反省・自戒」と題し、次の文字が書かれていたという。

一　学生のあれこれに対して愛憎の念を抱いてはならぬ。すべて公平に取り扱へよ。各自のもつ使命を通して指導せよ。

一　学生のうちにある良き萌芽を発見することに努めよ。それに頭を下げ、その育成に努めよ。

正木教授が亡くなったあと、机のなかの整理をしていた友人、依田新氏はこの紙片を発見したとき、「そのきびしい生活態度は読む者の襟を正させるものがある。この反省録は、わたしを慚愧させた」と語っている[*4]。

＊1　田畑、二〇〇三、七頁、森岡、二〇〇五、一二四頁
＊2　正木、一九六二、三五頁
＊3　森岡、二〇〇五、一二三〜一二四頁
＊4　伊藤、一九七九、一二頁

# 補講3　来談者からの質問への対処の仕方

## 1　来談者の質問は何かの婉曲な表現である

初心の援助者にとって、来談者の質問に対処するのは意外に難しいものです。そこで、この補講では専門のカウンセラーのために、質問への効果的な対処の仕方について考えます。

わたしの経験では、来談者が純粋に質問をすることはほとんどありません。純粋な質問とは、単に情報や知識を得るための質問ですが、来談者の質問のほとんどは、純粋な質問ではなく、何か別のことの婉曲な表現です。

カウンセリング的な援助での基本的な態度は、「来談者が表現していることを共感的に理解してその理解を来談者と共有する」ということです。来談者が、「恋人にフラれて悲しいです」と言えば、聞き手は「そうか、悲しいんだな」と思います。そして「フラれて悲しいんですね」などと言って、その理解を来談者に返すこともあるでしょう。

ところが初心の援助者は、来談者が悲しそうな表情、姿勢、声で「悲しいです」と言えば共感的に理解しそれを返すことができても、来談者から質問を受けたときには、「来談者が表現していることを共感的に理解してその理解を来談者と共有する」という基本姿勢が吹っ飛んでしまうことが多いようです。

ある初心カウンセラーは、「来談者から質問をされたりアドバイスを求められたりしたときは、複数の選択肢を提示して来談者に選んでもらう」と言っていました。でもそれは多くの場合あまり効果的な介入ではないだろうと思います。

## 2　質問に単純に答えただけでは援助にならない

来談者の質問のほとんどは純粋な質問ではないので、それに答えるだけでは援助になりません。「単純に答えて終わり」という態度では、質問という仮面の裏にあるものが表現され理解されるチャンスをつぶしてしまうこともしばしばです。

わたしがカウンセラー養成の場でそう話したところ、つぎのような質問が出ました。「じゃあ、古宮先生は来談者の質問には答えないんですか？　単に聞きたいから質問していることもあるんじゃないですか？　質問にまともに答えてもらえないと、来談者は『真剣に受け取ってもらえていない』と感じるんじゃないでしょうか？」

この質問自体が、「質問は単なる純粋な質問ではなく、何かの婉曲的な表現だ」ということの典型的な例です。というのは、この質問にはわたしへの反論が込められているからです。質問した人が思っていたのは「来談者は単に何かを知りたいから質問をすることもあるのだから、それに答えないのは良くない」ということでしょう。さらにその質問者のこころのなかには「もしぼくがカウンセラーに質問をしてもちゃんと答えてもらえなかったらいやだ」という思いもあったかもしれません。

質問者の考えや気持ちの動きを明らかにし一緒に理解してゆくには、「じゃあ、古宮先生は来談者の質問には答えないのですか……」という発言をわたしが単なる質問だと受け取って「正解」を講義したのではダメです。そうするよりも、質問という形で表現された反対や疑いの思いを受け取り、理解し、受容的に返して、質問者はどういうこころの動きや思いから質問をしたのかを一緒に明らかにしてゆくのが効果的でしょう。

たとえば先ほどの質問につぎのように返すのは一つの方法です。「わたしがお話ししたことについて、『いや、質問に答えるのが必要なこともある』とお考えなんでしょうか」。「もしあなたが質問をしたのにわたしが答えないとしたらいやな気持ちになるなあ、とお感じになられたんでしょうか」。

このように返して対話を続ければ、質問者もわたしも、質問に込められた不信感や疑問などをより明らかに理解できるでしょう。もし質問者が、わたしが質問に答えずにそう返したことを不服に感じたなら、その不服な気持ちを理解的に取り上げて話し合うことができれば、有益な対話への糸口になります。

このように、来談者が質問をしたときには、それが何の表現であるかを来談者と一緒に明らかにしてゆくことが大切です。援助者が質問に答えるか答えないかが本質的なことではなく、来談者が間接的にしか表現できなかった気持ちや考えなどを一緒に明らかにし理解してゆくことが大切です。そのためには、来談者が質問をしたときに、もし援助者がそれが何の表現であるかを理解できたら、その理解を伝えるといいでしょう。その具体例はのちほど見ることにします。

## 3　わたしの失敗から

カウンセラー訓練の一環として、わたしがカウンセラー役をし、ある女性が架空のお母さん役を演じて練習をしたことがありました。わたしの対応が拙かったためカウンセリングがうまくいきませんでした。その録音テープを再現します。〈　〉内はわたしの発言です。


小三の息子がいまして、不登校なんです。先生と意見が合わなくって困ってるんです。大きなアザを作って帰ってきたことがあるんです。「どうしたの」と聞くと、ワンワン泣きながら「学校の先生に殴られた」と言って帰ってきたんです。こんな大きなアザで。

〈明らかに〉

明らかに大きなアザで、学校の先生に問い合わせても「そんな事実はない」とのことで、少し前にも、担任の先生と息子にトラブルがあって、「いじめられた」と泣きながら帰ってきたことがありました。

息子が「学校に行きたくない」「おなかが痛い」と言い出して、行かなくなってしまいました。仮病だとわかってるんですけど、甘やかして行かせなくなってしまったんです。

〈お母さんとしては担任の先生に、お子さんに暴力をふるったりいじめたりするのでとても不信感を……〉

不信感というより怒りです。

〈腹が立つんですね、ええ、ええ〉

どう責任とってくれるか、という話なんですけど、話し合いにならないんです。

〈話し合いにならない〉

学校側は「そんな事実はない」と否定して、息子が嘘をついていると言われています。

〈息子さんが嘘つきだ、ということになってしまってるんですねえ〉

ええ、仮に、先生が叩いたんじゃなくてほかの生徒にいじめられてアザができた、ということだったにしても、学校は監督責任を果たしてないということじゃないですか。

わたしは息子を信じたいんです。先生が叩いたんだったら、理由を聞かせてもらえれば話し合いはできるんですけど、そのまま一学期たってしまって話し合いにならないもんですから、ＰＴＡにかけることになったんです。

〈先生は否定するだけで〉

否定するだけで、嘘つきよわばりでね。
＊Ａ〈嘘つきよわばりで腹が立つんですね。先生は自分を守ろうとして本当のことを言ってないんではないか、と〉
息子を悪者にするような先生に預けるのが不安になります。学校にも行かせたくないと思ってるんですよ。でもそういうわけにもいかなくて。

〈お母さんにすれば、先生に腹が立つし、そんなところに息子さんを行かせたのでは息子さんのためにならないとは思うけれど、とは言って、学校に行けていないのは心配で〉

そんな人が教育者というのが心配で、本当は行かせたくないと思うし、親として何とかしてやりたいんですけど、何もできないのが歯がゆくて、何もしてあげられない、悲しい。
＊Ｂ（カウンセラー役のわたしに向かって）どうすればいいですかね、先生。
〈お母さんご自身がとても無力で、悲しい、何とかして息子さんを助けたい〉

ええ、先生はカウンセリングの専門家ですから、どうすれば良いか聞きにきたんですけど。

〈状況などをもう少し詳しくお話ししていただいて、どうすれば良いか考えていけばよいと思うんですが〉

　このカウンセリング練習のあと、来談者役の人と一緒に練習を振り返りました。すると来談者役の人は、わたしの＊Ａの発言についてこう言いました。

「何か追い込まれたような気がしました。『先生が自分を守ろうとして本当のことを言ってないいんじゃないいんですかねえ』という感じで返されたとき、なぜかわからないけどとてもしんどくなりました。わたしが演じたこのお母さんは、担任の先生に対して腹立ちや不安と同時に、頼りたい、とても良い先生であってほしい、という気持ちもあるから、古宮カウンセラーにあのように返されて悪い感情が出てきました。カウンセラーからは担任のことには触れないで、単に〈息子さんが嘘つきよわばりされたんですね〉と返されたらよかった」とのことです。そしてそのしんどさのせいで彼女はそれ以上は話したくなくなって、＊Bの質問になったそうです。だから＊Bの質問は「わたしの気持ちをこれ以上話したくない」という抵抗と、カウンセラーへの不信感の表現でした。

## 4　なぜ失敗したのか

カウンセラー役のわたしは、来談者について二つの大切な点で理解できていなかったと思います。一つ目は、このときの来談者がわたしに伝えたかったことは担任の先生への不信感と怒りであり、「担任の先生が、わたしの息子を叩いたことを否定するのはなぜだろう？」という、担任の先生の事情や気持ちを理解しようというこころの動きはなかった、ということです。そこが理解できていなかったので、わたしは＊Aという、先生の立場・気持ちに言及する発言をしました。それによって、わたしが来談者のあり方に沿っていないことが露呈されました。

二つ目は、来談者が担任に対してプラス・マイナス両方の気持ちを同時にもっていたことをわたしは理解していませんでした。つまりこのお母さんは、担任への怒りと同時に担任を求める気持ちももっていたのですが、わたしは、母親は担任への怒りと不信でいっぱいだと思っていました。でも本当は、母親は担任への怒りとともに、「いつも一〇〇パーセント息子のことを守りわかって味方してくれる担任であってほしい」という、担任を強く求める欲求も感じていました。ですから母親は、もし「古宮カウンセラーが息子の担任のことを『ダメ教師だ』と思っている」と思うと罪悪感を感じたでしょうし、この練習ではそれが起きたと思います。

もしわたしがこの母親の両価性を感じ取っていたなら、＊Aの発言のかわりに、たとえば「お母さんとしては担任の先生が息子さんを叩いたり傷つけたりしたんじゃないか、とどうしても不信感をもってしまうんですね」とか、「息子さんが担任の先生から傷つけられているんじゃないか、とってもご心配なんですね」などと返していたでしょう。その言い方には、「良い担任であってほしい」と求めるお母さんの気持ちをないがしろにしない含みがあります。

## 5　質問が不安の表れであるとき

違う例です。実際にあった、つぎのカウンセラー1と2の対応を見てみましょう。

来談者　好きな異性にあんな手紙を書いて渡したけど、あんなことをしたのは悪かったでしょうか？　わたしは嫌われているでしょうか？

カウンセラー1　どうでしょうね。わたしはその人じゃないからわかりませんけど……

カウンセラー2　それは普通の手紙だったと思いますよ。大丈夫だと思いますけど……

カウンセラー1も2も、プロ・カウンセラーの対応としてはあまりよくありません。来談者は、表面的には「カウンセラーから答えがほしい」と感じていてこの質問をしたのかもしれませんが、このカウンセラーの応答ではカウンセリングが深まりづらいと思います。この来談者が質問によって表現しているのは、好きな人から嫌われる恐れでしょう。だからもしカウンセラーにそのことが理解できたら、その理解を来談者に伝えることが、来談者にはいちばんの助けになります。

カウンセラー3　あなたは、その好きな人から嫌われてしまったらどうしよう、ととても不安なんですね。

アドバイスや答えを求める来談者には、その寄る辺なさや不安の気持ちを、頭ではなく、腹で、感情レベルで、聞き手が生々しくありありとひしひしと感じて返す姿勢が大切です。

あるお母さんは、不登校の娘さんへの対応の仕方について、「どうすればいいですか」とわたしに問いかけてきました。わたしがアドバイスをしたところ、つぎのセッションはキャンセルし、以降三カ月ほど連絡が途絶えました。そのお母さんはわたしのアドバイスどおりにできなかったので、カウンセリングに来づらくなったのです。

また、引きこもりの子どもへの対応について質問を重ねた別のお母さんに対して、わたしは安易に答えることはしませんでした。そのお母さんの不安、わたしから指示してほしい寄る辺なさを共感的に返すことを繰り返しました。その結果、安全な来談者―カウンセラー関係のなかで、そのお母さんが長年苦しんできた、ものごとを決断することのできない自信のなさと不安の強さが浮き彫りにされてきました。「自分は正しいことをしているんだろうか」「良い母親だと夫から思われているだろうか、そしてカウンセラーから思われているだろうか」という不安です。

そのお母さんの強い不安は、お母さん自身が両親から厳しく拒否的に育てられたことから生じたものだったと想像します。そのお母さんは「正しく良い人間でなければならない。そうでなければ自分は愛される資格はない」というメッセージを両親から受け取り、そのことからくる根深く激しい不安をずっと抱えて生きてきたのでしょう。

そのお母さんの激しい不安は当然のことながら、子どものこころの成長に大きな悪影響を与えていました。そのお母さんは、自信のなさと不安と寄る辺なさに徐々に直面しはじめ、その原因への情緒的な探求（頭の知識や理屈レベルの探求ではありません）の方向へと対話が向きはじめました。

そのお母さんがわたしに質問を重ねた本当の気持ちは、「あなたは正しく子育てをしました。あなたは良い母親です」と保証してほしかったのでしょう。もしカウンセラーがそこで、「あなたは正しいことをされていますよ」「あなたは良いお母さんですよ」などと伝えれば、そのお母さんは一時的にほっとして喜ぶ気持ちと、「本当にそうなのかな」という不信感を残したまま、「そうですか、やっぱりわたしは正しかったんですね。頑張ってやっていきます。ありがとうございました」とカウンセリングを終了したかもしれません。それでは問題は解決していないと思いますが、そのような活動が「カウンセリング」や「育児相談」などの名のもとにひんぱんにおこなわれているのが実情でしょう。

## 6　カウンセラーの意見を求めているように見える来談者

来談者の質問の意味をさらによく理解するために、もう一つの別の例について考えて見ましょう。わたしのスーパーヴァイジー（カウンセリングの実践をわたしが個人的に指導しているカウンセラー）と来談者との対話です。

**来談者**　自分を変えたい、と思ってこうしてカウンセリングに通っているけど、ぼくは変わったかな？

カウンセラー　うーん……どうでしょうねえ……変わった点はあるとは思いますけど……

このカウンセラーの応答はあまり良いものではありません。わたしはスーパーヴァイジーに、「来談者はあなたの答えを聞きたくて質問しているんじゃないんですよ」と指摘しました。でも彼女にはピンときません。そこで、スーパーヴァイジーが来談者の気持ちを理解できるよう、即席の模擬カウンセリングをしました。彼女に来談者役をしてもらい、わたしがカウンセラー役になって質問に答えてみました。

来談者役のスーパーヴァイジー　ぼくは五月からずっとカウンセリングに通ってきて、自分じゃ変わったのかな、とも思うし、変わっていない感じもする……どうなのかなあ……ぼくは変わったんでしょうかねえ？

カウンセラー役の古宮　変わりましたよ。

この時点で模擬カウンセリングを中断して、スーパーヴァイジーの反応を聞いてみました。すると彼女は、「そんなことを言われても本当には信じられない」と言います。だったら、ということでわたしが別の答えを言ってみることにしました。

来談者役のスーパーヴァイジー　（先ほどと同じセリフを言う）……ぼくは変わったんでしょうかねえ？

カウンセラー役の古宮　いいえ、変わっていませんよ。

来談者役のスーパーヴァイジー　（素になって）ええっ、ショック！　そんなことを言われたら落ち込みます！

スーパーヴァイジーは、来談者になりきって話してみて、来談者がカウンセラーの答えを求めて質問したのではないことを理解しました。この例からわかるように、カウンセラーが〈変わりました〉と答えても〈変わっていません〉と答えても、来談者は本当には納得できないし、カウンセリングも進みません。そこで、わたしが違うカウンセラー役をしてみることにしました。

来談者役のスーパーヴァイジー　（先ほどと同じセリフを言う）……ぼくは変わったんでしょうかねえ？

カウンセラー役の古宮　あなたとしては、「変わらないといけない」と思ってカウンセリングに通ってこられているけど、ご自分がちゃんと変われているのか、不安なんでしょうか？

来談者役のスーパーヴァイジー　（しみじみと自分の気持ちを感じている様子で）……ええ、そうです。変われていないように思うんです。

スーパーヴァイジーは来談者役としてさらに話を続けたい様子でした。そのことは、わたしの介入が良いものであったサインだったと思います。と言うのは、一般に、カウンセラーの介入が効果的だったことを示すサインは、その介入のあと来談者の自由連想がさらに進み、来談者の話がより広がったり深まったりすることだからです。反対に、カウンセラーの介入があまり効果的ではなかったときには、来談者はよけいに混乱したり、自由連想が進まず話が浅く狭くなったり固くなったり、同じことを繰り返して話したりします。

このとき来談者役をしていたスーパーヴァイジーは、来談者の「自分は変われていない」という不安をはっきりと感じ、その不安をさらに話したそうな感じをわたしは受けました。たとえば、「ぼくはもっと成長してもっと高いレベルで仕事をこなさないといけない、とずっと思っていて、……でもそれをぼくは本当は重荷に感じているような気もするんです……」などの話が続いたかもしれません。それはカウンセリングの展開です。

## 7　質問の背後にある来談者の苦しみを理解する

この来談者は、「自分はいつも成長しつづけなければならない」という完璧症的で強迫的な信念が根本にあり、それが彼の人生に苦しみを作り出していました。来談者の「ぼくは変わっているんでしょうか？」という質問は、彼のその完璧症的な不安の表現だったのです。

さらにつっこんだ言い方をすると、その来談者は「ぼくはダメ人間だという劣等感があまりにつらいから、価値ある正しい良い人間になってその苦しみから一刻も早く逃れたい」という願いと、さらに「いつも成長を目指す立派で正しい態度でいなければ、カウンセラーはぼくを受けいれないし愛してくれないんじゃないか」という恐れを、質問によって表現していたのでしょう。

カウンセリングが成功するためには、そうして完璧を目指さざるを得ない根本的な不安に、来談者が彼自身のペースで徐々に直面し、そんな不安をもたざるを得ない彼の葛藤の原因を解決することが必要です。その過程が展開してゆくためには、カウンセラーが来談者の不安を深いレベルで共感的に理解することが必要です。その交流を通じて、来談者はやがて「質問や保証を求めるぼくの行動の背後にある深い不安を理解してくれた」と感じます。そういう交流を育むためには、わたしが最後のカウンセラー役でしたような、来談者の不安を理解しその理解を返すことが効果的な方法の一つでしょう。

## 8　質問の背後にある来談者の不信感を理解する

ある大学院生は初めて実習カウンセラーとして働きはじめたころ、来談者から「先生は大学の先生ですか？」と尋ねられました。その大学院生は、その質問が何の表現であるかを考えることなく「いいえ、わたしはまだ学生です」と答えました。その来談者はそれっきりカウンセリングに来ませんでした。その来談者の質問は、「あなたを信頼して良いかどうかわからない」という不安の表現だったでしょう。

もしそのことが理解できれば、来談者の不信感に思いをはせ、「わたしのことを信頼していいのかどうか、とても不安なんだなあ、そして信頼できる人をとても求めておられるんだろうなあ」と、来談者の気持ちをありありと想像しながら、「わたしが信頼できるカウンセラーかどうかわからない、というお気持ちでしょうか？」「優秀な大学教授のカウンセリングを受けたい、というお気持ちでしょうか？」などと対応することでカウンセリング過程が進んだでしょう。

必要なのは、来談者のカウンセラーに対する不信感、「このカウンセラーで大丈夫だろうか？」という不安感をカウンセラーが共感的に理解しその理解を伝えることによって、来談者が不信感、不安感を感じて語れることだと思います。

その来談者には、「大学の先生なら信頼できるが、そうでなければ信頼できない」という、学歴崇拝・成績偏重の価値観があったのかもしれません。でも実際には、カウンセリング能力の乏しいカウンセリングの大学教授はたくさんおり、反対に大学教授でもないし有名でもないけれど有能なカウンセラーはたくさんいますから、「大学の先生なら有能なカウンセラーだ」という見方は非現実的です。

その来談者は、カウンセラーが自分にとって信頼できる人であるかどうかさえ、自分では判断できないように感じられたのでしょう。その来談者は、人々のことを学歴や成績などで上下をつけて接することしかできない人だったかもしれません。そういう人は人間関係でどうしても孤独になりがちです。そしてそういう人は、自分自身への根深い劣等感を感じているものです。「第13講　転移の痛みはどのように癒されるのか」でお話ししたことですが、来談者はカウンセラーとの関係のなかで、その人の人生に苦しみを生み出す原因となっているものの見方、感じ方、行動を繰り返します。その来談者は、学歴崇拝・成績偏重の価値観、孤独、劣等感などが原因（の一部）となって人生に苦しみを作っており、その苦しみを解決したくてカウンセリングを求めた可能性があります。

米国では、「来談者には、カウンセラーの経験年数や理論、出身大学などを知る権利がある」という考え方が一般的だと思います。日本でも現在なら大学院生がカウンセリングをする場合には、来談者には前もってそのことが伝えられます。しかし、「来談者には知る権利がある」からと言って来談者に情報を与えればそれでよい、という単純な考え方をしたのでは援助にはなりません。

## 9　質問が何の表現であるかがわからないとき

来談者から質問をされたとき、カウンセラーにはそれが何の表現であるかがわからないことはよくあります。そのときには、たとえば先ほどの実習カウンセラーであれば「わたしが大学の先生かどうかが気になるんですか？」などと返し、そこからの対話のなかで、来談者の質問の意味を来談者もカウンセラーもともに明らかにしてゆくことができれば良かったでしょう。

わたしの以前の経験ですが、病院で働いていたときに来談者から「わたしのことを主治医から聞いてくれましたか？」と尋ねられ、とっさに「え、まあ、少し聞きましたけど、詳しくは聞いていません」と答えたことがありました。そのときわたしは来談者の質問の仕方から、「主治医からちゃんと聞いてくれないといやだ」という欲求と、それを満たさなければわたしに怒ったり不満をもったりするんじゃないか、ということを感じました。

でも当時のわたしには、来談者のそんな思いや感情を明らかにしてゆくカウンセリング作業はできませんでした。その理由の一つは、来談者がわたしに不満をもつことを恐れたからです。

いわゆる「教育相談」などでは、母親から「うちの子どもに○×するのが良いでしょうか？」などと質問され、その質問の根本にある感情や考えを探求し理解し明らかにすることなく答えを与えてしまい、カウンセリングにならないことが頻繁にあるようです。その質問の底に母親のどんな思いがあるでしょう？

「ダメな子どもに育ったらどうしよう」という不安と心細さでしょうか。「夫から良い母親だと思われたい」「カウンセラーから良い母親だと思われたい」という母親の愛情飢餓感でしょうか。言うことを聞かない子どもへの怒りでしょうか。子育ての絶望感でしょうか。それらの気持ちを明らかにし、カウンセラーが刻明にひしひしとありありと理解するための介入が必要です。

母親からすると、自分の気持ちを理解せず安易に答えを与える相談員は、質問の底にある苦しみ、寄る辺なさ、怒りなどを本当にはわかってくれないので、相談に来ても意味がありませんから来談しなくなります。相談員の「回答」が教科書的に正しい答えであるときには、いちおう納得せざるを得ないので、「わかりました。ありがとうございました」と言ってカウンセリングが終わります。でもそんな会話によってこころの底から納得しているわけではないし、親子関係が良くなるわけでもありません。

たとえば、障害児（そして障害児の家族）への心理的援助であれば、単に質問に答えたりアドバイスをしたりするだけで終わらせようとするのではなく、「本人が障害ある自分を抱えながら自分らしく生きることをサポートする、ということ。彼らが自分らしく生きるために今、できることは何か、何が邪魔をし何が彼らを不自由にさせているのかを、本人と親そしてかかわっている人々と一緒に見つけだし、考え、必要な工夫をその時々にしながら、彼らの育ちに伴走すること」[*1]という態度が求められます。

「質問に答えるのが良い」とか、それとも「答えてはいけない」などと一概には言えません。要は、「何と言えばいいのか」という表面的なことではなく、来談者の生きる世界をどれだけ理解し、彼らに添えるか、という能力が、援助が有益になるか無益（ときには有害）になるかを決めると思います。

## 10　質問に答えたくなる心理

来談者の質問をうけると、追い詰められた気持ちになって安易に答えたり保証を与えたくなったりするカウンセラーの心理について考えてみましょう。

カウンセラーにそのような気持ちが起きるのはほとんどの場合、「来談者から良いカウンセラーだと思われたい」「自分は有能なカウンセラーでなければダメだ」と感じるからだと思います。

そしてカウンセラーがこのような反応を起こすのは、カウンセラー自身に深く存在する愛情

*1　田中、二〇〇六、五二頁

飢餓感（好かれたい、尊敬されたい）と自己無価値感（自分は優秀でなければダメ人間だ）によることが多いと思います。

わたしは自分自身の心理療法において、「有能なプロでなければ世のなかに存在している価値がない」という深い信念をありありと実感したことがあります。わたしは、「自分自身のことを有能か無能かに関係なく無条件で受けいれる自分でありたい」と思っていましたから、自分が「有能でなければ価値がない」という信念をもっているとは思いたくありませんでした。だからこそ、わたしはその信念に気づけませんでした。そしてその信念はわたしのなかに深く埋もれながら、気づかないうちに感情や行動に影響を与えつづけていました。

また、わたしは幼少のころに両親と離れて祖父母に育てられて暮らした時期がありました。そのころのことは、いまでも楽しいばら色の日々として記憶していますが、ある時期のカウンセリング中に、そのころのわたしが経験したはずの、お父ちゃん、お母ちゃんが去ってゆく寂しさ、心細さ、悲しさが込み上げて泣いたことがありました。そのようなカウンセリング体験と、スーパーヴィジョン（カウンセリング実践についての個人指導）による学びと、カウンセラーとしての経験を通じて、わたしは徐々に、来談者から質問をされてもじっくり落ち着いていられるようになりました。

同じようなことを、カウンセラー歴五十余年の超ベテランカウンセラーからも聞いたことがあります。そのカウンセラーは若いころに週三回の精神分析的なカウンセリングを一年半ほど受けましたが、それによって起きた彼自身の変化の一つとして、「来談者から質問されてもビビらなくなった」そうです。

「カウンセラー自身がカウンセリングを受ければ来談者の質問に上手に対応できるようになる」という単純化はできないでしょう。ただ繰り返しお伝えしているように、カウンセラーの人間としてのあり方が、カウンセラーとしての能力に大きく影響することは間違いないと思います。

# 補講4　効果的なトレーニングについて

心理カウンセラーの方々、およびカウンセラーになるトレーニング中の方々のために、カウンセリング能力を高めるために必要なことをお伝えします。

## 1　力をつけるためにとくに大切な二つのトレーニング

カウンセリング力をつけるためにもっとも大切なトレーニングは、自分がカウンセリングを受けてこころの傷を癒し、人としての変容を経ることだと思います。その体験があってはじめて、他者の苦しみが深く共感できるし、他者の変容・成長を促す力が身につくと思います。一般論ですが、カウンセリングは毎週一回かそれ以上の頻度で受けることを強くお勧めします。

つぎに、カウンセリングの理論と技術を学ぶことが必要です。

理論は悩み苦しむ人を共感的に理解するためにあります。ですから、人の痛みをより深く広く了解できるような、実践的な学び方が必要です。理屈で人を分析するような学び方や、単に専門用語を覚えたり説明したりするような学び方では意味がないでしょう。援助能力を高める学びのためには、理論をつねに自分の経験と照らし合わせ、また、カウンセリングの事例を通して事例に照らし合わせながら学ぶことが大切だと思います。

技術の体得には、有能なカウンセラーに見てもらい、聞き手（カウンセラー役）、話し手（来談者役）に分かれて模擬カウンセリングの練習を繰り返し指導してもらうことが必要でしょう。その練習を何度も何度も重ねます。このとき、話し手が自分の本当のことを話すと、より本格的な練習になります。また、カウンセリングをした経験のある人が自分の来談者の誰かになりきって話し手を演じると、その来談者の気持ちがより理解できて有意義です。

模擬カウンセリングの練習セッションを録音し、後ほど話し手と聞き手が一緒に録音を聞いて、「ここでこう感じた」「ここでこう言われたときこんな気持ちになった」「ここでこう言ってほしかった」などと話し合うと、有意義な練習になるでしょう。

## 2　スーパーヴィジョンについて

カウンセラーとしての力をつけるには、有能なカウンセラーから個人スーパーヴィジョンを継続して受けながらカウンセリング経験を積むことが必要です。スーパーヴィジョンとは、自分がおこなっているカウンセリングについて先生と話し合い、指導を受けることを言います。スーパーヴィジョンは、初心カウンセラーの場合には毎週受けることが必要だろうと思います。我流で経験を重ねても実力はつきません。

それとともに、自分が受けるカウンセリングも並行してつづけることが有益です。

## 3　研修会の活かし方

各地でおこなわれる研修会も有益でしょう。ただしわたしの経験では、いろんな先生たちの研修会に少しずつ顔を出すのはあまり効果的ではありません。上達するためには、有能なカウンセラーを一人見つけて、とにかくその人の事例の見方と技術をまねることです。「学ぶ」というよりも「体得する」ことが大切です。できればそのカウンセラーに個人スーパーヴァイザーになってもらって研鑽を続けると最善でしょう。

ちなみにカウンセラーの能力は、社会的地位や有名度、本を書いているかどうか、などとは無関係です。大学教授やカウンセリングの本を書いている人で、カウンセラーとして能力の乏しい人たちはたくさんいます。優秀なカウンセラーを人々から紹介してもらうのが最善の方法かもしれません。

また、事例研究会で積極的に事例を発表しましょう。大切なことです。

それから、研修会に参加したときは同業者の人たちと積極的に知り合って人脈を作りましょう。そして知り合った人たちのためにできることは誠意をもってしましょう。その人脈は、今後あなたを助けてくれることになるでしょう。事例発表をすると、人脈づくりに役立ちます。

## 4　力をつける意識と態度のあり方

カウンセリングを体得しようとするとき、体得することよりも他のことを優先させたい気持ちになることがあるでしょう。たとえば、先生のやり方を身につけるよりも自分のやり方や考え方の正しさを認めてほしいとか、「自分らしさを大切にしたい」と主張するとか、事例発表などをして自分の無知さや未熟さをさらけ出し恥をかくのはいやだとか、先生から関心を注いでもらいたい、お金を使いたくない、などなど。それらのほうを優先させると、体得することが犠牲になるので力はつきません。

自分の行動や選択が何の意図からきているのか、つまり、体得して上達したいのか、それとも自分の正しさを守りたい、先生に反発したりしたい、など他の意図からきているのか、自分の内面をじっと見つめて、自分の行動や選択の奥にある本当の意図を理解することはとても大切です。

そして、カウンセリング能力をつけるためには、体得を最優先することが必要です。

とにかく有能なカウンセラーの言うことを素直に受け取り、即座に実行し、ただひたむきに努力を重ねて力をつけましょう。それによって道が拓けます。

それが、悩み苦しむ人の生身に接するこころの専門家のあり方であり、真のプロ意識です。

# 推薦図書

## 人間性中心療法を学ぶために

『ロジャーズが語る自己実現の道』（ロジャーズ主要著作集3）C・R・ロジャーズ著、諸富祥彦他訳、岩崎学術出版社、二〇〇五

『新版　人間尊重の心理学――わが人生と思想を語る』カール・ロジャーズ著、畠瀬直子訳、創元社、二〇〇七

『クライアント中心療法』（ロジャーズ主要著作集2）C・R・ロジャーズ著、保坂　享他訳、岩崎学術出版社、二〇〇五

## 精神分析を学ぶために

『精神分析』土居健郎著、講談社学術文庫、一九八八

『精神分析入門』（上・下）S・フロイト著、高橋義孝・下坂幸三訳、新潮文庫、一九七七

## スピリチュアリティについて

『神との対話365日の言葉』（シリーズ）ニール・ドナルド・ウォルシュ著、吉田利子訳、サンマーク出版、二〇〇六

self-fulfilling prophecy. *Journal of Counseling Psychology, 33,* 148-154.

Smith, D. (1982). Trends in counseling and psychotherapy. *American Psychologist, 37,* 802-809.

Spiegel, D., Bloom, J. R., Kraemer, H. C., & Gottheil, E. (1989). Effect of psychosocial treatment on survival of patients with metastatic breast cancer. *Lancet. October 14,* 888-891.

Stefl, M. E., & Prosperi, D. C. (1985). Barriers to mental health service utilization. *Community Mental Health Journal, 21,* 167-177.

Stone, A. A., Cox, D. S., Valdimarsdottir, H., Jandorf, L., & Neale, J. M. (1987). Evidence that secretory IgA antibody is associated with daily mood. *Journal of Personality and Social Psychology, 52,* 988-993.

Tata, S. P., & Leong, F. T. L. (1994). Individualism-collectivism, social-network orientation, and acculturation as predictors of attitudes toward seeking professional psychological help among Chinese Americans. *Journal of Counseling Psychology, 41,* 280-287.

Teasdale, J. D., Segal, Z. V., Williams, J. M. G., Ridgeway, V. A., Soulsby, J. M., & Lau, M. A. (2000). Prevention of relapse/recurrence in major depression by mindfulness-based cognitive therapy. *Journal of Consulting and Clinical Psychology, 68,* 615-623.

Tolle, E. (1999). *The power of now: A guide to spiritual enlightenment.* London: Hodder and Stoughton, Ltd.（邦訳『さとりをひらくと人生はシンプルで楽になる』エックハルト・トール著、あさりみちこ訳、飯田史彦監修、徳間書店、2002 年）

van der Ploeg, H. M., Kleijn, W. C., Mook, J., van Donge, M., Pieters, A. M. J., & Leer, J. H. (1989). Rationality and antiemotionality as a risk factor for cancer: Concept differentiation. *Journal of Psychometric Research, 33,* 217-225.

Vogel, D. L., Wester, S. R., Larson, L. M., & Wade, N. G. (2006). An information-processing model of the decision to seek professional help. *Professional Psychology: Research and Practice, 37,* 398-406.

Walsch, N. D. (1995). *Conversations with God: An uncommon dialogue. Book 1.* Charlottesville, VA : Hampton Roads Pub.（邦訳『神との対話——宇宙を見つける自分をみつける』ニール・ドナルド・ウォルシュ著、吉田利子訳、サンマーク出版、2000 年）

Walsch, N. D. (1999). *Friendship with God: An uncommon dialogue.* London: Hodder & Stoughton.（邦訳『神との友情』（上・下）ニール・ドナルド・ウォルシュ著、吉田利子訳、サンマーク出版、2000 年）

Walsch, N. D. (2004). *Tomorrow's God: Our Greatest Spiritual Challenge.* London: Hodder & Stoughton.（邦訳『明日の神』ニール・ドナルド・ウォルシュ著、吉田利子訳、サンマーク出版、2006 年）

Walsh, R. (1983). Things are not as they seemed. In J. Welwood (Ed.), *Awakening the heart: East/West approaches to psychotherapy and the healing relationship.*(pp. 103-120) Boston: Shambhala.

Watson, J. C., & McMullen, E. J. (2005). An examination of therapist and client behavior in high- and low-alliance sessions in cognitive-behavioral therapy and process experiential therapy. *Journal of Psychotherapy Integration, 10,* 297-310.

Weinrach, S. G. (1990). A dialogue with Everette Shostrom: Gloria revisited. In P. P. Heppner (Ed.), *Pioneers in counseling & development: Personal and professional perspectives* (pp. 78-80). Alexandria, VA: American Association for Counseling and Development.

Wills, T. A., & DePaulo, B. M. (1991). Interpersonal analysis of the help-seeking process. In C. R. Snyder & D. R. Forsyth (Eds.). *Handbook of social and clinical psychology: The Health perspective.* (pp. 350-375). New York: Pergamon Press.

Zuroff, D. C., & Blatt, S. J. (2006). The therapeutic relationship in the brief treatment of depression: Contributions to clinical improvement and enhanced adaptive capacities. *Journal of Consulting and Clinical Psychology, 74,* 130-140.

*Community Psychology, 17,* 283-296.

Mearns, D. (2005). 財関西カウンセリングセンター招待特別講演．大阪．

Miller, J. J., Fletcher, K., & Kabat-Zinn, J. (1995). Three-year follow-up and clinical implications of a mindfulness meditation-based stress reduction intervention in the treatment of anxiety disorders. *General Hospital Psychiatry, 17,* 192-200.

Miller, S. D., Duncan, B. L., & Hubble, M. A. (1997). *Escape from Babel: Toward a unifying language of psychotherapy practice.* New York: W. W. Norton.（邦訳：スコット・D・ミラー、バリー・L・ダンカン、マーク・A・ハブル著、曽我昌祺監訳、内田郁ほか訳『心理療法・その基礎なるもの――混迷から抜け出すための有効要因』金剛出版、2000年）．

Monte, C. (1991). *Beneath the mask: An introduction to theories of personality. (4th ed.).* Fort Worth, TX: Holt, Rinehart and Bacon.

Nadler, A. (1983). Personal characteristics and help-seeking. In B. M. DePaulo, A. Nadler, & J. D. Fisher (Eds.). *New directions in helping: Help-seeking.* New York: Academic Press.

Norcross, J. C. (2005). The psychotherapist's own psychotherapy: Educating and developing psychologists. *American Psychologist, 60,* 840-850.

Pennebaker, J. W., Kiecolt-Glaser, J. K., & Glaser, R. (1988). Disclosure of traumas and immune function: Health implications of psychotherapy. *Journal of Consulting and Clinical Psychology, 56,* 239-245.

Peterson, C., Seligman, M. E. P., & Vaillant, G. E. (1988). Pessimistic explanatory style is a risk factor for physical illness: A thirty-five-year longitudinal study. *Journal of Personality and Social Psychology, 55,* 23-27.

Reinecke, M. A. (1997). Cognitive Therapy of Emotional Disorders. Workshop held at the University of Missouri-Columbia. Columbia, MO.

Robertson, J. M., & Fitzgerald, L. F. (1992). Overcoming the masculine mystique: Preferences for alternative forms of assistance among men who avoid counseling. *Journal of Counseling Psychology, 39,* 240-246.

Rogers, C. R. (1931). *A test of personality adjustment.* New York: Association Press.

Rogers, C. R. (1942). *Counseling and psychotherapy: Newer concepts in practice.* Boston: Houghton Mifflin.

Rogers, C. R. (1951). *Client-centered therapy: Its current practice, implications, and theory.* Boston: Houghton Mifflin.

Rogers, C. R. (1957). The necessary and sufficient conditions of therapeutic personality change. *Journal of Consulting Psychology, 21,* 95-103.

Rogers, C. R. (1959). A theory of therapy, personality, and interpersonal relationships as developed in the client-centered framework. In Sigmund Koch (Ed.). *Psychology: A study of science, vol. III,* 184-256. New York: McGraw-Hill.

Rogers, C. R. (1961). *On becoming a person: A therapist's view of psychotherapy.* Boston: Houghton Mifflin.

Rogers, C. R. (1963). The concept of the fully functioning person. *Psychotherapy: Theory, Research and Practice, 1,* 17-26.

Rogers, C. R. (1980). *A way of being.* Boston: Houghton Mifflin.

Rule, W. R., & Gandy, G. L. (1994). A thirteen-year comparison in patterns of attitudes toward counseling. *Adolescence, 29,* 575-589.

Shainberg, D. (1983). Teaching therapists how to be with their clients. In J. Welwood (Ed.), *Awakening the heart: East/West approaches to psychotherapy and the healing relationship.* (pp. 163-175). Boston: Shambhala.

Shapiro, S. L., Schwartz, G. E., & Bonner, G. (1998). Effects of mindfulness-based stress reduction on medical and premedical students. *Journal of Behavioral Medicine, 21,* 581-599.

Sharpe, E. F. (1950). The technique of psycho-analysis.In Marjorie Brierly (Ed.). *Collected papers on psycho-analysis.* London: Hogarth Press.

Sibicky, M., & Dovidio, J. F. (1986). Stigma of psychological therapy: Stereotypes, interpersonal reactions and the

TX: Holt, Rinehart & Winston.

Greenson, R. R. (1967). *The technique and practice of psychoanalysis.* New York. International Universities Press.

Grossarth-Maticek, R., Bastiaans, J., & Kanazir, D. T. (1985). Psychosocial factors as strong predictors of mortality from cancer, ischaemic heart disease and stroke: The Yugoslav prospective study. *Journal of Psychosomatic Research, 29,* 167-176.

Heppner, P. P., Rogers, M. E., & Lee, L. A. (1990). Carl Rogers: Reflection of his life. In P. P. Heppner (Ed.), *Pioneers in counseling & development: Personal and professional perspectives* (pp. 54-59). Alexandria, VA: American Association for Counseling and Development.

Herbert, T. B., & Cohen, S. (1993). Depression and immunity: A meta-analytic review. *Psychological Bulletin, 113,* 472-486.

Hinson, J. A., & Swanson, J. L. (1993). Willingness to seek help as a function of self-disclosure and problem severity. *Journal of Counseling & Development, 71,* 465-470.

Horwitz, A. (1977). The pathways into psychiatric treatment: Some differences between men and women. *Journal of Health and Social Behavior, 18,* 169-178.

Hubble, M. A. Duncan, B. L , Miller, S.D. (1999). *The heart and soul of change: What works in therapy.* Washington, D. C.: American Psychological Association.

Iwakabe, S., Rogan, K., & Stalikas, A. (2000). The relationship between client emotional expressions, therapist interventions, and the working alliance: An exploration of eight emotional expression events. *Journal of Psychotherapy Integration, 10,* 375-401.

Kelly, A. E., & Achter, J. A. (1995). Self-concealment and attitudes toward counseling in university students. *Journal of Counseling Psychology, 42,* 40-46.

Kessler, R. C., Brown, R. L., & Broman, C. L. (1981). Sex differences in psychiatric help-seeking: Evidence from four large-scale surveys. *Journal of Health and Social Behavior, 22,* 49-64.

Kessler, R. C., McGonagle, K. A., Zhao, S., Nelson, C. B., Hughes, M., Eshleman, S., Wittchen, H.U., & Kendler, K. S. (1994). Lifetime and 12-month prevalence of DSM-III-R psychiatric disorders in the United States. *Archives of General Psychiatry, 51,* 8-19.

King, L. A., & Emmons, R. A. (1990). Conflict over emotional expression: Psychological and physical correlates. *Journal of Personality and Social Psychology, 58,* 864-877.

Kirschenbaum, H. & Jourdan, A. (2005). The current status of Carl Rogers and the person-centered approach. *Psychotherapy: Theory, Research, Practice, 42,* pp. 37-51.

Komiya, N. (1999). Psychotherapists'occupational hazards and self-care. *Pine Grove Behavioral Newsletter, 2 (October 1999),* 2-4.

Komiya, N. & Eells, G.T. (2001). Predictor of attitudes toward seeking counseling among international students. *Journal of College Counseling, 4,* 153-160.

Komiya, N., Good, G. E., & Sherrod, N. B. (2000). Emotional openness as a predictor of college students' attitudes toward seeking professional psychological help. *Journal of Counseling Psychology, 47,* 138-143.

Kushner, M. G., & Sher, K. J. (1989). Fear of psychological treatment and its relationship to mental health service avoidance. *Professional Psychology: Research and Practice, 20,* 251-257.

Leaf, P. J., Bruce, M. L., Tischler, G. L., & Holzer, C. E. III. (1987). The relationship between demographic factors and attitudes toward mental health services. *Journal of Community Psychology, 15,* 275-284.

Lilliengren, P., & Werbart, A. (2005). A model of therapeutic action grounded in the patients' view of curative and hindering factors in psychoanalytic psychotherapy. *Psychotherapy: Theory, Research, Practice, Training, 42,* 324-339.

Loo, C., Tong, B., & True, R. (1989). A bitter bean: Mental health status and attitudes in Chinatown. *Journal of*

Brennan, B. A. (1993). *Light emerging : The journey of personal healing.* New York: Bantam Books.（日本語版が、バーバラ・アン・ブレナン著　王由衣訳『癒しの光――自己ヒーリングへの旅』［上・下］河出書房新社、1997 として出ています）

Bornstein, R. F. (2006). The complex relationship between dependency and domestic violence: Converging psychological factors and social forces. *American Psychologist, 61,* 595-606.

Bornstein, P., Fitzgerald, M., Briones, M., Pieniadz, J., & D'Ari, A. (1993). Family emotional expressiveness as a predictor of early adolescent social and psychological adjustment. *Journal of Early Adolescence, 13,* 448-471.

Brown, K. W., & Ryan, R. M. (2003). The benefits of being present: Mindfulness and its role in psychological well-being. *Journal of Personality and Social Psychology, 84,* 822-848.

Carlson, L. E., Speca, M., Patel, K. D., & Goodey, E. (2004). Mindfulness-based stress reduction in relation to quality of life, mood, symptoms of stress and levels of cortisol, dehydroepiandrosterone sulfate (DHEAS) and melatonin in breast and prostate cancer outpatients. *Psychoneuroendocrinology, 29,* 448-474.

Carson, J. W., Carson, K. M., Gil, K. M., & Baucom, D. H. (2004). Mindfulness-based relationship enhancement. *Behavior Therapy, 35,* 471-494.

Cohen, S., Frank, E., Doyle, W. J., Skoner, D. P., Rabin, B. S., & Gwaltney, J. M. Jr. (1998). Types of stressors that increase susceptibility to the common cold in healthy adults. *Health Psychology, 17,* 214-223.

Connors, G. J., Carroll, K. M., DiClemente, C. C., Longabaugh, R., & Donovan, D. M. (1997). The therapeutic alliance and its relationship to alcoholism treatment participation and outcome. *Journal of Consulting and Clinical Psychology, 65,* 588-598.

Cox, T., & McCay, C. (1982). Psychosocial factors and psychophysiological mechanisims in the aetiology and development of cancers. *Social Science and Medicine, 16,* 381-396.

Davidson, R. J., Kabat-Zinn, J., Schumacher, J., Rosenkranz, M., Muller, D., Santorelli, S. F., Urbanowski, F., Harrington, A., Bonus, K., & Sheridan, J. F. (2003). Alterations in brain and immune function produced by mindfulness meditation. *Psychosomatic Medicine, 65,* 564-570.

Dearing, R. L., Maddux, J. E., & Tangney, J. P. (2005). Predictors of psychological help seeking in clinical and counseling psychology graduate students. *Professional Psychology: Research and Practice, 36,* 323-329.

Fenichel, O. (1946). *The psychoanalytic theory of neurosis.* London: Routledge & Kegan Paul.

Fielder, F. E. (1951). Factor analyses of psychoanalytic, nondirective and Adlerian therapeutic relationships. *Journal of Consulting Psychology, 15,* 32-38.

Fiedler, F. E. (1950 a). A comparison of therapeutic relationships in psychoanalytic, nondirective and Adlerian therapy. *Journal of Consulting Psychology, 14,* 436-445.

Fiedler, F. E. (1950 b). The concept of the ideal therapeutic relationship. *Journal of Consulting Psychology, 14,* 239-245.

Fischer, E. H., & Turner, J. L. (1970). Orientations to seeking professional help: Development and research utility of an attitude scale. *Journal of Consulting and Clinical Psychology, 35,* 79-90.

Freud, S. (1905). Bruchstück einer Hysterieanalyse. 懸田克躬・高橋義孝他（訳）（1969）：あるヒステリー患者の分析の断片『フロイト著作集５　性欲論　症例研究』人文書院、pp 277-366.

Frick, W. B. (1971). *Humanistic psychology: Interviews with Maslow, Murphy, and Rogers.* Columbus, OH: Charles Merrill Publishing Company.

Good, G. E., Dell, D. M., & Mintz, L. B. (1989). Male role and gender role conflict: Relations to help-seeking in Men. *Journal of Counseling Psychology, 36,* 295-300.

Good, G. E., & Wood, P. K. (1995). Male gender role conflict, depression, and help seeking: Do college men face double jeopardy? *Journal of Counseling and Development, 74,* 70-74.

Green, J., & Shellenberger, R. (1991). *The dynamics of health and wellness: A biopsychosocial approach.* Fort Worth,

「ひびきの村」シュタイナー教育に関するインタビュー（2005）. 雑誌「平和の創造」23 巻 , pp. 42-45 所収. 五井平和財団発行.

平山栄治(2000).「ロジァースの意義と『三つの幻滅体験』の検討—精神分析とともに学ぶロジァース」『ロジァーズ再考——カウンセリングの原点を探る』氏原寛・村山正治(共編). 培風館. pp. 161-178 所収.

フルフォード , ロバート・C.、上野圭一訳（1997）. いのちの輝き：フルフォード博士が語る自然治癒力. 翔泳社.（原著：Dr. Fulford's touch of life: The healing power of The Natural Life Force, by Robert C . Fulford and Gene Stone）.

ブドラ , レバナ・シェル（2006）Living in your moment: 4 New beginnings（自分の瞬間を生きる…４つの新しい始まり）. 小冊子「Therapy」vol. 65, pp. 8-11 所収. ＪＭＡ発行.

ブルボー , リズ（1987/2004).『〈からだ〉の声を聞きなさい：あなたのなかのスピリチュアルな友人』ハート出版。(原著：Ecoute ton corps, ton plus grand ami sur la Terre, by Lise Bourbeau, from Les Editions E. T. C. Inc, Canada, 1987.)

米国精神医学会（1994/1996).『ＤＳＭ-IV ——精神疾患の統計・診断マニュアル』高橋三郎・大野裕・染矢俊幸訳　医学書院.

正木正（正木正選集刊行会編）(1962).『正木正選集　第２　性格の心理』金子書房.

村山正治（1998). 晩年の考え方と実践——静かな革命家カール・ロジャース.「現代のエスプリ 374 巻　クライエント中心療法」. 田畑治（編). 至文堂. pp. 78-85 所収.

村山正治(2000).「エンカウンターグループとネットワーキング」『ロジァーズ再考』氏原寛・村山正治(共編). 培風館. pp. 226-240 所収.

森岡正芳（2005).『うつし　臨床の詩学』みすず書房.

鷲田清一（2003). 待つということ. 日本心理臨床学会報 , 第 10 号 , p. 1.

山中康裕・山田宗良（編）(1993). 分裂病者と生きる. 金剛出版.

## 文献　洋書（アルファベット順）

American Psychological Association, Practice Directorate. (1996). American Psychological Association Public Education Campaign Kit. Washington, D. C.: Author.

Baer, R. A. (2003). Mindfulness training as a clinical intervention: A conceptual and empirical review. *Clinical Psychology, 10,* 125-143.

Baer, R. A., Smith, G. T., & Allen, K. B. (2004). Assessment of Mindfulness by self-report: The Kentucky Inventory of Mindfulness Skills. *Assessment, 11,* 191- 206.

Baer, R. A., Smith, G. T., Hopkins, J., Krietemeyer, J., & Toney, L. (2006). Using self-report assessment methods to explore facets of mindfulness. *Assessment, 13,* 27-45.

Bedics, J. D., Henry, W. P., & Atkins, D. C. (2005). The therapeutic alliance process as a predictor of change in patients' important relationships during time-limited dynamic psychotherapy. *Psychotherapy: Theory, Research, Practice, Training, 42,* 279-284.

Bedrosian, R. C. & Bozicas, G. D. (1994). *Treating family of origin problems: A cognitive Approach.* New York: Guilford Press.

Blatt, S. J., Quinlan, D. M., Zuroff, D. C., & Pilkonis, P. A. (1996). Interpersonal factors in brief treatment of depression: Further analyses of the National Institute of Mental Health treatment of depression collaborative research program. *Journal of Consulting and Clinical Psychology, 64,* 162-171.

## 文献　和書（あいうえお順）

浅原知恵（2005）．心理臨床家の仕事と宗教家の仕事――その関係と境界．「心理臨床学研究」第２３巻第５号．pp. 557-567.

池見陽（2006）．「フォーカシングで触れている“からだ”と人が生きる過程」目幸黙僊・黒木賢一編著『心理臨床におけるからだ――心身一如からの視座』朱鷺書房．pp. 28-47 所収.

乾吉佑（2005）．「心理療法の教育と訓練」乾吉佑・氏原寛・亀口憲治・成田善弘・東山紘久・山中康裕（編）『心理療法ハンドブック』創元社．pp. 13-24 所収.

氏原寛（1995）．『カウンセリングはなぜ効くのか――心理臨床の専門性と独自性』創元社.

氏原寛(2000)．「共感的理解と診断的理解」『ロジァーズ再考――カウンセリングの原点を探る』氏原寛・村山正治（編）．培風館．pp. 1-16 所収.

キグネル、ルーベンス（2006）．身体心理療法ワークショップでの講演より。２月５日　於大阪.

岸本寛史（1999）．無意識的身体心像と意識の水準．「心理臨床学研究」．第 17 巻　第 5 号．pp. 466-476.

倉光修（2003）．『心理臨床の技能と研究』（心理臨床の基礎３）．岩波書店.

黒木賢一（2006）．『〈気〉の心理臨床入門』．星和書店.

黒木賢一（2006）．「気が交流する心理的身体」．目幸黙僊・黒木賢一編著．『心理臨床におけるからだ――心身一如からの視座』朱鷺書房．pp. 191-211 所収.

古宮昇（2001a）．『心理療法入門――理論統合による基礎と実践』．創元社.

古宮昇（2001b）．心理的要因が身体的健康に及ぼす影響．「心理学評論」．第 44 巻　第 4 号．pp. 369-383.

古宮昇（2002a）．しあわせの心理学．ナカニシヤ出版.

古宮昇（2002b）．家族における役割という視点を取り入れた摂食障害事例の考察．「心理臨床学研究」第 19 巻　第 6 号．pp. 608-618.

古宮昇（2004）．『大学の授業を変える――臨床･教育心理学を活かした、学びを生む授業法』．晃洋書房.

古宮昇（2005）．「しあわせに生きるために」『人間科学の新展開』滝内大三・田畑稔（編著）．ミネルヴァ書房．pp. 98-111 所収.

古宮昇（2006a）．佐藤氏の論文のコメント．「神戸松蔭女子大学附属こころのケア・センター紀要」．第１巻　第１号.

古宮昇（2006b）．海外文献紹介 (29)Fiedler FE．精神分析、非指示療法、アドラー派セラピーにおけるセラピー関係の比較（A comparison of therapeutic relationships in psychoanalytic, nondirective and Adlerian therapy）．「臨床心理学」．第 6 巻　第 2 号．pp.284-286．金剛出版.

砂子岳彦(2005)．時間～金沢への電車から．雑誌「平和の創造」23 巻 , pp. 72-77 所収．五井平和財団発行.

田嶌誠一（2003）．「イメージの心理臨床総論」『臨床心理学全書 9：臨床心理面接技法２』田嶌誠一（編）誠信書房．pp.269-310 所収.

田畑治（2000）．「日本におけるロジァーズの展開」『ロジァーズ再考――カウンセリングの原点を探る』氏原寛・村山正治（共編）．培風館．pp. 103-122 所収.

田畑治（2003）．「プロローグ――学校カウンセリングとは」『カウンセリングと学校』生越達美（編）．ナカニシヤ出版．pp. 1-12 所収.

中島勇一（2005a）．中島勇一 Essay Vol. 44：体験で傷つき、体験によって癒される．小冊子「Therapy」vol. 59, pp. 4-7 所収．ＪＭＡ発行.

中島勇一（2005b）．中島勇一 Essay Vol. 47：執着は手放せるのか．小冊子「Therapy」vol. 62, pp. 30-33 所収．ＪＭＡ発行.

# 謝辞

本書はとても数えきれないほどの多くの人々のおかげでできました。ここにお名前を挙げられるのはそのごく一部の方々でしかありませんが、感謝の気持ちを記します。

つぎの方々が原稿に目を通して修正・改善のご意見をくださいました。そのおかげでより良い本になりました。大西恵子さん（奈良女子大学大学院）、大野剛さん（株式会社格付け投資情報センター）・大野美佳さん、奥田かんなさん、小原久季さん、川本朋さん（京都光華女子大学カウンセリング・センター）、北出恭子さん、草川麻理さん（株式会社富士通アイ・ネットワークシステムズ）、栗原有海名さん（IPUKU）、高玉順さん、古宮あまささん（飛翔の森）、月乃さくらさん（ダイアモンドダスト心理カウンセリング・ルーム）、十川洋子さん（株式会社モリリン）、西森寛之さん（株式会社VOICE）、増田千景さん（大阪経済大学学生相談室）、松村美佳さん（龍谷大学大学院）、三浦えり子さん（小川カイロ＆ヘルスケアジム）、森井京子さん（株式会社平安）。

ぼくが本を書けるのは教える機会をいただけているからです。なぜなら人に教えることを通して、ぼくがおこなっているカウンセリングについて言葉で明確化できるからです。教える貴重な機会をくださっている大阪経済大学とその学生さんたち、また財団法人関西カウンセリング・センターの井本惠章理事長、スタッフ、受講生のみなさんに深く感謝します。

カウンセラー・ヒーラーの栗田直美さん（株式会社Healing & Counseling Space "Zen"）、カウンセラーの三輪知可子さん、ボディ・サイコセラピストの小原仁さん（日本バランシング協会）のおかげで、ぼくの成長にとても有益な経験をしています。本書の執筆に必要な経験をたくさん積ませていただきました。

本書を書くことを示唆してくださったのは、スピリチュアルカウンセラー・ヒーラーの糟谷晴子さんのインスピレーションです。彼女の提案どおり本書を世に出すことができてうれしいです。ありがとうございました。

芸術家・スピリチュアル・カウンセラーの若月佑輝郎氏（ドルフィン・アイランド代表）は、ぼくに成長のためのたくさんの機会を与えてくださり、成長を大きく後押ししてくださっています。ありがとうございます。

（株）ダン・ワールドの「ダン・ヨガ」は、こころとからだのエネルギーをより良い状態にすることにとても役立っています。「ダン・ヨガ」にかかわる多くの人々のおかげで数々の貴重な経験をさせていただき、ぼくは支えられ、成長を助けられています。ありがとうございます。

ぼくがプロのカウンセラーとして働く力がついたのは、大阪府立大学名誉教授・元京都女子大学教授の舩岡三郎先生のおかげです。本当にありがたく思います。

創元社の渡辺明美さんのおかげで本書が世に出ることになりました。ありがとうございました。

# あとがき

わたしは、自分のエネルギー（気）が変わるとすべてが変わることを実感しています。自分の気分はもちろん、起きてくるできごとも、できごとに対するわたしの反応も、人の縁も、わたしに対する人々の態度も、人々の態度に対するわたしの反応も、すべて変わります。

そしてわたしたちが出すエネルギーは、わたしたちのもつ、自分・他人・人生・いのちへの態度や意識が決めるのでしょう。

わたしたちが不安、欠如感、憎しみの態度・意識から行動し言葉を発するとき、「何々をしてよー」「もっと愛情をちょうだい！」「自分がこんなに不幸（かわいそう、つらい）ことをわかってよー」「わたしを救ってよー」「わたしの意見、見方が正しくてあなたが間違っていることを認めろ」と求めます。それらがすべて満たされることはあり得ませんから、そのとき他人を責めたり、裁いたり、復讐したり、人生や神を恨んだりします。そしてその意識と感情が、さらなる不安、欠如感、憎しみの経験を創りだします。

わたしたちが安心、豊かさ、やすらぎ、優しさから行動し言葉を発するとき、わたしたちの良いものを人々と共有したくなり、自分、人、地球、生あるものすべてを大切にしたくなり、そして豊かさ・楽しさ・おだやかさを感じながら過ごすでしょう。そういう自分でいればいるほど、出会う人々はわたしたちとの関係のなかで癒され、輝き、彼ら自身のすばらしさが感じられるようになるのでしょう。

ですから、他人の援助をする人々にとって何よりも大切なことは、カウンセリングを受けることなどを通して、幸せや優しさを信じられなかったり、それに臆病になったり抵抗したりする、こころの部分を癒すことだと思います。

そしてそのために必要なことは、自分の抵抗する部分を受けいれることでしょう。わたしたちのなかに、幸せ、優しさ、やすらぎ、豊かさを素直に信じて受けいれることのできない部分があるのは、傷つき、不安、悲しみ、恐怖、憎しみなどの経験のためでしょう。また、喜びや楽しさ、やすらぎばかりではなく、悲しみ、怒り、嫉妬などさまざまな感情が人生の豊かさになるのでしょう。だから、幸せ、優しさ、やすらぎ、豊かさを素直に受けいれられない自分のあり方をじっと見つめ、「それでいいんだよ」と少し認められたら、それは大切な変化だと思います。

わたしはカウンセラーと教員という二つの仕事をしています。よく、「カウンセラーも教員も、人としての自分がどうあるか、ということがいちばん大切で、そのことがとても問われる仕事だなあ」と思います。

でも本当は、事務員であっても営業職であっても飲食店の店員であっても専業主婦であっても親であっても友達であっても、何をしていても、根本は自分のあり方であり、それが人生から問われているのでしょう。

癒しとは、すべてを受け入れ、そこから最善を選ぶ過程のことです（「神との対話　第一巻」より）
わたしの深い願いはきっと、たくさんの人たちが仲良くしているのを見て「良かったなあ」と喜ぶことだと思います。この本がその助けになればとてもうれしいです。
この本は創元社の渡辺明美さんはじめ、多くの方々との共同作業で生まれました。ありがとうございます。

二〇〇七年　初春

古宮　昇

**著者プロフィール**

古宮　昇（こみや　のぼる）

（米国）州立ミズーリ大学コロンビア校博士課程修了。
心理学博士（PhD. in Psychology）。臨床心理士。
現在、大阪経済大学人間科学部教授。
ニュージーランド国立オークランド工科大学心理療法学大学院客員教授。
神戸にて開業カウンセリングをおこなっている。
「スピリチュアル心理学アカデミー」（東京・神戸）講師。
『心理療法入門――理論統合による基礎と実践』（創元社、2001）
『傾聴カウンセリング――学校臨床編』（共著、誠信書房、2009）
『心の症状はどう生まれるのか――共感と効果的な心理療法のポイント』（岩崎学術出版社、2011）
『プロカウンセラーが教える初めての傾聴術』（ナツメ書房、2012）
『ぶり返す！　「怒り」「さびしさ」「悲しみ」は捨てられる！』（すばる舎、2013）
『共感的傾聴術――精神分析的に“聴く”力を高める』（誠信書房、2014）など多数。

大阪経済大学研究叢書第56冊

やさしいカウンセリング講義《こうぎ》
もっと自分《じぶん》らしくなれる、純粋《じゅんすい》な癒《いや》しの関係《かんけい》を育《はぐく》むために

2007年３月10日　第１版第１刷発行
2017年12月10日　第１版第７刷発行

著　者……………………………
古　宮　　昇
発行者……………………………
矢　部　敬　一
発行所……………………………
株式会社 創　元　社
http://www.sogensha.co.jp/
本社　〒541-0047 大阪市中央区淡路町4-3-6
Tel.06-6231-9010　Fax.06-6233-3111
東京支店　〒162-0825 東京都新宿区神楽坂4-3 煉瓦塔ビル
Tel.03-3269-1051
印刷所……………………………
株式会社 太洋社


ISBN978-4-422-11391-3 C1011